供需视角下地方院校师范生专业能力结构研究

专业能力结构研究

麦艳航 ◎ 著

西北师范大学
NORTHWEST NORMAL UNIVERSITY

教育科学学院

◆ 博士学位论文丛书 ◆

万明钢　王兆璟　总主编

甘肃人民出版社
甘肃·兰州

图书在版编目（CIP）数据

供需视角下地方院校师范生专业能力结构研究 / 万明钢，王兆璟总主编 ；麦艳航著. -- 兰州 ：甘肃人民出版社，2024. 12. --（西北师大教育学博士学位论文丛书）. -- ISBN 978-7-226-06105-3

Ⅰ. G254.97

中国国家版本馆CIP数据核字第 2024UY5695号

责任编辑：王建华

封面设计：李万军

供需视角下地方院校师范生专业能力结构研究

GONGXU SHIJIAOXIA DE DIFANGYUANXIAO SHIFANSHENG ZHUANYENENGLI JIEGOUYANJIU

万明钢　王兆璟　总主编

麦艳航　著

甘肃人民出版社出版发行

（730030　兰州市读者大道 568 号）

兰州新华印刷厂印刷

开本 787 毫米×1092 毫米　1/16　印张 15　插页 3　字数 235 千

2024 年 12 月第 1 版　　2024 年 12 月第 1 次印刷

印数：1~1 000

ISBN 978-7-226-06105-3　　定价：58.00 元

目　录

摘　要

　　师范教育是教育学界关注的热点议题。长期以来，我国师范教育从培养需求、方案制定、实施过程到养成评价，缺乏与中小学的深入对话与紧密合作，导致高等院校培养出来的师范生所具有的专业能力结构与中小学需要的"优质教师"能力结构之间存在一定差距。目前，我国学界已有的关于师范生专业能力结构的研究，亦缺乏供需两侧视角的师范生专业能力结构的研究。为此，本研究从供需两侧出发，采用文本分析法、调查研究法、因子分析法、结构方程模型等，对地方院校师范生专业能力结构进行研究，分析供需两侧的专业能力结构的异同，以期探索与建构一个供需整合的地方院校师范生专业能力结构。在此基础上，深入剖析地方院校师范生专业能力的影响因素，明晰供需双方在师范生培养过程中发挥的作用及存在的问题，以期为我国地方师范教育改革与发展提供参考与借鉴。

　　本研究首先从供需两侧分析出不同的师范生专业能力结构。

　　从需求侧来看，基于国家政策文本，分析出国家要求的师范生专业能力结构，即由"教师精神—知识结构—教学能力—综合育人能力—通用能力—教学发展能力"6个部分构成，包含34个构成要素；基于中小学实证调查数据，分析出中小学需要的师范生专业能力结构，即由"教师精神、知识结构、教书育人能力、通用能力"4个部分构成，包含24个构成要素。

　　从供给侧来看，基于甘肃9所地方院校148份师范类专业人才培养方案，分析出人才培养方案定位的师范生专业能力结构，即由"教师精神、知识结构、通用能力、教学能力、综合育人能力、教学发展能力、综合发展能力"7个部分组成，包含 38 个构成要素。基于地方院校实证调查数据，分析出地方院校师生认知的师范生专业能力结构，即由"教师精神—知识结构—技能结构—身心素质"4 个部分构成，包含 27 个构成要素。

虽然供需两侧的师范生专业能力结构基本都是围绕师德、知识与能力这三个核心维度建构的，但其建构模式及构成各有侧重。其中，作为需求侧的中小学以"教书育人"为本，注重教学、实践，更倾向于教学技能、综合育人以及个性特质；而作为供给侧的地方院校则以"能力"为本，以成才、发展为导向，更倾向于知识、能力和素质的综合、协调、持续发展，更为注重普适性能力的培养。

本研究更进一步对供需两侧师范生专业能力结构与要素进行整合，力求构建一个整合的、优化的师范生专业能力结构，并对该结构进行实证检验。研究结果表明：本研究建构的供需整合视角下师范生专业能力结构是一个 4 因子结构：由教师精神—知识结构—教书育人能力—通用能力 4 部分组成，包含 37 个构成要素。"教师精神"是一名教师的精髓和灵魂；"教书育人能力"是师范生未来从教的必要条件，也是师范生专业能力结构的关键要素；"知识结构、通用能力"则是师范生未来从教的基本条件。

在供需整合的基础上，本研究采用结构方程模型，深入剖析地方院校师范生专业能力的影响因素。研究发现，师范生专业能力培养是一个系统工程，其影响因素有：师范生自身、社会（需）、地方院校（供）3 个因素。其中，"师范生自身"和"地方院校"是关键影响因素；"社会"因素对师范生专业能力提升的影响作用最小。"教书育人"能力是师范生专业能力结构中最重要的能力；师范生自我效能感、学习投入对其主观能动性的发挥影响作用较大；课程与教学、教学实践技能、教育实习见习是师范生专业能力提升的主要抓手。另外发现：在社会需求导向下，地方院校师范教育发展动力不足，师范生主观能动性发挥不足，学习主动性和学习投入不够。在培养过程中，中小学参与师范生培养的主动性不高，教学技能训练和教育实习见习是短板。在能力结构中，"教书育人"能力是薄弱环节。

　　最后基于供需两侧的现状和问题提出对策建议：一是地方院校需建立适应供需关系的师范生专业能力培养策略；二是有效激发师范生的学习内在驱动力；三是中小学校要协同推动地方院校师范教育综合改革；四是各级政府要加大对地方师范院校的支持力度；五是培育尊师重教的社会环境。

　　总体而言，本研究试图建构地方院校师范生专业能力结构整合模型，并基于供需整合视角进一步明晰地方院校师范生专业能力的影响因素及其相互关系，由此丰富和推进教师专业发展理论、劳动力供给与需求理论的理论研究，从而为深入理解师范生专业能力的复杂结构作出积极的贡献，亦可为地方院校开展教育教学改革、制定师范生培养策略提供参考和借鉴。

　　关键词：地方院校；师范生；专业能力结构；供需视角

Abstract

Teacher education is a hot topic of concern in the field of education. For a long time, China's teacher education has lacked dialogue and cooperation with primary and secondary schools from training needs, program formulation, implementation process, and training evaluation, which leads to a certain gap between the professional competence structure of pre-service teachers trained by higher education institutions and the "high-quality teacher" competence structure needed by primary and secondary schools. At present, there are some researches on the professional competence structure of pre-service teachers in China's academic circles which lack of professional competence structure of pre-service teachers from the perspective of supply and demand. Therefore, this study starts from both the supply and demand sides, using text analysis, survey research, factor analysis, structural equation models, etc., to study the professional competence structure of pre-service teachers in local colleges and universities, and analyze the similarities and differences of professional competence structure between supply and demand sides, in order to explore and construct a professional competence structure of pre-service teachers in local colleges and universities which integrating supply and demand. On this basis, the author will deeply analyze the influencing factors of the professional competence of pre-service teachers in local colleges and universities, clarify the roles and problems played by both supply and demand sides in the process of normal education, in order

to provide reference and guidance for the reform and development of local normal ed-
ucation in China.

Firstly, this study analyzes the different professional competence structure of
pre-service teachers from both sides of supply and demand.

From the demand side, based on national policy texts, this paper analyzes the
professional competence structure of pre -service teachers required by the state,
which consists of six parts, namely "teacher spirit, knowledge structure, teaching
ability, comprehensive education ability, general ability, teaching development a-
bility", including 34 constituent elements. Based on the empirical survey data from
primary and secondary schools, this study summarizes the professional competence
structure of pre-service teachers required by primary and secondary schools, which
consists of four parts, namely "teacher spirit, knowledge structure, teaching and
educating ability, and general ability", including 24 constituent elements.

From the supply side, based on the 148 normal professional training programs
of 9 local colleges and universities in Gansu Province, this paper analyzes the pro-
fessional competence structure of pre -service teachers positioned by the training
program, which consists of 7 parts, namely "teacher spirit, knowledge structure,
general ability, teaching ability, comprehensive education ability, teaching devel-
opment ability, and comprehensive development ability", including 38 constituent
elements. Based on the empirical survey data from local colleges and universities,
this study extracts the cognitive professional competence structure of pre -service
teachers in local colleges and universities, which consists of four parts, namely
"teacher spirit, knowledge structure, skill structure, physical and mental quali-
ties", and includes 27 constituent elements.

Although the professional competence structure of pre-service teachers on both
sides of supply and demand is generally constructed around the three core dimensions
of teacher ethics, knowledge and abilities, their construction modes and composi-
tions have their own focuses. Among them, as the demand side, primary and sec-

ondary schools take "teaching and cultivating people" as the foundation, pay attention to teaching and practicing and are more inclined to teaching skills, comprehensive educating and personal traits. As the supply side, local colleges and universities take "ability" as the foundation, take achievement and development as the guidance. They are more inclined to the comprehensive, coordinated and sustainable development of knowledge, ability and quality, and pay more attention to the cultivation of universal abilities.

This study further integrates the professional competence structure and elements of pre-service teachers on both sides of supply and demand, strives to construct an integrated and optimized professional competence structure of pre-service teachers, and empirically tested this structure. The results of the study show that the professional competence structure of pre-service teachers constructed from the perspective of supply and demand integration in this study is a 4-factor structure, consisting of four parts: "teacher spirit, knowledge structure, teaching and cultivating ability, and general ability", including 37 constituent elements. The "teacher spirit" is the essence and soul of a teacher; "The ability of teaching and cultivating students" is a necessary condition for pre-service teachers to teach in the future, and it is also a key element in the professional competence structure of pre-service teachers. "Knowledge structure and general ability" are the basic conditions of pre-service teachers to teach in the future

Based on the integration of supply and demand, this study adopts structural equation modeling to deeply analyze the influencing factors of the professional competence of pre-service teachers in local colleges and universities. It is found that the cultivation of pre-service teachers' professional competence is a systematic project, and its influencing factors include: pre-service teachers themselves, society (demand), and local universities (supply). Among them, "pre-service teachers themselves" and "local universities" are key influencing factors. The "social" factor has the least effect on the improvement of the professional competence of pre-

service teachers. the ability of "teaching and cultivating students" is the most im-
portant ability in the professional competence structure of pre-service teachers. The
self-efficacy and learning engagement of pre-service teachers have a greater influ-
ence on their subjective initiative. Curriculum and teaching, pedagogical practice
skills, and educational internships are the main means for pre-service teachers to
improve their professional ability. In addition, it was found that under the guidance
of social demand, the development momentum of teacher education in local colleges
and universities is insufficient, the subjective initiative of pre-service teachers is not
fully utilized, and the learning initiative and investment are insufficient. In the pro-
cess of training, the initiative of primary and secondary schools to participate in
teacher training is not high, and teaching skills training and educational internships
are weaknesses. In the ability structure, the ability to "teaching and cultivating stu-
dents" is a weak link in the professional ability of pre-service teachers.

Finally, this research proposes countermeasures and suggestions based on the
current situation and problems of both sides of supply and demand: firstly, the local
colleges and universities need to establish professional ability cultivation strategy for
pre-service teachers that adapt to the supply-demand relationship. The second is to
effectively stimulate the intrinsic driving force of pre-service teachers' learning.
Thirdly, primary and secondary schools should collaborate to promote comprehen-
sive reform of teacher education in local colleges and universities. Fourthly, govern-
ments at all levels should increase their support for local normal universities. Fifthly,
we should foster a social environment in which teachers are respected and education
is valued.

Overall, this study not only constructs an integrated model of the professional
competence structure of pre-service teachers in local universities, but also further
clarify the influencing factors and their interrelationships of the professional compe-
tence of pre-service teachers in local universities from the perspective of supply and
demand integration. Thus this study enriches and promotes the theoretical research of

teacher professional development theory, labor supply and demand theory, which will make positive contributions to the in-depth understanding of the complex structure of pre-service teachers' professional competence. It can also provide reference and inspiration for local universities to carry out education and teaching reforms and formulate training strategies for pre-service teachers.

Keywords: local universities; pre-service teachers; professional competence structure; the perspective of supply and demand

绪　论

　　百年大计，教育为本；教育大计，教师为本。在新的历史时期，建设一支高素质、专业化的教师队伍对提高教育质量、促进教育公平至关重要。2018 年 9 月，习近平总书记在全国教育大会上指出：实现中华民族伟大复兴，建设教育强国，推进教育现代化，办好人民满意的教育，从根本上都需要高素质专业化的教师队伍。①习近平总书记这一讲话，吹响了教育改革尤其是师范教育改革创新的进军号。这就要求我们努力推进师范教育创新、协调、可持续发展，在民族复兴的伟大进程中办好师范教育。师范院校是师范教育的主要阵地，是教师队伍建设的工作母机。师范院校一方面要积极回应时代赋予的新使命、新要求、新机遇，承担起人才培养、科学研究、社会服务、文化传承的根本任务；另一方面要紧紧抓住新时期、新形势、新业态所带来的发展条件，明晰时代发展和中小学需要的师范生专业能力结构，并以其为参考和依据，全面提高师范生的综合素养，提升教师供给质量。在这样一个特殊的格局中，如何调整教师培养的策略，全面深化新时代师资队伍建设，是当下师范教育面临的重要议题，也是高等教育学人的分内担当。本研究以师范生专业能力结构为切入点，从人才需求与供给两个视角，探索师范生专业能力的结构和特点；在此基础上，探讨师范生专业能力供需协同培养的路

---

　　① 中央人民政府.习近平出席全国教育大会并发表重要讲话[EB/OL].(2018-09-10).http://www.gov.cn/xinwen/2018-09/10/content_5320835.htm.

径和策略，以期为基础教育提供强有力的师资，为中华民族伟大复兴提供人才支撑。

一、研究背景

潘懋元先生在论及教育内外部关系规律时指出："教育既要尊重人的全面发展，又必须与社会发展相适应。"[①]伴随着高等教育大众化、国际化和市场化发展，对质量的追求以及相应的质量保障成为世界范围内高等教育改革核心议题之一。[②]党的十九大报告明确指出：加快一流大学和一流学科建设，实现高等教育内涵式发展。这就要求师范教育要创新现代教师培养模式，走质量优先、内生增长的道路，做到人才培养与中小学发展需求相融合、与时代变化相适应。基于此，本文围绕"培养什么人"这一核心问题，从供需两端构建"整合的"师范生专业能力结构，为师范院校开展教育教学改革、制定师范生培养方案提供参考和依据。

（一）现实背景："优质教师"需求增长与师范教育质量矛盾

进入新时代以来，社会公众对基础教育的需求已转变为对"公平而优质教育"的向往与追求，对教师的诉求也由数量诉求转变为质量诉求，培养"优质教师"的呼声日渐高涨。相对于社会对优质教师的强烈诉求，师范生培养现状并不尽如人意，也就是说高等院校培养出来的师范生所具有的专业能力结构与社会需要的"优质教师"能力结构之间存在一定差距。

随着高校规模扩张，我国进入高等教育大众化发展阶段，师范教育也从精英教育走向大众教育。由于教师待遇低、工作量繁重、压力大、社会地位低等因素，导致优秀学生报考师范专业的积极性不高，师范生生源质量下滑。

---

① 潘懋元.潘懋元论高等教育[M].福州:福建教育出版社,2000:6.
② Steinhardt I.,Schneijderberg C.,G? tze N.,et al. Mapping the Quality Assurance of Teaching and Learning in Higher Education:The Emergence of a Specialty? [J].Higher Education,2017,74(2): 221—237.

而且师范生培养也存在一定的问题：如教师培养目标不够清晰，教师教育特色不够鲜明；课程开设老套，与基础教育脱节严重；教学内容陈旧，重"讲"轻"做"的教学方式无法对接教师专业素养；教育实践体系不完善，部分专业教育实习和教育见习缺乏有效指导，实施分散，近乎"放养"状态。[①]这将严重影响师范生培养质量。教师培养质量滞后于国家建设高素质教师队伍的需求，由此产生的结果将严重制约我国基础教育事业改革与发展。

师范院校是培育优质教师的主阵地。师范院校作为全责培养单位，主导师范类专业人才培养的全过程。然而，作为用人单位的中小学却如同"旁观者"，几乎被排除在人才培养活动之外。中小学通常仅作为教育实习接收单位，提供实习场地和实习指导，只参与其中某个培养环节，导致中小学参与师范生培养工作的主动性不高。也就是说，长期以来，我国师范教育从培养需求、方案制定、实施过程到养成评价，缺乏与中小学的深入对话与紧密合作，中小学校所需教师的专业能力结构与供给方的培养存在一定错位。这直接导致师范生成为新手教师后，教学技能和育人能力还存在不足。因此，从供需视角来审视和探究地方院校师范生专业能力结构，建构供需整合的师范生专业能力结构，对全面提高师范生综合素养，改善教师资源供给，满足社会对"优质教师"的需求具有重要意义。

（二）政策背景：新时期国家对师范生能力结构的要求

为贯彻落实党的十九大精神，造就党和人民满意的高质量教师队伍，教育部于 2017 年年初提出："中国现有的 181 所师范院校一律不更名、不脱帽，聚焦教师培养主业。"[②]同年 10 月，为规范引导师范类专业建设，建立健全教师教育质量保障体系，教育部印发了《普通高等学校师范类专业认证实施办法（暂行）》，对师范生专业能力结构（即师德、教育情怀、教学能力、育人能力、发展能力等）作出了相应的要求。2018 年 1 月，国务院印发了

---

① 周晓静,何菁菁.我国师范类专业认证:从理念到实践[J].江苏高教,2020,(2):72—77.
② 路书红,黎芳媛.专业认证视角下的师范专业发展探析[J].教育发展研究,2017,37(22):65—69.

《关于全面深化新时代教师队伍建设改革的意见》，把加强高素质教师队伍建设提到了前所未有的战略高度，对教师的师德师风、创新能力、专业能力和综合素养等方面提出了具体要求，成为新时期加强和改进师范教育工作的指导思想。围绕全面落实立德树人根本任务的时代新使命，建设一流师范院校和一流师范专业，2018 年 9 月，教育部印发了《关于实施卓越教师培养计划2.0 的意见》，明确培养与造就一批教育情怀深厚、专业基础扎实、勇于创新教学、善于综合育人和具有终身学习发展能力的高素质专业化创新型中小学教师。① 《意见》对师范生应具备的专业能力结构提供了指导意见。这些政策的颁布与实施不仅关系到地方院校师范类专业明晰"培养什么人"这一根本问题，更影响到我国高质量师资队伍的建设。

地方院校是优质师资供给的主力军。据统计，我国现有公立师范院校192 所，除了 6 所教育部直属师范院校，其余均为地方师范院校，地方师范院校数量在全国公立师范院校总数占比近 98%，另有 397 所非师范院校也培养师范生。② 从现实来看，数量众多的地方院校是推进师范教育综合改革的重要力量，承载着引领区域教师教育发展的核心使命。地方院校有必要对国家相关政策进行深入解读与研究，认准国家对师范生专业能力结构的要求，以之引导、规范师范生培养，为地方基础教育发展输送一批批下得去、留得住、干得好的中小学教师。

（三）学术背景：缺乏师范生专业能力供需视角的研究

师范生作为未来教师的预备力量，其专业能力的高低直接影响着未来中小学教师的质量优劣，他们理应在职前阶段受到良好的培养，以适应新时代对教师提出的新要求。然而我国目前已有的关于师范生专业能力的研究，则缺乏供需视角的师范生专业能力结构的研究。目前，国内一些学者从不同的

---

① 教育部.教育部关于实施卓越教师培养计划 2.0 的意见［EB/OL］.（2018-10-10）. http://www. moe.gov.cn /srcsite/A10/s7011/201810/t20181010_350998.htm.

② 李剑萍.振兴地方高师院校，增强乡村优质师资供给［J］.教育研究,2019,40(03):22—25.

视角对师范生专业能力结构进行了不少解析。例如：叶澜[①]从教师专业素养视角探讨师范生应具备的专业素养，将师范生专业素养划分为教育理念、知识结构、教育智慧、能力结构；张威和孙永波[②]从《教师专业标准》中分析师范生专业能力的结构，将师范专业能力结构分为语言能力、数学设计能力、课堂教学能力、教学评价能力、教学研究能力；裴云[③]通过文献梳理归纳师范生教学能力的结构，包括教学设计、语言表达、组织课堂活动、课堂应变等 7个部分；陈国钦[④]等基于教师能力提出卓越师范生应具备的专业能力结构，将卓越师范生专业能力划分为广博的专业知识、职业技能和职业素养等；王素月[⑤]参照"TPACK"的框架内容来优化了师范生专业能力结构，孙兴华[⑥]等基于欧盟与美国教师核心素养研究未来教师专业能力结构框架。可见，目前为止，学者们很少从供需视角研究师范生专业能力结构。因此，笔者从供需两侧角度出发，研究国家政策要求、地方中小学实际需要，并结合高校人才培养方案定位和师生认知，研究和探索师范生应具备的专业能力结构，通过交叉分析，形成供需整合的地方院校师范生专业能力结构，以便为整体提升师范生专业能力提供参考和依据。

二、研究问题

高等教育质量的核心应是"最大限度地满足各利益主体对高等教育的需求"。[⑦]在社会主义现代化建设新时期，社会变化日新月异，人民群众对教育

---

①　叶澜.新世纪教师专业素养初探[J].教育研究与实验,1998,(01):41—46.

②　张威,孙永波.英语师范生教学能力的职前培养[J].现代教育管理,2012,(01):83—86.

③　裴云.实习支教对师范生教学能力的影响及提高策略——以忻州师范学院为例[J].教育理论与实践,2015,35(06):41—42.

④　陈国钦,张璇,吴映萍.基于能力培养的地方高校卓越教师培养探究[J].中国教育学刊,2015,(S2):1—2.

⑤　王素月.论学士后教师教育背景下学士后师范生专业发展的内涵及其路径[J].教育科学,2018,34(01):70—74.

⑥　孙兴华,薛玥,武丽莎.未来教师专业发展图像:欧盟与美国教师核心素养的启示[J].教育科学研究,2019,(11):87—92.

⑦　张应强.高等教育质量观与高等教育大众化进程[J].江苏高教,2001,(5):8—13.

的需求已发生了相应改变。师范生所具备的专业能力结构与社会实际需求之间的"差距"日益扩大。正如唐纳德·肯尼迪所言："公众已经不满于那些关于大学产品质量的宽慰人心的保证。"①如何培养高素质教师已成为世界各国师范教育改革的共同关注点。可见，地方院校如何以需求为导向，回应国家和地方中小学校的实际需求，优化师范生专业能力结构，成为有待深入研究的课题。基于此，本文将在深入研究的基础上尝试回答以下问题：

1. 供需视角下师范生专业能力结构及构成要素有哪些？哪些是相同的？哪些是不同的？

2. 如何建构供需整合的地方院校师范生专业能力结构？其构成要素有哪些？

3. 地方院校师范生专业能力的影响因素有哪些？供需双方在师范生专业能力培养过程中发挥什么作用？

4. 如何建构符合时代发展需要的、能最大限度保障弥合供需双方耦合的师范生培养策略？

三、研究目的与意义

（一）研究目的

地方院校承担着为地方中小学校培养优质教师的重任，应将人才培养目标建立在国家对师范生专业能力结构的要求以及中小学校用人需要之上，进行培养方案制定及教育教学改革。从以上问题出发，为提高师范生培养质量，整体提升师范生专业能力，全面落实立德树人根本任务，特别是缓解师范教育质量供需矛盾，本研究提出以下研究目的：

1. 明晰供需视角下师范生专业能力结构及其构成要素。通过比较分析，找出供需两侧的结构"差异"和"共同"部分。

---

① ［美］唐纳德·肯尼迪.学术责任［M］.阎凤桥，译.北京：新华出版社，2002：5.

2.建构供需整合、理论与实证相结合的地方院校师范生专业能力结构，探索其构成要素。

3.找出地方院校师范生专业能力的影响因素，解析供需双方在师范生专业能力培养过程中应发挥的作用。

4.基于供需两侧，构建符合新时代社会发展和基础教育改革要求的师范教育路径。

（二）研究意义

师范生专业能力研究既是高等教育学研究的范畴，也是师范教育改革与实践研究的主题之一。在国家师范类专业认证和卓越教师培养计划政策背景下，地方院校师范教育如何服务地方发展日益受到社会各界的广泛关注。师范生作为我国教师后备军，其专业能力与我国未来教师队伍的质量水平紧密相关，[①]师范生专业能力结构如何优化已成为师范教育研究者思考的重要课题。因此本研究基于供需两侧对师范生专业能力结构进行研究，不仅具有重要的理论意义，也具有重要的实践意义。

从理论上看，目前师范教育研究大多围绕师范生或供给侧改革进行研究，极少从供需两侧并行研究。本研究基于劳动力供需理论的视角，从人才供给方和需求方研究师范生专业能力结构问题，一方面描述师范生专业能力结构供需现状；另一方面深入分析师范生能力结构供需异同，在一定程度上拓宽师范教育的理论研究视角。此外，本研究通过剖析供需两侧视角下的师范生专业能力结构形成机理，从中分析供需整合的师范生专业能力结构及其构成要素，并采用实证研究方法验证结构要素间的逻辑关联、影响路径，最终构建供需整合、理论与实证相结合的师范生专业能力结构模型，从而丰富教师专业发展理论。

在实践层面，本研究通过实证研究，从需求侧考察国家和中小学校对师

---

① 王辞晓,吴峰.职前教师 TPACK 水平的绩效分析与改进路径[J].现代远距离教育,2018,(02): 62—71.

范生专业能力结构的要求和需要，从供给侧详细研究地方院校师生对师范生专业能力结构认知现状，分析供需两个视角的结构异同，为地方院校明晰"培养什么人"提供重要的信息和数据，帮助地方院校了解国家要求和中小学需要，认知差异，以便通过供给侧结构性改革补短板，提高师范生培养质量，增强地方师范教育综合实力。此外，本研究注重供需两侧的整合，构建供需两侧整合的师范生专业能力结构，可为促进师范教育改革与发展，进一步推进地方院校的人才目标设定、专业设置、学科建设、课程体系建设与社会发展需求相契合，提供一定的借鉴和参考。

四、概念界定

本研究共涉及三个概念：师范生、地方院校和专业能力结构，具体的概念界定如下：

（一）师范生

"师范生"在西方国家被称为"future teachers""pre-service teachers""prospective teachers"。在我国，"future teachers"释义为"未来教师"，"pre-service teachers"释义为"职前教师"，"prospective teachers"释义为"未来教师"或"准教师"，这些中英文词汇也就是对应现在所研究的"师范生"。本研究述及"师范生"时，按国内外不同释义，顾及当时的通行用法，交替使用"师范生""未来教师"和"职前教师"。

"师范生"原指各级各类院校师范类专业在校学生和毕业生。而本研究的师范生是指地方院校师范类专业的学生。根据学生类别中应届毕业生和大学在校生的区别，师范生也分为在校师范生和师范毕业生。为避免概念混淆，在后文问卷调查与访谈中，笔者将"地方院校师范类专业在校学生"简称为"师范生"，"地方院校师范类专业毕业的应届毕业生"简称为"师范毕业生"。

（二）地方院校

地方院校是指隶属地方（各省、自治区、直辖市，或由省市共建）、由地方行政部门划拨经费的普通高等院校。地方师范院校是指除北京师范大学、华东师范大学、东北师范大学、华中师范大学、陕西师范大学和西南大学 6 所教育部直属的师范大学外的师范类院校。本研究的"地方院校"特指承担有师范生培养工作的地方师范院校和地方非师范院校。

以甘肃地方院校为例，目前省属师范大学只有西北师范大学 1 所，省属师范学院有 2 所，分别为天水师范学院、甘肃民族师范学院。高等师范专科学校有 2 所，分别为陇南师范高等专科学校和定西师范专科学校（原名定西教育学院）。定西师范专科学校于 2014 年 5 月并入甘肃中医药大学，设立甘肃中医药大学定西校区。另有兰州城市学院（原名兰州师范高等专科学校）、陇东学院（原名庆阳师范专科学校）、河西学院（原名张掖师范高等专科学校）三所地方院校校名不再冠有"师范"，但仍承担着大量的师范生培养工作。除此之外甘肃还有一所独立学院（即西北师范大学知行学院），也承担着重要的师范生培养工作。因此，本研究选取西北师范大学、天水师范学院、甘肃民族师范学院、兰州城市学院、陇东学院、河西学院、陇南师范高等专科和定西师范高等专科学校和西北师范大学知行学院 9 所地方院校作为研究对象，以探析师范生专业能力结构及其构成要素，并根据师范生能力培养现状提出培养策略，旨在整体提升甘肃乃至全国师范教育质量，为基础教育输送一批批下得去、留得住、干得好的中小学教师。

选取甘肃地方院校进行研究的原因有三点：一是甘肃独特的自然和人文环境。甘肃省地处半湿润区向半干旱、干旱区的过渡地带，是我国三大高原的结合部，这里长期是农牧经济的过渡区和少数民族和汉族的交错带。甘肃省历史上还曾是中西文化与商贸交流的通道，是丝绸之路的黄金之地和锁钥之地，丝绸之路横贯全境，中华文化的西传与扩散，域外文化的输入与吸纳，都对甘肃地域文化带来深刻影响。二是多元纷呈的民族文化。甘肃自古是一个多民族聚居的地方，从先秦至魏晋南北朝时期的西戎、氐羌、大月氏、匈奴、鲜卑，到隋唐宋元明清的吐蕃、党项、蒙古族、回族、藏族，都曾长期生活在陇原大地。全省现有 55 个少数民族，世居甘肃人数较多的少数民族有回族、藏族、东乡族、土族、裕固族、保安族、蒙古族、撒拉族、哈萨克族、满族等 16 个少数民族。各民族长期交错杂居，使得甘肃学生类型呈现民族多样化特征，教育问题也随之纷繁复杂。三是取样方便。目前甘肃是笔者求学之地，可为本研究提供就地取材之便。

因此，选取甘肃地方院校作为研究对象，从人才供需视角解析甘肃师范生专业能力结构特征，可以窥一斑而知全豹，既能深入地了解甘肃师范教育发展的现状，还为全国师范类专业建设与发展提供数据借鉴与参考。

(三) 专业能力结构

关于"专业"的概念，国内外学者有着不同的界定。专业在某种程度上是社会分工的产物，早期人们认为专业是一种职业以及职业的准备，这一观点的主要代表人物是布朗德士 (D.Brandeis)。他认为，专业是一个人必要的上岗前的训练，它以智能为特质，需具备专门知识和广泛的学问，专业与普通的技能的不同之处在于它不是简单的谋生工具，而是一个人从事一项工作的综合素质，专业从业者获得经济回报不能作为衡量其职业成功的标准。[①]凯尔·桑德斯 (Carr-Saunders) 认为："专业是一群人在从事着一种需要专门技术的职业，这种职业以特殊的智力来培养和形成，专业发展的目的在于提供专门的社会服务。"[②]现代意义上的专业基于学科建制的社会背景，与职业的联系越来越紧密。弗里德森 (E.Freidson) 指出：专业是一个职业群体的属性，这个群体一般而言较为宽泛且具有一定威信，群体成员接受过一定形式的高等教育，成员身份确认的依据是学历而不仅仅是专有的职业技能。[③]在专业与职业联系越来越紧密的前提下，霍伊尔 (E.Hoyle) 提出了专业性职业的

---

① 赵康.专业、专业属性及判断成熟专业的六条标准——一个社会学角度的分析[J].社会学研究,2000,(5):30—39.
② Carr-Saunders A. M. The Profession[M]. Oxford: Clarendon Press,1933:3—4.
③ 赵康.专业、专业属性及判断成熟专业的六条标准——一个社会学角度的分析[J].社会学研究,2000,(5):30—39.

概念，认为基于专业性的职业是承担重大社会职能的职业，高度的知识能力、一定时期的高等教育和特殊训练，知识能力的社会化过程是专业性的必备条件。①综合而言，专业可被认为是基于专业知识和职业技能而形成的职业特质，专业性的社会服务具有一定的不可替代性。

关于能力，国内外学者从不同角度进行了阐述。从心理学的角度看，能力是个体对特定活动的进程及活动的方式进行自我调节和控制的一种心理特质，是内化了的个体经验，这类个体经验不是凭空产生的，而是个体通过学习、训练所掌握的知识和技能，抑或可以说知识和技能是能力结构的基本因素。《汉语大词典》也从心理学的角度对能力做了定义，即"能力是掌握和运用知识技能的条件，并决定活动效率的一种个性心理特征"。能力可分为一般能力和特殊能力。所谓一般能力，是大多数人、大多数人类活动所共同具有的能力，如观察力、记忆力、注意力等，具有普遍的共性；所谓特殊能力即专业能力，是为少部分人所独有，经特殊学习和训练获得的从事某项专门活动所需要的能力，如绘画能力、科研能力、音乐创作能力等。根据上述对专业和能力的理解，可知专业能力是专业从业者在知识的积淀、方法的掌握、能力的运用、品质的保障、品德的示范等方面必须达到的既定要求，是专业职业从业者所必须具备的用以胜任职业要求的知识、能力与品质标准。

关于能力结构，心理学领域的研究颇深，且不同心理学家对能力结构的认识各不相同。1904 年英国心理学家斯皮尔曼提出了能力的二因素结构，认为能力结构由一般因素和特殊因素构成。美国心理学家塞斯顿提出群因素能力结构，认为能力结构是由多种彼此不相关的能力组成。1967 年美国心理学家吉尔福特提出智力三维结构模型，认为人的智力结构由内容、操作、产品三个维度组成，每个维度都包括各自的构成要素，形成三维立体式的结构。20 世纪 60 年代，英国心理学家弗依提出能力的层次结构理论，认为能力是按照层级排列形成的结构。②

①　张贵新.对教师专业化的理念、现实与未来的探讨[J].外国教育研究,2002,(02):50—55.
②　胡玉龙,唐志强,王萍,等.普通心理学[M].北京:人民教育出版社,2002:58—59.

　　在管理学领域，最具典型代表的能力结构是胜任力的冰山模型和洋葱模型。胜任力冰山模型是美国著名心理学家麦克利兰（D.McClelland）提出的。[①]所谓"冰山模型"（见图1-1），就是将个体的能力素质和行为表现划分为表面的"冰山以上部分"和深藏的"冰山以下部分"。冰山表面上层的是知识与技能，比较容易测量和获知。深藏在冰山下面的是个性特征、价值观、道德和动机，是不易表现的部分，比较难以测量和获知，而且往往不易于受外界影响而发生改变，但对人的行为表现产生关键作用。洋葱模型由美国学者博亚特兹（R.E.Boyatzis）提出。与冰山模型的理论类似，洋葱模型也认为胜任力特征包括知识、技能、个性特质、动机、社会角色、自我概念、价值观等能评价绩效表现的内涵特征。[②]在这些内容中，知识和技能位于洋葱最表层，自我概念和社会形象位于洋葱中间位置，个性特征和动机在洋葱最里层（见图1-2），由此形成一种从外到内层层包裹的结构，从表层到里层的特征，越来越不容易被观察，受外界影响程度也越来越低。

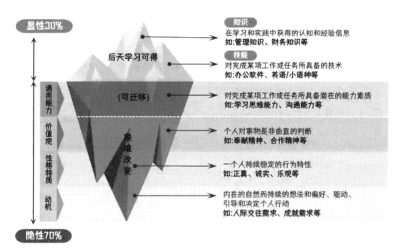

图 1-1　冰山模型

①　McClelland D.Test for Competency Rather for "Intelligence"［J］.American Psychologist,1973,28（1）:1—14.

②　Boyatzis R.E.The Competent Manager:A Model for Effective performance［M］.NewYork:Wiley,1982:199—220.

个性特征/
动机

自我概念/
社会角色

知识/技
能

图1-2　洋葱模型

　　从上述对"专业""专业能力""能力结构"概念的理解出发，可认为专业能力结构是指胜任某一专门职业所必须具备的知识、能力、素养与品德的总和。不同专业职业对从业者专业能力的要求不同。教师作为专业人员，衡量其专业水平，主要看其专业能力。由于每个社会成员扮演着不同的社会角色，考虑问题的角度各不相同，他们对未来教师的认可程度、期望值也不同。因此，有必要对未来教师——师范生的专业能力结构进行深入分析。在下文研究中会出现专业技能，它是专业能力的下位概念，二者在定义上有明显的区分。

第一章　文献综述

本章着重围绕国内外师范生专业能力结构及培养研究、高等教育供需关系研究以及师范生专业能力供需协同培养研究，综述相关的研究成果，为本研究提供依据和借鉴。

第一节　师范生专业能力结构研究

针对"教师应该具备何种专业能力"，国内外学者从教师专业能力、专业素养、专业标准建设等不同角度进行了概括。由于研究视角的不同，学者们的侧重点不尽相同。尽管有些研究是从高等教育整体范畴出发的，不单单针对地方院校和师范生，但对于理解师范生专业能力结构仍有重要价值。

一、国外对师范生专业能力结构的研究

20世纪60年代至90年代，国际上兴起了以"能力本位的师范教育"为特征的教育改革运动。受其影响，研究者们开始关注"教师能力"，并致力于培养下一代优秀教师。代表人物有斯滕伯格（R.J.Sternberg），他认为教师能力可以分为三种：分析性能力、创造性能力和实践性能力。从1983年开始，曼尼（R.C.Manning）等人总结前人的研究成果，提出教师能力结构包括教学设计能力、教学活动组织能力、课堂管理能力和传授知识能力4个维度。布

朗（M.W.Brown）从教师胜任力角度提出教学能力包括教学信念、学科知识、教学法知识和各类教材的运用能力。①艾贝克（B.Aybek）认为培养下一代的准教师必须具备获取知识、以批判的眼光审视知识、明辨是非等技能，才能引导学生掌握这些技能。②新加坡国立教育研究所 Oon Seng Tan 教授基于教师专业能力，概括出师范生应具备"反思和思考方式、教学、人际管理、自我管理、管理、沟通、助人、技术、创造性和主动性、社交情商"十种专业能力。③卡菲卢洛（A.C.Kafyulilo）参照"TPACK"的框架内容建构了师范生专业能力体系。④"TPACK"（整合技术的学科教学知识"Technological Peda-gogical Content Knowledge"的简称）概念首次提出于 2005 年，凯勒（Koehler）等人认为 TPACK 知识框架包括七个维度：学科知识 CK（Content Knowledge）、教学法知识 PK（Pedagogical Knowledge）、技术知识 TK（Tech-nological Knowledge）、学科教学法知识 PCK（Pedagogical Content Knowledge）、整合技术的学科知识 TCK（Technological Content Knowledge）、整合技术的教学法知识 TPK（Technological Pedagogical Knowledge）、学科教学法知识 TPACK（Technological Pedagogical Content Knowledge）。⑤

国外教育机构对师范生的专业要求也都有不同的解读。2013 年，美国教师教育认证委员会（NCATE）将"学科内容与教学知识、一线合作伙伴与教学实践"确定为新教师入职前必须具备的基本能力要求。⑥2018 年，NCATE

① Brown M.W. The Teacher-tool Relationship：Theorizing the Design and Use of Curriculum Materials ［A］// Remillard J.T.，Herbel-Eisenmann B.A.，Lloyd G.M.（Eds.）. Mathematics Teachers At Work：Connecting Curriculum Materials and Classroom Instruction［M］.New York：Routledge，2009：17—36.

② Aybek B.The Relationship between Prospective Teachers' Media and Television Literacy and Their Critical Thinking Dispositions ［J］.Eurasian Journal of Educational Research，2016，63（15）：261—278.

③ Oon Seng Tan. Fourth Way in Action：Teacher Education in Singapore ［J］. Educational Research for Policy& Practice，2012，11（1）：35—41.

④ Kafyulilo A.C.TPACK for Pre-Service Science and Mathematics Teachers［D］.Enschede：Enschede University of Twente，2010：15—17.

⑤ Mishra P.，Koehler M.J. Technological Pedagogical Content Knowledge：A Framework for Teacher Knowledge［J］. Teachers College Record，2006，108（6）：1017—1054.

⑥ CAEP-Council for the Accreditation of Educator Preparation. 2013 CAEP Standards.［EB/OL］.（2013-06-17）. http://www.ncate.org/~/media/Files/caep/standards/caep-standards-one-pager-061716.pdf？ la=en.

发布了美国 K-6 小学职前教师的五项标准，认为未来教师应当具备五个方面的素养，即理解每位孩子的发展和学习需要的素养、理解并在教学中应用学科内容知识与课程知识的素养、对每一位孩子进行有效教学的素养、对学生学习进行评估、计划与环境创设的素养、发展成为专业人士的素养。①新西兰提出师范院校毕业生应具备的专业能力包括专业知识、专业实践和专业品质等几个方面，其中，专业知识包括学生和学习方面的知识、关于教学的知识、课程方面的知识、评价方面的知识、探究教学知识、家校合作理念、教育政策法规、个人背景；专业实践包括课堂组织、学生行为管理、培养和维护学习文化、支持学生分享和参与、运用探究教学来设计和实施课程、与其他教师合作；专业品质包括高期望值、开放与包容、职业道德与态度、重视人际关系、在交往中合作；作为学习者愿意尝试新事物，并且去创新，能寻求和接受反馈并采取行动，有兴趣与其他专业人士一起拓展知识和实践；作为专业人士，工作中具备强烈的责任心，具有团队协作和分享的能力。②

二、国内对师范生专业能力结构的研究

基于特定的教育语境，国内学者对师范生专业能力的架构则体现了一定的本土化特点。

从教师专业素养视角，叶澜教授认为师范生应具备四个维度 17 个方面的专业素养，即："与时代相通的教育理念（包括学生观、教育观、教育活动观）、知识结构（包括当代科学人文基本知识、1~2 门学科专门性知识与技能、学科发展历史与趋势、学科方法论的理解、学习的终身需要、信心与能力）、教育智慧（即敏锐感受、准确判断处于生成和变动的教育过程中可能出

---

① CAEP-Council for the Accreditation of Educator Preparation.CAEP 2018 K-6 Elementary Teacher Preparation Standards[EB/OL].(2018-08-10).http://caepnet.org/~/media/Files/caep/standards/2018-caep-k-6-elementary-teacher-prepara.pdf? la=en.

② Education Council.Strategic Options for Developing Future Orientated Initial Teacher Education [EB/OL].（2017-03-07）.https://educationcouncil.org.nz/sites/default/files/Strategic% 20options% 20REVISED%2029%20JNE.pdf.

现的新趋势及新问题的能力，把握教育时机、转化教育矛盾和冲突的机智，根据实际环境选择和决策、调节自己教育行为的魄力，使学生积极投入学校生活、热爱学习和创造，并愿意与他人进行心灵对话的能力）和能力结构（理解他人和与他人交往的能力、管理能力、教育研究能力）。"①陈国钦等提出师范生应具备的专业能力包括："广博的专业知识；管理知识；科学人文素养；国际化视野；不断更新、充实自身各方面的知识；保持在专业领域中的引领作用；职业技能（教育教学、写作口头表达、信息搜集与分析、外语应用）；有效运用各类教育教学资源组织教学；示范和榜样作用；具备管理、沟通、研究与创新、解决问题等各种能力；良好的思想品德修养；健康的体魄和良好的心理素质；诚信和高度的责任感；以身作则；对学生起到潜移默化的教育作用。"②

从《教师专业标准》和《职前教师教育课程标准》角度，张威和孙永波基于《中小学教师专业标准》分析出师范生教学能力包括语言能力、教学设计能力、课堂教学能力、教学评价能力、教学研究能力。③范向前和刘彩霞基于《职前教师教育课程标准》认为师范生从教能力结构可分解为汉字规范书写能力、教育语言表达能力、教学设计能力、课堂教学组织与说课能力、教育技术能力、教育研究能力、班主任工作、求职与职业发展能力八个方面。④李钢等人基于《中小学教师专业标准》归纳出职前教师专业能力包括教学设计能力、教学实施能力、教学评价能力、班级管理与教育活动组织能力、沟通合作能力、反思与发展能力。⑤黎大志和彭琪珺基于《中学教育专业认证标准》提出从"践行师德""学会教学""学会育人"和"学会发展"四个方

---

① 叶澜.未来教师的新形象[J].上海教育科研,2000,(02):62.
② 陈国钦,张璇,吴映萍.基于能力培养的地方高校卓越教师培养探究[J].中国教育学刊,2015,(S2):1—2.
③ 张威,孙永波.英语师范生教学能力的职前培养[J].现代教育管理,2012,(01):83—86.
④ 范向前,刘彩霞.师资供给过剩背景下师范生从教能力的内涵与发展[J].中国高教研究,2014,(01):71—74.
⑤ 李钢,范丽娜,李金姝."互联网+"中学教师职前专业能力发展研究[J].湖南师范大学教育科学学报,2019,18(01):102—107.

面评价一名卓越与合格师范生所应具备的专业能力。[①]

从卓越教师角度，吴越等人提出地方师范大学培养的未来教师应当具备高尚的思想道德修养、献身教育的远大理想、先进的现代教育理念、扎实的学科专业知识、较强的教学研究能力、良好的沟通表达能力、先进的教学方法技能、较强的教育创新能力、较好的团队协作精神。[②]杨晓宏概括出较为系统的卓越师范生专业能力结构共包括3个一级指标（即专业知识、专业技能和专业素养）、14个二级指标和69个三级指标。[③]

此外，还有学者从其他视角解读了师范生专业能力结构。裴云通过文献梳理归纳出师范生教学能力包括教学设计、语言表达、组织课堂活动、课堂应变、教态控制、板书设计、开发教学资源。[④]柯勤飞和张益基于《中国学生发展核心素养》，构建师范生核心能力素养的"SCIL"模型，该模型构成要素包括：2S（自主学习和自主发展能力）、4C（独立思考与批判性思维能力、创造性地解决问题能力、沟通交流能力以及团队合作能力）、2I（国际素养、信息素养）、1L（领导力素养）。[⑤]王素月参照"TPACK"的框架内容建构了师范生专业能力体系。[⑥]孙兴华等基于对欧盟与美国教师核心素养的概括认为未来教师专业能力包括：知识与技能、对职业的积极态度、现代信息和通信技术素养等。[⑦]李政云参考美国宾夕法尼亚州《师范生教育实习能力标准》，提出师范生教育实习能力包括学科教学、班主任工作教育研究能力、职业信念、

① 黎大志,彭琪珺.中国《中学教育专业认证标准》卓越与合格标准的差异研究——以"毕业要求"为例[J].现代大学教育,2019,(04):16—23.
② 吴越,李健,冯明义.地方师范大学"卓越教师"的培养路径分析——以西华师范大学"园丁计划"为例[J].中国高教研究,2015,(08):92—97.
③ 杨晓宏,杨方琦.基于教育技术学专业的卓越中学信息技术教师培养模式研究[J].中国电化教育,2016,(02):94—101.
④ 裴云.实习支教对师范生教学能力的影响及提高策略——以忻州师范学院为例[J].教育理论与实践,2015,35(06):41—42.
⑤ 柯勤飞,张益.基于SCIL核心能力素养的教师教育模式改革探索——以上海师范大学为例[J].教育发展研究,2017,37(20):61—67.
⑥ 王素月.论学士后教师教育背景下学士后师范生专业发展的内涵及其路径[J].教育科学,2018,34(01):70—74.
⑦ 孙兴华,薛玥,武丽莎.未来教师专业发展图像:欧盟与美国教师核心素养的启示[J].教育科学研究,2019,(11):87—92.

反思能力、研究能力、师德、合作精神等。①丁钢在《中国高等师范院校师范生培养状况调查报告》中，将师范生专业能力细分为：前沿知识的把握能力、思辨能力、沟通能力、学术论文撰写能力、创新能力、口头表达能力、激励他人的能力、社会责任感、灵活应变能力、团队协作能力、自信心、学科专业知识、中小学课程与教材、我国教育法规和政策、我国中小学教育改革的熟悉与掌握、识别中小学生特点、教案设计技能、运用教育技术手段的能力、班级管理工作的熟悉、与学生沟通的技能、照顾学生个体差异的能力、学生学业评价能力、中小学教学方法的了解、教育研究能力、职业生涯规划能力。②刘丽平基于《师范生职业技能训练基本要求》，提出师范生专业技能包括语言文字基本功（书写"三笔字"、书面表达、普通话、口语表达）、教学工作技能（备课、上课、批发作业和评定学生成绩）、班主任工作技能三个部分。③

　　我国教育部对师范生专业能力结构也有相关规定。2011 年制定的《职前教师教育课程标准（试行)》，明确培养师范生教育信念与责任、教育知识、育人能力、创新精神、教育实践能力、教育体验能力、反思能力、终身学习能力等各方面专业能力。④ 2012 年制定的《中小学教师专业标准（试行)》，明确规定从教教师应具备的专业理念与师德、专业知识（包括教育知识、学科知识、学科教学知识、通识性知识）及专业能力（教学设计、教学实施、班级管理与教育活动、教育教学评价、沟通与合作、反思与发展）等方面的内容。⑤2017 年制定了《师范类专业认证标准》，并对师范生提出了相应的专

① 李政云.论师范生教育实习能力标准构建——以宾夕法尼亚州为例[J].湖南师范大学教育科学学报,2019,18(06):85—91.
② 丁钢.中国高等师范学校师范生培养状况调查与政策分析报告[M].上海:华东师范大学出版社,2014:14—103.
③ 刘丽平,王强.师范生专业技能训练的提升策略——以 X 师范大学为例[J].教师教育研究,2019,31(03):77—85.
④ 教育部教师工作司组编.教师教育课程标准(试行)解读[M].北京:北京师范大学出版社,2013:24—25.
⑤ 中华人民共和国教育部.中小学教师专业标准(试行)[M].北京:北京师范大学出版社,2012:24—25.

业要求，即：践行师德（包括师德规范、有教育情怀），学会教学（包括知识整合、教学能力、技术融合），学会育人（包括班级指导、综合育人）和学会发展（包括自主学习、国际视野、反思研究、交流合作）。①

第二节 师范生专业能力培养研究

国内外师范生专业能力培养的研究成果丰硕，从国内外师范教育的实际情况出发，学界主要围绕培养模式和培养过程两个方面展开研究，研究内容涉及师范教育政策、培养理念和价值取向、课程与教学，以及教育实习等方面。关于师范生专业能力培养的探讨，学界一直以来都致力于解决师范教育供需能力结构中存在的供需不匹配、不平衡等痛点，试图从专业能力的维度弥合理论与实践的鸿沟，为师范院校开展师范生培养的供给侧结构性改革提供了理论基础，努力使培养出来的师范生所具备的专业能力结构符合社会与中小学实际发展的需要。

一、师范生专业能力培养模式研究

（一）国外师范生培养模式研究

进入 21 世纪以来，世界各国逐渐意识到建立一支优质师资队伍对优质教育和国家经济社会发展的重要性，于是纷纷开始师范教育模式改革与探索。胡艳和蔡永红（2000）、靳希斌（2009）、陈时见（2010）、安涛等（2015）、法肯贝格（T.Falkenberg）、英格索尔（R.M.Ingersoll.）等对英国、美国、德国、法国、加拿大和新加坡等一些国家的师范生培养模式进行了比较细致的梳理与介绍。美国采用的是综合化的师范生专业能力培养模式，现行培养模

---

① 教育部.教育部关于印发《普通高等学校师范类专业认证实施办法（暂行）》的通知[EB/OL].（2017-11-06）. http://www.moe.gov.cn/srcsite/A10/s7011/201711/t20171106_318535.htm.

式有三种：第一种是综合性大学一般采用"4+1"的五年制模式；第二种是文理学院一般是本科层次，学制为四年；第三种是教师专业发展学校，简称PDS。①英国的师范生专业能力培养模式是开放型的，主要有两种：第一种是3~4年制的教育学士学位课程（Bachelor of Education，简称BED），即"3+0"或"4+0"的模式；第二种是"3+1"或"3+2"模式，即3年制的第一学位后加1年制脱产或2年制业余课程后的教育证书（postgraduate certificate in education，简称PGCE）。②法国是在综合大学设立"教师培训学院"（IUFM），负责培养中小学教师，实行"3+2"培养模式。③德国则采取由高校和教育行政部门联合培养的两段式培养模式来培养中小学教师。第一阶段是修业阶段，由高等院校负责，主要任务是理论学习，是教师专业能力发展"知"的层面的储备；第二阶段是实习阶段，由教育行政当局负责，一般在实习教师研习班和实习学校进行职业实践培养。这两段式培养模式理论和实践并重，知识与能力共进，能全方位提升师范生的专业能力。④加拿大职前教师的培养主要包括两种模式："即同时接受学科知识和教师教育课程的并行性模式（consecutive model）和先获得学位再学习教师教育课程的连续性模式（concurrent program）。"⑤新加坡则设立国立教育学院，为公费师范生提供三类职前教师培养模式：文/理学士（教育）本科培养模式（Bachelor of Arts/Science）、研究生教育文凭培养模式（Postgraduate Diploma in Education，简称PGDE）以及教育文凭培养模式（Diploma in Education）。⑥

①　靳希斌.教师教育模式研究[M].北京:北京师范大学出版社,2009:17.
②　安涛,鲁长芬,胡海,罗小兵.英国、加拿大、新加坡体育教师培养模式对我国体育免费师范生培养模式的启示[J].北京体育大学学报,2015,38(10):103—108.
③　胡艳,蔡永红.发达国家中小学教师教育[M].海口:海南出版社,2000:26—40.
④　陈时见.教师教育课程论[M].北京:人民教育出版社,2010:208.
⑤　Falkenberg T.,Smits H.(Eds.). Field Experiences in the Context of Reform of Canadian Teacher Education Programs[M].Winnipeg:Faculty of Education of the University of Manitoba,2010:193.
⑥　Ingersoll R.M. A Comparative Study of Teacher Preparation and Qualification in Six Nations[R]. Philadelphia: CPRE,University of Pennsylvania,2007:77.

（二）国内师范生培养模式研究

关于我国师范生专业能力培养模式的研究，主要学者有陈学恂（1983）、谢维和（2002）、管培俊（2009）、曲铁华（2019）等。根据已有研究总结，我国师范教育大致经历四个发展阶段，相应的培养模式也经历着不断变革。第一阶段是萌芽期，自1897年盛宣怀在南洋公学内设立的师范院，中国近代意义上的师范教育开始起步，"远法德国，近采日本，以定学制"，师范生培养跳脱出了传统教育体制，具备了现代大学教育的雏形，而中华人民共和国成立前的师范学院培养了大批新式教师，推动了中国教育从传统向现代的转型。[1]第二阶段是中华人民共和国成立以后，我国师范教育全面向苏联学习，师范教育由专门的师范学校开展，实行全国统一且单一的师范院校培养模式：四年制本科师范生培养模式。[2]第三阶段是改革开放后，1980年召开的全国师范教育工作会议，恢复和建立了教育学院、教育进修学院，与师范院校共同承担教师专业培养的任务，缩短学制，灵活招生，有效补充了基础教育师资，初步形成了以"师范院校为主，教师进修学院为辅"的综合师范教育体系。其中，师范院校又分为专科师范院校、本科师范学院和研究性高水平师范大学，层次多，种类全，出现了多种师范生培养模式，比较典型的如"4+2"模式、四年分离制、五年分离制等。第四阶段是开放性、多元性教师教育体系的实践探索。改革开放以来，国家在政策上鼓励综合性大学和非师范类院校广泛参与到师范类教师的培养过程中，并在有条件的综合性大学创办师范学院，原来的中等师范学校通过与师范专科学校合并或转型为教师进修学校，或依托综合性大学，实现了师范教育培养模式在办学层次上的转型升级，即从中师、大专和本科的"旧三级"向专科、本科和研究生"新三级"转型。[3]

---

[1]　陈学恂.中国近代教育文选[M].北京:人民教育出版社,1983:109.

[2]　刘捷,谢维和.栅栏内外:中国高等师范教育百年省思[M].北京:北京师范大学出版社,2002:129.

[3]　管培俊.我国教师教育改革开放三十年的历程、成就与基本经验[J].中国高教研究,2009,(2):3—11.

　　师范教育的转型发展带来了师范生培养模式的变革，也引起了学术界对师范生培养模式的广泛探讨。蒋亦华总结了我国师范教育的三种培养模式，分别是师范院校培养的"封闭式"，师范院校和综合性大学联合培养的"混合式"，以及由综合性大学培养的"开放式"。[①]三种模式作为师范生培养的主渠道，辅之以实习、实践、进修等等，共同形成了多样化的培养模式体系。庄严重视教师培养的实践环节，从顶岗实习和支教出发，构建了理论+技能+实践（2.5+0.5a+0.5b+0.5c）的师范生培养新模式。[②]赵勇提出在具体的教学环境实施"必修课与选修课结合、课堂教学与自学相结合的'1+X+2'培养模式。"[③]黄映玲从技术辅助下的师范生培养出发，提出构建"现代教育技术课程学习、学科微格教学训练和教育实习"三位一体的师范生信息技术能力培养模式。[④]卓越教师培养计划实施以后，各师范院校都积极探索创新师范生培养模式，王定华[⑤]、王光明[⑥]、石洛祥[⑦]等人对其进行了理论总结。比较有代表性的如：华东师范大学实施的"德业双修卓越中学教师开放式养成计划"，即"4+N+2.5"模式，该计划依托孟宪承书院建设，形成了本硕一体化师范生培养模式；上海师范大学探索的"3+1"培养模式和"4+2"本硕一体化培养模式；陕西师范大学的"2+2、4+2、4+2+1"多样化培养模式；天津师范大学的卓越教师"3+1+2"本硕一体化模式；湖南师范大学"3+1+2"卓越中学教师培养模式等。以上培养模式大致分为两种："3+1"或"2+2"本科卓越教师培养模式和"4+N"或"3+N"本硕一体化卓越教师培养模式。师范类院

①　蒋亦华.本科层次中小学教师培养模式的主体建构[J].江苏高教,2008,(04):63—66.
②　庄严.师范生培养模式新探索[J].黑龙江高教研究,2008,(07):1—3.
③　赵勇.加强师范生计算机辅助教学能力的培养模式研究[J].四川师范大学学报(社会科学版),2009,36(06):53—56.
④　黄映玲.构建"三位一体"的师范生教育技术能力培养模式研究[J].现代教育技术,2013,23(07):49—53.
⑤　王定华.关于深入实施卓越教师培养计划的若干思考[J].中国高教研究,2016,(11):1—3.
⑥　王光明,苏丹,贾国峰,等.教师教育本硕一体化培养模式的探索与成效——以天津师范大学"3+1+2"模式为例[J].学位与研究生教育,2017,(12):12—16.
⑦　石洛祥,赵彬,王文博.基于卓越教师培养的教育实习模式构建与实践[J].中国大学教学,2015,(05):77—81.

校在培养模式方面的多样化探索，形成了我国教师专业能力培养的重要路径，对提升师范院校教育质量至关重要，是教师专业能力培养在理论和实践两方面的进步。

(三) 免费师范生培养模式研究

我国免费师范教育政策始于南洋公学师范院，百余年间，历经波折。自2007年起恢复实行免费师范生培养模式以来，其对教师专业能力的培养产生了显著影响，也受到了学界的普遍关注。王智超[1]和杨颖秀[2]通过部属和地方师范院校免费师范生实证调查研究发现：免费师范生教育政策的执行情况整体上效果较好，政策认可度相对较高；地方免费师范生政策实施时间短，有效性尚不明显，师范生普遍存在享受优惠政策的同时又期待选择自由的矛盾心态。曲铁华和马艳芬[3]、金东海和蔺海沣[4]、高政和常宝宁[5]、张翔[6]等通过实证研究发现，免费师范生政策实施过程中存在一些问题，即免费教育政策的宣传力度不够、制度环境对政策施行的干扰与制约、培养策略对培养目标的偏失与背离、履约保障措施的单一与不足、配套政策不够完善、没有制定独立的符合教师职业特征的招生与考试制度、培养目标定位不准确、缺乏淘汰机制、课程内容设置与中小学教育衔接不够、教育实习不规范、激励机制不健全、培养院校与中小学的协作机制不完善、教师的社会地位不高等诸多问题。这些问题深刻影响着师范院校师范生培养的质量，大批免费师范生的定向就业也影响着师范类毕业生整体就业格局和供需结构。

① 王智超. 师范生免费教育政策执行状况调研与思考 [J]. 东北师大学报 (哲学社会科学版)，2015，(04)：192—196.
② 王智超，杨颖秀.地方免费师范生：政策分析及现状调查[J].教育研究，2018，39(05)：76—82.
③ 曲铁华，马艳芬.师范生免费教育政策实施的障碍分析[J].教育发展研究，2009，29(07)：22—26.
④ 金东海，蔺海沣.师范生免费教育制度建设：现实困境与实践路径 [J]. 教育理论与实践，2014，34(10)：20—24.
⑤ 高政，常宝宁.免费师范生教育存在的问题及其对策研究[J].国家教育行政学院学报，2014，(07)：31—35.
⑥ 张翔.师范生免费教育政策的十年回顾与展望[J].国家教育行政学院学报，2017，(08)：21—27.

二、师范生专业能力培养过程研究

（一）培养理念和价值取向研究

国外比较重视对师范生培养理念的塑造和价值取向引导的研究。美国斯坦福大学教授达琳·哈蒙德（L.Darling-Hammond）提出：当前教师教育不能仅仅关注师范生，更要关注中小学学生的实际发展；教师培养机构不能仅满足于让师范生掌握知识或技能层面，更要保证培养出的师范毕业生能促进中小学生的发展。[①]美国波士顿大学教授科克伦·史密斯（M.Cochran-Smith）指出：当前师范教育面对的问题，已从过去"师范生应该知道什么和应该做什么及怎样保证他们知道和做到这些"转化为"如何评价师范生是否知道和做到了什么？"[②]他认为"有无提升中小学学生的学业成绩与个体发展"是评判师范毕业生综合育人能力的重要依据，[③]今后美国的师范教育研究将重点关注师范生培养质量与中小学学生学业成就和个体成长的关系问题。[④]

在师范生培养价值取向上，一直存在着"学术性"和"师范性"的争论。荀渊认为：许多教育研究院在学术性与师范性之间徘徊不定的关键原因在于两种培养取向相互交织的关系。教育实践研究是为了更好地促进"教师教和学生学"，而专业性与学术性明确了教师所应具备的专业知识与技能水平，更好地促进"教师教什么"。[⑤]周晓静和何菁菁认为"学术性"和"师范性"的争论也是地方院校到底应该采用教师教育学院培养模式和非教师教育学院培

① Darling-Hammond L.Strengthening Clinical Preparation：The Holy Grail of Teacher Education[J]. Peabody Journal of Education,2014,89(4):547—561.
② Cochran-Smith M.,Villegas A.M.,Abrams L.,et al.Framing Teacher Preparation Research：An Overview of the Field,Part I[J].Journal of Teacher Education,2015,66(1):7—20.
③ Cochran-Smith M.,Piazza P.,Power C.The Politics of Accountability：Assessing Teacher Education in the United States[J].Educational Forum,2013,77(1):6—27.
④ Cochran-Smith M."Re-Culturing" Teacher Education；Inquiry,Evidence,and Action[J]. Journal of Teacher Education,2009,60(5):458—468.
⑤ 荀渊.迈向专业的教师教育[M].上海：华东师范大学出版社,2018:26.

养模式的争论。这两种培养模式的差异,最为直接的体现是师范生的教育专业素养与学科素养之间的差异。[1]这个差异折射了人们对师范专业"专业性"的质疑,当人们提及师范类专业素养,大多数人强调的可能还是某一门学科的专业素养,例如英语、物理学科专业素养等,这也使得教师专业素养经常处于尴尬地位。

(二)培养课程与教学的研究

关于师范生培养课程的研究,可以归纳为四种类型:知识本位、技术本位、反思本位和批判本位教师教育课程范式。[2]第一种是知识本位教师教育课程范式的研究,该课程范式注重对师范生传授理论知识,强调学生具备扎实的理论功底,旨在将师范生培养成为具有深厚学科专业理论知识和教育教学理论知识,学识渊博、学者型的未来教师。论述该观点的学者有乔伊斯(B.R. Joyce)[3]、伊曼斯(R.Emans)[4]、菲曼·尼姆塞尔(S.Feiman-Nemser)[5]、汤姆(A.R.Tom)[6]等人。第二种是技术本位教师教育课程范式的研究,强调对师范生教学技能的培养,致力于将师范生培养成为能胜任各项教学能力的"工匠"。持有该观点的学者包括波克维茨(T.S.Popkewitz)[7]、柯瑟根(F.A.J.Korthagen)[8]、

① 周晓静,何菁菁.我国师范类专业认证:从理念到实践[J].江苏高教,2020,(2):72—77.
② 谢赛.教师教育课程范式研究的回顾与展望[J].全球教育展望,2017,46(04):88—97.
③ Joyce B.R.Conceptions of Man and Their Implications for Teacher Education[A]//Ryan K.Teacher Education(74th Yearbook of the National Society for the Study of Education)[C].Chicago:University of Chicago Press,1975:111—145.
④ Emans R.Analysis of Four Different Approaches to Teacher Education [J].College Student Journal,1981,15(3):209—216.
⑤ Feiman-Nemser S. Teacher Preparation:Structural and Conceptual Alternatives [A]//Houston W.R.,Haberman M.,Sikula J.(Eds.).Handbook of Research on Teacher Education[C].New York:Macmillan,1990:212—233.
⑥ Tom A.R.Redesigning Teacher Education[M].Albany,NY:State University of New York Press,1997:56—67.
⑦ Popkewitz T.S.,Tabachnick B.R.,Zeichner K.M.Dulling the Senses:Research in Teacher Education [J].Teaching and Teacher Education,1979,30(5):52—60.
⑧ Korthagen F.A.J.,Kessels J.,Kosteret B,et al.Linking Practice and Theory: The Pedagogy of Realistic Teacher Education[M]. Mahwah,N.J.: Lawrence Erlbaum Associates,Inc.,2001:1—19,69—87.

柯克（D.Kirk）①、艾略特（J.Elliott）②、屠依娜姆阿娜（K.Tuinamuana）③等人。第三种是反思本位教师教育课程范式的研究，侧重培养师范生在教学行动中自我反思意识，促进师范生在反思中成长。其目标是将师范生培养成为反思型学者。阐述此观点的学者包括齐默菲尔（N.L.ZimPher）和豪威（K.R.Howey）④、蔡柯纳（K.M.Zeichner）⑤、肯尼迪（M.M.Kennedy）⑥、朱小蔓和笪佐领⑦、王芳亮和杨必武⑧等人。第四种是批判本位教师教育课程范式的研究。该课程范式以所讲授的知识和训练的技能赋予批判意识与精神的内涵，旨在为社会和中小学培养具有正义感与责任感以及批判精神与意识的未来教师，培养社会变革推动者。持有此观点的学者包括哈特内特（A.Hartnett）和纳什（M.Naish）⑨、舒伯特（W.H.Shubert）⑩、蔡柯纳（K.M.Zeichner.）⑪、杨启光⑫、丁钢⑬等人。

① Kirk D.Beyond the Limits of Theoretical Discourse in Teacher Education：Towards a Critical Pedagogy［J］.Teaching and Teacher Education，1986，2(2)：155—167.

② Elliott J. Three Perspectives on Coherence and Continuity in Teacher Education［A］// Elliott J.(Ed).Reconstructing Teacher Education：Teacher Development［M］.Washington，D.C.：The Falmer Press，1993：15—19.

③ Tuinamuana K. Reconstructing Dominant Paradigms of Teacher Education Possibilities for Pedagogical Transformation in Fiji［J］.Asia-Pacific Journal of Teacher Education，2007，35(2)：111—127.

④ Zimpher N.L.，Howey K.R. Adapting Supervisory Practices to Different Orientations of Teaching Competence［J］.Journal of Curriculum and Supervision，1987，2(2)：101—127.

⑤ Zeichner K.M.Alternative Paradigms of Teacher Education［J］. Journal of Teacher Education，1983，34(3)：3—9.

⑥ Kennedy M.M. Inexact Sciences Professional Education and the Development of Expertise［J］. Review of Research in Education，1987，14(1)：133—167.

⑦ 朱小蔓，笪佐领.走综合发展之路：培养自主成长型教师［J］.课程·教材·教法，2002，22(1)：59—63.

⑧ 王芳亮，杨必武.当代教育观视野下教师教育课程的价值取向［J］.教育探索，2011，(9)：3—4.

⑨ Hartnett A.，Naish M.Technicians or Social Bandits? Some Moral and Political Issues in the Education of Teachers［A］//Woods P.(Ed).Teacher Strategies：Explorations in the Sociology of the School［C］.London：Croom Helm，1980：254—273.

⑩ Schubert W.H.Reconceptualizing and the Matter of Paradigms［J］.Teaching and Teacher Education，1989，40(1)：27—32.

⑪ Zeichner K.M. The Adequacies and Inadequacies of Three Current Strategies to Recruit，Prepare，and Retain the Best Teachers for All Students［J］.Teachers College Record，2005，105(3)：490—519.

⑫ 杨启光.美国教师教育改革的概念取向与问题框架［J］.全球教育展望，2006，35(8)：64—67.

⑬ 丁钢.全球化背景下的教师专业发展创新计划——新理念及其变革实践［M］.北京：北京师范大学出版社，2009：6—12.

关于学科课程的研究，黄慧和徐玲认为在教师教育类课程中融入教研理念和方法，是各类学科师范生教研能力培养的重要途径，可以有效强化师范生的教研意识，积累教研知识。①陈文娇从课程供求视角出发（学生的课程需求和高校的课程供给）进行研究，发现存在诸多问题：师范生对教师教育课程的需求较为理性、合理，但课程对需求的满足度有待提升，课程内容的供给存在重复性和结构性问题；课程实施中，中小学教育工作者参与授课不足、教学方式多样性和针对性不足、教学材料的运用无标准可依；课程产出的知识供给中，有关教师资格证考试、教师专业发展与职业生涯的知识等满足需求不足；课程产出的技能供给中，有关人际交往与师生沟通、说课讲课与面试应对以及课堂教学组织与调控技能等满足需求不足等问题。②

关于课程教学的研究，尤厄尔（P.Ewell）发现近年来师范教育研究聚焦学生学习结果与教师课堂教学。③拉夫兰（J.Loughran）则主张构建"教师教育教学法"（Pedagogy of Teacher Education），开发、探究并提升有关教学实践以及学习如何教学的知识。④达琳·哈蒙德（L.Darling-Hammond）认为这一方面关涉到未来教师应该具备什么样的知识结构（教什么），同时也蕴含着如何为师范生提供高质量的学习经验（如何教）。⑤为此，新加坡 NIE 以师范生学习为中心建构了全新的"经验式、参与式、图像式、探究式与联结式教学"模式（Experiential，Participatory，Image-rich，Inquiry，Connected，简称 EPIIC）。⑥

① 黄慧,徐玲.英语师范生教研能力培养的教学实验研究[J].江西师范大学学报(哲学社会科学版),2015,48(06):147—152.

② 陈文娇.教师教育课程供求的不平衡分析——基于某地方综合性大学师范生的调查[J].教师教育研究,2018,30(06):75—80.

③ Ewell P. Twenty Years of Quality Assurance in Higher Education: What's Happened and What's Different? [J]. Quality in Higher Education,2010,16(2):173—175.

④ Loughran J.Quality in Teacher Education: Challenging Assumptions,Building Understanding Through Foundation Principles [A]//Xudong Zhu,Goodwin A.L.,Huajun Zhang（Eds.).Quality of Teacher Education and Learning[M].Singapore:Springer,2017:79.

⑤ Darling-Hammond L.Constructing 21st-Century Teacher Education [J].Journal of Teacher Education,2006,57（3）:300—314.

⑥ Chua B.L.,Chye S. Nurturing Twenty-first Century Educators: an EPIIC Perspective[A]// Oon-Seng Tan,Woon-Chia Liu,Ee-Ling Law.Teacher Education in the 21st Century[M].Singapore:Springer,2017:59—76.

(三) 师范生实践实习研究

实践实习是国内外师范生专业能力培养的重要方式，是师范生职业准备的重要阶段。通过实习，师范生可以把理论知识在具体的教育情境中进行验证和升华，从而内化为自身的教学能力，真正做到理论与实践相结合。为促进师范生实践实习能力，国内外不少学者进行了研究和探索。美国波士顿大学教授科克伦·史密斯 (M.Cochran-Smith) 认为，教师从事好的教学所需要的知识来源于他们在实践教室与学校中进行的有目的探索。[①]澳大利亚学者格朗德沃特·斯密斯 (S.Groundwater-Smith) 在其研究中提及现代教师教育面临着"实习转向"的挑战，主张要强化师范生在教育实习过程中"从教学中学习" (Learning from teaching) 与"为教学而学习" (Learning for teaching)。[②]英国学者维克曼 (P. Vickerman) 和科茨 (J.K.Coates) 认为在合格教师的培养过程中，应提供学生更多的实习机会。[③]加拿大学者罗宾逊 (D.B.Robinson) 和梅尔尼丘克 (N.E.Melnychuk) 认为师范生培养的教育实习在入学之初就应出现，在其后的学习阶段中更应该给予师范生更多的实习机会和更大范围的实践场域。[④]科萨根 (F.A.J.Korthagen) 和瓦萨洛斯 (A.Vasalos) 提出，要采用反思洋葱模型和反思的五步干预方法 (包括行动、回看行动、关注主要问题、创设新的行动方法和将新方法进行实验) 指导师范生实习。[⑤]霍林斯 (R.E.

---

① Cochran-Smith M., Lytle S.L. Relationships of Knowledge and Practice Teacher Learning in Communities [J]. Review of Research in Education, 1999, (24):249—305.

② Groundwater-Smith S.Foreword to A Practicum Turn in Teacher Education[A]//Mattsson M., Eilertsen T.V., Rorrison D.A.Practicum Turn in Teacher Education [M].Rotterdam:Sense Publishers, 2011:ix—xi.

③ Vickerman P., Coates J.Trainee and Recently Qualified Physical Education Teachers'Perspectives on Including Children with Special Educational Needs [J].Physical Education and Sport Pedagogy, 2009,14(2):137—153.

④ Robinson D.B., Melnychuk N.E. Students' Experiences Within Physical Education Teacher Education[J]. Physical Health Education Journal, 2009, 74(4):8—16.

⑤ Korthagen F.A.J., Vasalos A. From Reflection to Presence and Mindfulness: 30 Years of Developments Concerning the Concept of Reflection in Teacher Education [A]//Lyons N.(Ed.).Handbook of Reflection and Reflective Inquiry[M].New York: Springer, 2010:529—552.

Hollins）主张教育实习应聚焦知识、经验、理念与实践的融合。①玛丽莎（B. L.Marisa）等人主张搭建师范生、一线教师与教师教育者三方知识互动的实践平台。②

我国学者在师范生实践实习研究方面也取得一定成果。张伟坤③、裴云④、李进金和余益兵⑤等的研究表明乡村教师专项培养、实习支教、顶岗实习、实施协同支教、留守儿童精准帮扶，能显著提升师范生实践能力。严文清和谭细龙提出构建"3S"实践模式，即"基础实践技能自主修炼—专项实践技能模拟训练—综合实践技能现场实训"⑥。尹小敏提出开发一系列有代表性的"问题情境"师范生实践能力培养模式⑦。项国雄等主张加强大学与中学的深度合作，构建"三层五段七化"的师范生教学实践能力培养模式。所谓"三层"是"认知、体验、内化"；所谓"五段"是"教育见习、名师示范、现场实习、模拟实训、实践反思"；所谓"七化"是"组织实施协同化、项目管理工具化、实施指导团队化、实践项目情境化、团队指导项目化、过程评价多元化、管理过程反思化"。⑧

① Hollins E R.Teacher Preparation for Quality Teaching ［J］.Journal of Teacher Education,2011,62（4）:395—407.
② Marisa B.L.,Horn L.,Campbell S.S.,et al. Designs for Simultaneous Renewal in University-Public School Partnerships:Hitting the "Sweet Spot".[J]. Teacher Education Quarterly,2012,39(3):127—141.
③ 张伟坤,沈文淮,林天伦.顶岗实习:助推教师教育人才培养模式改革[J].中国大学教学,2012,（01）:81—83.
④ 裴云.实习支教对师范生教学能力的影响及提高策略——以忻州师范学院为例[J].教育理论与实践,2015,35(06):41—42.
⑤ 李进金,余益兵.实施"四项计划"做好"三项衔接"协同推进乡村教师人才培养模式创新[J].中国大学教学,2016,(11):36—39.
⑥ 严文清,谭细龙.师范生专业实践能力培养的"3S"模式分析[J].国家教育行政学院学报,2013,（03）:42—45.
⑦ 尹小敏."问题情境"师范生实践能力培养模式的构建及其运行[J].中国高教研究,2014,(07):88—91.
⑧ 项国雄,何小忠,周其国.基于大学—中学合作的"三层五段七化"师范生教学实践能力培养模式探索[J].中国大学教学,2013,(11):65—68.

第三节　高等教育供需关系研究

通过师范生专业能力培养研究的梳理与总结发现，不管是国家层面，还是学术界，都为师范生培养作出了努力和贡献。然而在劳动力市场中，高校培养出的人才能力结构是否符合需求方的需要，是高等教育学研究者关注的一个重要方面。从高等教育供需关系的研究视角看，高等教育供给即高校人才数量、结构和质量的供给。高等教育需求主要指向经济结构和产业结构的调整与变革对人才数量、结构和质量的要求。为探索与分析高等教育供需关系，不同学者采用不同的定量研究方法分析教育供给规模与经济发展关系、高等教育供给结构与产业结构关系。

一、教育供给规模与经济发展关系研究

1960 年，美国经济学家舒尔茨（T.W.Schultz）提出人力资本理论，最早阐述了教育中人才培养与经济增长的正向关系。舒尔茨通过经济增长余额分析法，发现美国 1929 年至 1957 年间人力资本投资的回报率非常高，人力资本投资对国民经济增长的贡献率达到了 33%。[1]此后，丹尼森（E.F.Denison）[2]、贝克尔（G.S.Becker）[3]、苏联学者 C.Л.科斯塔年[4] 等人的研究同样证明了人力资本投资对经济增长的贡献。教育作为人力资本的供给方，对经济社会发展的作用不言而喻。

受国外理论影响，国内学者多从"人力资本"的角度展开教育供给规模与经济发展关系的研究。岳昌君和丁小浩通过分析 20 世纪 90 年代我国经济

---

① [美]西奥多·W.舒尔茨.教育的经济价值[M].曹延亭,译.吉林:吉林人民出版社,1982:60—96.
② 崔玉平.教育对经济增长贡献率的估算方法综述[J].清华大学教育研究,1999,(01):71—78.
③ Becker G.S.Investment in Human Capital:A Theoretical Analysis [J].Journal of Political Economy, 1962,(5):9—49.
④ [苏联]C.Л.科斯塔年.教育经济学的对象与方法[M].丁酉成,译.北京:教育科学出版社,1981: 257—274.

增长中高校毕业生的就业弹性，发现产业结构调整对高校毕业生的吸纳非常明显。[①]冯建民运用高等教育弹性系数，深入分析华中地区 3 个省的高等教育规模扩张与经济增长之间的关系。研究发现高等教育扩招以来，高等教育与经济增长存在"同频共振"的规律，扩招前的高等教育弹性系数值不稳定，波动较大；扩招后 5 年，高等教育弹性系数值稳定，波动小，高等教育与经济增长大致协同发展。从而认为"高等教育规模变动主要受政策影响，受经济发展制约较小。"[②]刘志林基于 1982—2017 年高等教育与经济发展的数据，运用主成分分析法、回归分析法和改进的灰色关联度分析法，分析出高等教育层次结构已明显滞后于经济发展水平，主要表现为层次结构重心偏低、高层次人才培养不适应创新型经济的发展要求。[③]

二、高等教育供给结构与产业结构关系研究

高校通过人才培养承担着服务社会经济发展的重任，其人才培养规格与社会发展需求之间的匹配度是衡量大学办学质量的重要指标之一。目前围绕高等院校学科专业设置与产业结构变化关系的研究成果颇多，也形成了一些共识。郝克明通过综合数据分析，发现我国高等教育的学科结构体系是基于整体产业结构、技术结构而搭建的，彼此之间是相互制约、相互促进的关系，但高校学科专业设置也存在普遍的滞后性问题。[④]刘新平和孟梅采用主成分分析法，并运用系统耦合模型，通过测算大学学科建设与经济产业结构调整之间的耦合度，发现高校学科建设水平不断提高，产业结构不断优化，高校学科建设与产业结构调整的耦合关系基本稳定，但协调发展面临巨大压力。[⑤]周

① 岳昌君,丁小浩.受高等教育者就业的经济学分析[J].高等教育研究,2003,(06):21—27.
② 冯建民.豫鄂湘三省高等教育规模与经济增长相关性研究——基于高等教育弹性系数的视角[J].中国高教研究,2010,(11):19—24.
③ 刘志林.高等教育层次结构与社会经济发展关系分析 [J]. 高等工程教育研究,2019,(05):120—126.
④ 郝克明.当代中国教育体系结构研究[M].广州:广东教育出版社,2001:245.
⑤ 刘新平,孟梅.新疆高校学科建设与产业结构调整的耦合关系分析[J].中国高教研究,2010,(08):56—58.

浩波和王少媛采用协整检验建立 VEC 模型和运用 Granger 检验，对辽宁省高等教育层次结构、经费结构、学科结构与产业结构之间的关系进行实证研究，在此基础上提出大学只有处理好传统学科与新兴学科的关系，从社会经济发展需求出发开展学科专业结构调整，才能真正实现内涵式发展。[①]杨林等利用欧氏距离协调度模型分析我国高等教育十年间（2004—2013 年）的学科专业结构变迁与产业结构升级的协调性，发现二者的综合协调度呈下降趋势，高等教育学科专业结构调整滞后于产业结构升级的经济发展需要；学科专业结构的平衡度有待增强。[②]苏丽锋和陈建伟利用国内外公开的最新统计数据，分析与总结了新时期中国高等教育人才供给与配置特征，主要包括：人才供给的学科结构变化缓慢，第二、三产业就业人员的数量相对不足，专业结构与劳动力市场岗位的技能需求还存在一定矛盾；学历结构调整较快，院校结构改变较大且速度快于市场需求；各产业大专及以上学历就业人口比重低，支撑未来新兴产业发展的高学历人才缺口极大。[③]岳昌君基于我国 17 个省 28 所高校的毕业生就业数据，对专业结构、层次结构和能力结构与产业结构之间的关系进行实证分析，发现存在过度教育问题，毕业生行业行为选择与经济发展密切相关，毕业生的工作与所读专业不对口，能力结构与市场需求存在错位。[④]徐秋艳和房胜飞运用耦合度模型、协调度模型对 2005—2017 年我国高等教育供给结构与产业结构升级的协调程度及其时空演变特征进行分析，发现高等教育供给结构与产业结构升级之间的协调度越高，区域经济发展水平则越高，我国东、中、西三个地区供给结构与产业结构升级之间的耦合协调度差距十多年间呈缩小趋势，高等教育水平的差距缩小，意味着区域经济发展水平差距真正缩小，但整体上高等教育供给结构与产业结构升级间的协

① 周浩波,王少媛.区域教育发展战略与政策研究丛书:区域高等教育的规模控制与结构优化[M].沈阳:辽宁人民出版社,2014:84—92.
② 杨林,陈书全,韩科技.新常态下高等教育学科专业结构与产业结构优化的协调性分析[J].教育发展研究,2015,35(21):45—51.
③ 苏丽锋,陈建伟.产业结构调整背景下高等教育人才供给与配置状况研究[J].中国人口科学,2016,(04):2—15.
④ 岳昌君.高等教育结构与产业结构的关系研究[J].中国高教研究,2017,(07):31—36.

调度依然存在失调。[①]

第四节　师范生专业能力供需协同培养的实践经验

国内外众多学者采用各种数理统计方法，对高等教育供需数量、结构做了不少研究，结果发现高等教育结构供需之间存在着一定差距。这种情况同样发生在师范教育领域。为使高校培养出来的师范生所具备的专业能力结构符合中小学的需要，各国不断地对师范生供需协同培养方式进行探索与改革。他山之石，可以攻玉。深入了解国外发达国家师范教育的先进教育理念和成熟培养模式，密切关注国内其他师范院校师范生协同培养行之有效的做法，能够给师范教育改革与发展提供一些经验借鉴。

一、国外实践经验

自 20 世纪 60 年代起，世界各国开始意识到优质教育对经济社会进步与发展的重要性，认为要提升教育质量，必须要建立一支优质的师资队伍。于是，世界各国纷纷致力于师范教育转型升级，联合人才培养方和需求方之力，整体提升师范生培养质量。国外关于师范生供需两侧协同培养的实践探索，以美国、英国、加拿大等国家为主要代表。

自 20 世纪 60 年代开始，美国学术界不断探索和提倡反思—实践的教师教育模式，最终有效联合供需两端，形成了"教师专业发展学校（Professional Development Schools，简称 PDS）"培养模式。1986 年，位于马萨诸塞州波士顿的维洛克学院与周边地区的小学开展伙伴合作，建立起全美第一所 PDS。美国霍尔姆斯研究小组在《明日之教师》（1986）、《明日之教育学院》（1995）等系列报告中对 PDS 的基本原则、理论基础、概念、发展目标

① 徐秋艳，房胜飞. 高等教育供给结构与产业结构升级的耦合协调性分析 [J]. 统计与决策，2019,35(08):56—59.

等进行了阐述①。PDS 旨在通过建立大学与中小学之间的合作共同体，沟通教育理论与教育实践，改进中小学教师专业培养方式，推动教师培养职前—职后一体化，促进美国教育学院功能性改造，教师教育临床型转型，并为大学教师开展教育行动研究提供平台。PDS 在美国蓬勃发展，实施教育硕士课程计划，推动了综合性大学与中小学合作，以"中小学为基地"（school-based）开展教育实践，联合培养教师，加强了未来教师临床实践和教学实习，开创了协同培养的新模式。②PDS 弥合了大学教师培养和中小学需求之间的鸿沟，有效解决了美国教师教育发展的困境。③美国斯坦福大学教授达琳·哈蒙德（L.Darling-Hammond）在其研究中介绍了 7 所采用供需协同培养模式的典型高校，分别是三一大学和弗吉尼亚大学五年制教师培养模式，加利福尼亚伯竞利学院、阿尔沃诺学院和维洛克学院的四年制本科教师培养模式，班克街教育学院和南细因大学的研究生层次教师培养模式。④这些高校的培养特色之一便是与实践单位协同培养师范生，用界定清晰的实践和成绩标准指导和评价师范生课程与临床工作；用广泛的临床经验支持理论和实践，并与课程紧密结合。

20 世纪 80 年代开始，英国就尝试构建师范院校与中小学校深度合作的教师教育模式，让二者形成密切的伙伴关系，以促进师范生专业发展。英国学者普罗克托（N.Proctor）提出，师范教育应注重理论与实际相结合，从教师的现场经验出发，建立大学与中小学的合作伙伴关系。⑤2012 年，英国政府在名为"学校主导"的教师教育项目中就强调：要持续加强大中小学之间

---

① Holmes Group.Tomorrow's Schools:Principles for the Design of Professional Development Schools [R].East Lansing,MI: Author,1990:56.
② 王萍.美国中小学教师教育发展研究[M].武汉:武汉大学出版社,2014:111.
③ 程茹.美国教师教育协同创新模式及其中国化改造[J].高等教育研究,2014,35(05):97—106.
④ Linda Darling-Hammond.有力的教师教育来自杰出项目的经验[M].鞠玉翠等,译.上海:华东师范大学出版社,2009:210—226.
⑤ Proctor N.Towards a Partnership with School [J].Journal of Education for Teaching,1984,10(3):219—231.

的合作，充分发挥各主体在师范生职前教育中的优势，实现合作共赢。①英国的（Postgraduate Certificate in Education，简称 PGCE）职前教育项目，采取"3+1 或 3+2 培养模式"，即前三年进行专业学习，先获得学科专业学士学位，再扎根到合作的中小学，接受一年到两年的教育专业训练。该项目旨在培养中小学所需要的教师，要求中小学以与教育学院平等的身份参与合作开发职前教师教育课程，协作完成师范生全部的学习和实践实习。②2011 年 11 月英国教育部颁布《培养下一代杰出教师：改进策略的讨论》（Training Our Next Generation of Outstanding Teachers：An Improvement Strategy for Discussion），旨在从教师职前培养入手，启动"直通中小学"（School Direct）项目，通过与中小学建立活动关系，与中小学校协同培养杰出教师。③

　　加拿大政府与学界共同探讨师范教育改革与发展，形成了职前教师培养的两种典型模式："同时接受学科知识和教师教育课程的并行性模式（consecutive model）和先获得学位再学习教师教育课程的连续性模式（concurrent program）"④这两种模式都非常重视与中小学实践单位的合作，开展师范生教育实习，提升师范生专业能力。朱旭东在其研究中也提及：加拿大教育实习通常集中安排在某年的一段时间，在中小学完成。有的大学将教育实习分两次进行，如阿尔伯塔大学把教育实习分为"职业认知阶段"和"专业提升阶段"，"职业认知阶段"为期 5 周，承担 50%的教学工作量；"专业提升阶段"为期 9 周，承担 80%的教学工作量。⑤

---

① 　Department for Education-GOV.UK. School Workforce in England：November 2012［EB/OL］.（2013-04-30）.https://dera.ioe.ac.uk//18527/1/SFR15_2013_Text_withPTR.pdf.
② 王秀红,乞佳.英国 U-S 职前教师教育课程开发的经验与启示——以牛津大学 PGCE 教师教育课程为例［J］.现代教育管理,2014,（08）：119—123.
③ 李霞.英国卓越教师培养的经验及启示［J］.外国中小学教育,2015,（12）：38—43.
④ Falkenberg T.,Smits H.（Eds.）. Field Experiences in the Context of Reform of Canadian Teacher Education Programs［M］.Winnipeg：Faculty of Education of the University of Manitoba,2010：193.
⑤ 朱旭东.教师教育标准体系的建立：未来教师教育的方向［J］.教育研究,2010,（6）：30—36.

二、国内实践经验

在我国师范教育史上，师范生专业能力培养几经周折，不断完善、不断深入，水平不断提升。为满足新时期人民群众对更高质量教育和优秀教师的需求，2014 年国家启动了卓越教师培养计划，相继推出《卓越教师计划》1.0版（2014）和 2.0 版（2018），并于 2017 年开展普通高校师范类专业认证，着重强调师范教育实践基地的建设。各师范院校均借势更新教育理念，整合教师教育资源，改革教育实习模式，学界也不遗余力地对师范生供需协同培养模式进行探索和研究。

在国家教师教育政策的推动下，各部属师范大学、省部共建师范大学和地方省属师范院校纷纷对优质教师培养进行了实践探索。例如：北京师范大学的"三维度（通识、专业和教师职业素养教育）一体化"卓越教师培养模式。华东师范大学实施"德业双修卓越中学教师开放式养成计划"，即"4+N+2.5"模式。该计划依托孟宪承书院建设，形成了本硕一体化师范生培养模式。上海师范大学开设世承班"3+1"培养模式：3 年在校学习，1 年到小学教育实习或教育研习。陕西师范大学采用"2+2""4+2""4+2+1""3-3-2-2"（实习前、实习中、实习后 3 段；高校、地方、学校 3 方；大学教师、中学教师 2 方协同培养）等多样化培养模式；天津师范大学采用卓越教师"3+1+2"本硕一体化模式；湖南师范大学采用"3+1+2"卓越中学教师培养模式等，实现了供需两侧协同培养。

在师范院校广泛实践探索的基础上，学界围绕供需两侧协同培养师范生的问题，展开了深入研究。从高等教育协同发展方面看，赖德胜认为，未来应当在"创新驱动发展战略""中国制造 2025""一带一路"等国家战略的驱动下，高等教育应当密切关注劳动力市场的动态，应对劳动力市场的变化。[1]

---

[1] 赖德胜.教育要更多聆听劳动力市场的声音[J].教育经济评论,2017,(2):3—6.

徐小洲认为，国家要调整优化现有的高等教育结构，构建多层次、多学科协调发展的人才培养体系，以满足市场对不同层次和类型人才的需求。[①]丁志帆建议，构建"高等教育结构—产业结构—大学毕业生就业"的结构分析与供需框架。[②]夏侯富生则通过教育供需视角探讨师范教育供求关系。[③]关于师范教育协同发展的问题，经文献检索发现，师范生供需两侧协同培养，通常有两种模式：一种是 CS（College and School）模式，[④]即通过大学与中小学的合作来培养师范生人才，探讨该模式的学者有：傅怀梁[⑤]、刘中黎[⑥]、金业文[⑦]、唐旭[⑧]等。另外一种是 UGS（University Government and School）模式，即以地方教育主管部门为桥梁，沟通大中小学与师范院校，共同培养师范生，该模式强调以地方教育主管部门为主，原则上强调优势互补、互惠互利，权责分明，政府、大学和中小学各司其职。主要研究学者有石洛祥等[⑨]、曾碧和马骊[⑩]、高闰青[⑪]、王定华[⑫]、苑芳江和王选章[⑬]、徐苏燕[⑭]等等。除此之外还有学者提出实行校—政—企—校"四位一体"协同育人机制。[⑮]

---

① 徐小洲,辛越优,倪好.论经济转型升级背景下我国高等教育结构改革[J].教育研究,2017, (8):64—71.
② 丁志帆,孔存玉.大学毕业生"就业难"的成因剖析与破解之道——研究回顾与展望[J].教育与经济,2018,(02):54—61.
③ 夏侯富生.对中国师范教育供求问题的对策思考[J].教育理论与实践,2002,(06):29—33.
④ 教育部.教育部关于全面提高高等教育质量的若干意见[N].中国教育报,2012,04(21):3.
⑤ 傅怀梁.面向"卓越教师"培养的实践育人机制探索[J].中国电力教育,2013,(4):169—171.
⑥ 刘中黎.中学卓越教师培养与实践基地建设[J].教育评论,2013,(01):51—53.
⑦ 金业文."卓越教师"培养:目标、课程与模式[J].国家教育行政学院学报,2014,(06):35—39.
⑧ 唐旭.中学语文卓越教师培养与卓越班管理——以重庆师范大学为例[J].教育理论与实践, 2016,(29):33—35.
⑨ 石洛祥,赵彬,王文博.基于卓越教师培养的教育实习模式构建与实践[J].中国大学教学, 2015,(05):77—81.
⑩ 曾碧,马骊.基于 UGS 视域下贫困地区卓越教师培养策略[J].教育理论与实践,2015,35(26): 34—36.
⑪ 高闰青.卓越教师"三位一体"协同培养模式的实践探索[J].课程·教材·教法.2015,35(7): 115—120.
⑫ 王定华.关于深入实施卓越教师培养计划的若干思考[J].中国高教研究,2016,(11):1—3.
⑬ 苑芳江,王选章.基于协同创新的教师教育改革模式探究[J].黑龙江高教研究,2016,(03): 1—4.
⑭ 徐苏燕."三方协同"模式下卓越教师培养的实践研究 [J]. 课程·教材·教法,2017,37(08): 104—109.
⑮ 王定华.关于深入实施卓越教师培养计划的若干思考[J].中国高教研究,2016,(11):1—3.

第五节　对文献的简要总结

通过文献梳理，大致知晓了当前有关师范生专业能力、师范生培养、高等教育供需关系以及师范生供需协同培养实践经验的研究现状。现总结如下：

1.师范生专业能力结构逐渐明晰。国内外诸多学者基于教师专业素养、教师专业能力、教师专业标准，提出了师范生专业能力的基本要求和结构框架。归结起来师范生专业能力结构主要构成要素有25个，包括职业道德、学科专业知识、中小学学科课程标准与教材、教育学和教学法知识、我国教育法规和政策、我国基础教育改革动态、学生学习与教学策略知识、自然/人文/社会科学知识和地方文化知识、学生与班级管理知识、教学观察与思辨能力、教学组织与实施能力、反思能力、中小学教学方法、沟通技能、语言表达能力、灵活应变能力、团队协作能力、人格魅力、自信心、责任感、身体素质、心理素质等。

2.师范生专业能力培养模式多样。国内外师范生专业能力培养的研究成果丰硕，从国内外师范教育的实际情况出发，学界主要围绕培养模式和培养方式两个方面展开研究，研究内容涉及师范教育政策、培养理念和价值取向、课程与教学，以及教育实习等方面。关于培养模式，研究者主要集中探讨了美国、英国、法国、德国、加拿大和新加坡等国家的师范生培养模式，既有开放型模式也有综合化模式。同时，明晰了目前我国师范教育的三种培养模式：一是"封闭式"，即师范院校为独立主体培养；二是"混合式"，即师范院校结合综合性大学共同培养；三是"开放式"，即综合性大学培养。此外，还重点研究了我国免费师范生的培养模式。研究发现，学界在师范生专业能力培养价值取向上，往往存在着"学术性"和"师范性"的分歧。关于培养方式，研究者重在关注师范生培养的课程、教学等方面。培养课程归纳为四种范式，分别为：知识本位、反思本位、技术本位、批判本位的师范教育课程范式。在教学上，不仅关涉到未来教师应该具备的知识结构（教什么），还关注如何为师范生组织专业训练，从而获得高质量的学习经验（如何教），并主张教师采用多样化、创新教学模式。在实践上，重视教育实习、强调师范生通过实习进行反思，以获得实践性知识，提升专业能力。关于师范生专业能力培养的探讨一直以来都致力于解决教师教育供需结构中存在的供需不匹配、不平衡等痛点，试图从专业能力的维度弥合理论与实践的鸿沟，为师范院校开展师范生培养的供给侧结构性改革提供了理论基础。

3. 高等教育供需关系研究方法多样。研究者采用高等教育弹性系数、二元逻辑回归方法、回归分析和统计分析方法研究高等教育与劳动力市场、就业的关系以及高等教育规模与经济发展的关系，发现高等教育规模变动主要受国家宏观教育政策影响，属于政策导向而不是劳动力市场导向，因此，高等教育层次结构和人才培养规格等都滞后于经济发展水平，整体层次结构重心偏低，培养的高层次人才不能很好适应创新型的经济发展要求。另有学者采用协整检验建立 VEC 模型和运用 Granger 检验、耦合度模型、协调度模型、欧氏距离协调度等模型，研究高等院校学科专业、毕业生学历结构与产业结构之间的关系，发现高校扩招以后我国高等教育供给结构与产业结构间的协调度较低，大学对社会变革的反应表现较为迟钝，集中体现在学科专业结构调整的滞后，满足不了产业结构升级对科技和人才带来的新需求。

4. 师范生供需协同培养实践探索丰富。研究者主要介绍了美国 PDS、英国 PGCE、加拿大供需两方协同培养职前教师的理念和做法，阐述了我国师范生供需两侧协同培养目前常见模式，主要有三种模式：一是大学和学校合作 CS（College and School）模式，二是大学、政府和学校三方合作 UGS（University Government and School）模式，三是校、政、企、地"四位一体"的协同育人机制。

上述师范生专业能力结构的研究，归纳出师范生专业能力的主要构成要素。在师范生专业能力培养现状的实践研究中，师范教育者站在顶层设计者的视角，认为预先制定的培养模式、课程教学、实践实习所培养出的师范生具备的专业能力结构是符合社会与中小学发展需要的。而在高等教育供需关系研究中发现，高等教育供需之间是存在一定差距的。导致这种差距的根本原因，是学生的能力不足、能力结构与实际所需不匹配。虽然缺乏关于师范教育供需关系的实证研究，但师范教育作为高等教育体系的一部分，一样面临人才培养结构与质量供需矛盾的问题。为弥合这种差距，各国纷纷进行师范生专业能力供需协同培养改革与探索。其中最典型的是美国的 PDS 课程模式和英国的 PGCE 课程模式，美国大学与英国大学通过与中小学深度合作的方式解决大学培养与中小学需求的对应问题。

从已有研究成果看，笔者还发现以下几点问题：

1. 师范生专业能力结构的研究比较薄弱。回顾国内外有关"Future Teachers""Preservice Teachers"和"师范生"的研究，发现面向师范生专业能力的相关研究明显不足。主要体现在：教师教育研究偏重职后培训，对职前教师的关注不足。具体到教师专业能力研究上，研究者普遍认为师范生和在职教师的专业能力是同构的，对二者之间的差异未作区分；对师范生专业能力发展的研究往往关注策略较多，而对其专业能力结构的专门研究较少，也缺乏相应的能力标准。

2. 缺乏从供需两侧视角探讨地方院校师范生培养的研究。对师范院校师范生培养的研究不少，也有提及大学、中小学联合培养的研究论文，但很少从供需两侧的视角进行系统研究，更缺乏从供需两侧探讨地方师范院校师范生培养的研究。

3. 缺乏供需两侧视角下师范生专业能力结构的研究。从高等教育供给与需求关系的研究可见，一些学者采用了经济管理学领域的量化研究方法分析劳动力市场供需规模、结构的关系，但极少采用量化研究方法并结合质性研究方法分析人才供需质量的关系，更缺乏采用量化研究方法分析供需两侧视角下师范生专业能力结构的研究。

基于以上研究背景，笔者以"师范生专业能力"这一微观视角为切入点，以量化研究方法为主，质性研究方法为辅，从供需两侧进行探讨与研究师范生专业能力结构，对提升师范教育质量，丰富劳动力市场理论与实践有一定的价值和意义。

第二章　研究的理论基础

　　本研究从供需两侧探寻地方院校师范生专业能力的培养问题，主要以劳动力供给与需求理论和教师专业发展理论为理论基础。劳动力供给与需求理论为探索师范生专业能力结构提供了研究视角，而教师专业发展理论为解析师范生专业能力构成要素提供了分析思路。本部分在简要介绍两个理论主要观点的基础上，着重分析各理论对本研究的指导作用。

第一节　供给与需求理论

　　关于"劳动力"的概念，马克思在《资本论》中如此定义："劳动力或劳动能力，是人的身体即活的人体中存在的，每当人生产某种使用价值时就运用的体力和智力的总和。"[①]马克思主义经济学认为"劳动力"是社会主义市场经济中人力资本供需理论的基础。随着科学技术的进步，"劳动力"的范畴更趋向于专业性人才，与高等教育的关系越来越密切。随着高等教育普及化时代的到来，甚至可以说，大学决定着新时期劳动力的供给。

　　"供求论"源于经济学领域，是关于市场经济中供给与需求的论述。[②]"经济学之父"亚当·斯密（A.Smith）在其著作《国富论》中对供给需求基本

---

①　[德]卡尔·马克思.资本论(第一卷)[M].郭大力,王亚楠,译.北京:人民出版社,1975:190.
②　范先佐.教育经济学[M].北京:人民教育出版社,1999:141.

内涵、运行规则和互动关系进行了系统研究，他认为价格是影响市场经济中供给与需求的关键因素。[1]"现代宏观经济学之父"凯恩斯（J.M.Keynes）提出了供需"自动均衡"理论，较为全面地总结了供给、需求、均衡之间的关系和规律，其中边际消费递减规律对供给需求影响较大。微观经济学对市场经济的供需理论研究也有一定贡献，它深入研究了劳动力市场供给、需求与劳动力市场均衡曲线。[2]

从市场经济中商品交换的角度看，市场一般由供给方、需求方、交换品、交换场所、价格等要素构成。将其对应到劳动力市场中，其供求双方便是人和人的劳动。由此，劳动力市场的构成要素既包括供给方、需求方以及劳动力市场机构等有形要素外，也包括工资及供求关系等无形要素。本研究并非宏微观经济学和劳动力经济学的研究范畴，主要是借鉴其相关理论及内容，进行高等教育质量供需情况及关系的分析，因此，不探讨价格机制对高等教育供求双方的影响。研究过程中只选择部分联系较为紧密的基本单元，如劳动力的供给方——师范教育，劳动力的需求方——基础教育，以及供求关系三个要素作为本研究的理论分析框架。进而分别从需求侧的国家政策文本和中小学视角剖析师范生专业能力结构，从供给侧的地方院校人才培养方案和师范生视角剖析师范生专业能力结构，以及对供需两侧分析出的能力结构进行差异与整合研究，最后从供需两侧探寻地方院校师范生专业能力的影响因素并提出对策建议。

一、劳动力需求理论

劳动力与土地、资本等构成了物质生产活动和服务活动所必备的要素，劳动力供给情况一定程度上决定着人力资源市场的平衡状态。经济学认为需

[1] Smith A.An Inquiry into the Nature and Causes of the Wealth of Nations [M].China Social Sciences Pub.House,1999:143.

[2] Mankiw N.G.Principles of Microeconomics（7th Edition）[M].Stamford:Cengage Learning,2014:382—489.

求是消费者对商品的需要量，是基于一定物价水平对某种商品的诉求。劳动力需求是指一个国家、地区或社会经济组织在一定时期内维持正常经济社会活动所需要的劳动力数量与质量构成的总和。①

根据以上观点笔者认为，劳动力需求通常是一个国家、地区或部门、行业在内的一定地域范围的总体需求。劳动力需求可以从劳动力的数量、质量和结构三个方面进行分析。一个国家或地区、行业、部门的劳动力总量需求并非个量需求的简单相加，而是受到经济发展水平、产业结构的转换和技术水平等各方面因素的影响。随着经济发展水平的提高，社会对劳动力的需求层次也相应提高，专业性、技术性人才成为劳动力市场的主流，需求层次的提高也对教育提出了更高的要求，这也意味着大众的教育需求不断扩充，教育通过劳动力培养对经济社会发展的贡献率越来越大，劳动力对教育的需求由最初的数量公平性需求上升为高质量的教育需求。

社会经济发展的历史表明，在经济发展的早期阶段，第一产业在早期发展中属于劳动密集型产业，需要大量的非熟练劳动力就业。而在工业化的过程中，产业结构复杂多样，生产工艺先进，社会分工发达，导致低技术水平、专业性不强的劳动力已不能满足工业生产的需要，转向具备一定技术水平的劳动力的需要，社会对劳动力需求也逐渐从第一产业转向第二产业。随着科技进步和经济社会的发展，第三产业蓬勃发展，这也促成了劳动力从第二产业向第三产业转移，现代社会对劳动力的需求结构发生了重大变化，知识型劳动力成为需求结构中的重心，劳动力结构也呈多样化发展态势。历史表明，社会越发达，对教育的需求也越大，需求数量、结构和质量也伴随着社会转型和产业结构的调整相应发生转变。当前，现代社会产业结构正处于转型中，新兴产业尤其是新科技产业日新月异，影响着劳动力需求的类型和结构比例。技术的发展水平和发展阶段不同，劳动力需求层次也不同。在传统社会手工操作为主的技术条件下，低知识和技能水平乃至文盲都可胜任工作；在半机械化的技术条件下，劳动者则需具有简单的技能和知识水平；在普遍实现机

---

① 李继樊，罗仕聪.人力经济学[M].北京:中国经济出版社,2005:17.

械化的技术条件下，劳动力必须具有相应的专业技术能力和一定的知识储备才能胜任专业性的工作。这对劳动力的教育程度提出了更高的要求，也推动了高等教育的大众化、普及化发展。现代社会中，社会经济发展、产业结构的转换、产业技术水平和结构对劳动力数量、质量和层次结构的需求往往会以市场供需的形式反馈到教育系统中，对教育提出了越来越高和更加具体化的要求，影响着初等、中等和高等教育的比例关系，包括高等教育中专科生、本科生、硕士生和博士生之间的比例关系，尤其影响着高等教育人才培养的数量、质量和层次结构。本研究只探讨劳动力的质量需求，即社会对公平而高质量教师的迫切需求和中小学对优质教师的需要。

二、劳动力供给理论

劳动力供给是经济学的概念，有广义和狭义之分。广义上，劳动力供给是指一个国家或地区在一定时期所提供的劳动力总量，其中又包含了数量和质量两个方面。劳动力供给数量是在一定时期、一定地区内能够进入劳动力市场并参与劳动力交换的劳动者的数量，即人口总量中具有劳动能力的适龄人口数量，供给数量与一个国家或地区的劳动力总供求平衡密切相关。劳动力供给质量是指劳动力群体的受教育水平、健康程度、专业技能等方面的总体状况，供给质量与一个国家或地区的产业结构密切相关。[①]劳动力供给的质量越高，意味着发展高新技术产业的条件越好。狭义的劳动力供给指教育机构的劳动力供给，是一定时期内，各级各类教育机构所培养的各种熟练劳动力和专门人才的总量，体现了教育的社会功能和经济功能。其中，对经济社会发展影响最为深刻的是高等教育供给，也是本研究所关注的对象。

理论界对高等教育供给的理解并不统一。经济学视角下的"供给"是指"生产者在一定时期各种可能价格下愿意而且能够提供出售某种商品的数量。"[②]

---

① 李继樊，罗仕聪.人力经济学[M].北京:中国经济出版社,2005:158.
② 高鸿业.西方经济学[M].北京:中国经济出版社,1996:27.

而教育供给的主体通常是教育机构，"教育供给是指在一定时期内，一定的单位教育成本下，教育机构所能提供的教育，表现为教育机构培养一定数量、质量、结构的劳动者"，[1]是一定时期教育所提供的专门人才和劳动者的数量。[2]在这一定义下，高等教育供给所指向的主要是劳动力供给。[3]在现代意义上，通过培养专业人才服务社会经济发展，这也是高等教育的核心价值所在。此外，以学习者需求为基础视角，从高等教育与个体的供需关系上看，高等教育供给还可以是"某一时期内，一国或一地区高等教育机构所能提供给受教育者的机会"。[4]在此，高等教育供给指的是受教育者个体，个体需求而不是社会需求决定着高等教育供给的数量、质量、结构等。因此，从学校和劳动力市场的供需视角看，劳动力市场对教育机构提出了培养劳动力和专业技术人才的要求，教育机构通过培养具备一定技能的劳动者，促进经济、社会和个体的发展，是社会主导教育的发展；从个体和学校的供需视角看，个人需求主要是教育机会，学校所供给的也是一定年限和数量的教育机会，是人自身的需要反推教育发展。

基于教育劳动力供给理论，本研究所指"高等教育供给"，是地方院校的供给，主要指的是在一定时期内，一定的单位教育成本下，各级各类地方院校为地方中小学培养各级各类教师。这种供给包括数量、质量和结构的供给，本研究只探讨劳动力质量供给，即地方院校培养的师范生所应具有的专业能力结构。

三、劳动力供需理论与本文的研究设计

教育的主要目的之一是培养社会所需要的人才，即通过促进经济、社会和科学技术的进步来为社会提供发展所需的劳动力。高等院校被誉为人才的

① 王善迈.教育投入与产出研究[M].石家庄:河北教育出版社,1996:321.
② 杨葆焜.教育经济学[M].武汉:华中师范大学出版社,1989:102.
③ 曲恒昌,曾小东.西方教育经济学研究[M].北京:北京师范大学出版社,2000:61.
④ 靳希斌.教育经济学[M].北京:人民教育出版社,2001:80.

摇篮，承担着为社会供给合格劳动力的任务，其培养规格与市场对劳动力的素质要求有着密切的联系。在高等教育体系中，地方院校作为重要组成部分，向地方中小学校提供着师范类人才和教师培训、研修等高等教育服务。从供需视角审视，高等教育与工商业、服务业有着共性，都必须遵循市场经济的基本规律。作为高等院校类型之一的地方院校，其生产性质又具有自身的鲜明特点，其供给对象是不以营利为目的的中小学，不能简单套用市场经济的规则，与其他一般企业简单等同起来。同时，由于人才培养的周期问题，地方院校师范人才的供需结构还存在明显的滞后性。

教育供需结构中的消费和再生产过程不同于工业生产，是需求者对人力资源要素的一个自觉生产过程，教育机构只是人力资源要素产品供求链条的中间环节。地方院校、中小学校和师范生作为生产的三要素，是相互制约的双向供求关系，其中有师范生对高等教育产品的供求关系，有中小学对高等教育人力资源要素的供求关系。在地方院校、师范生和中小学之间，形成了一条要素产品的供求链条关系，如下图 2-1 所示。

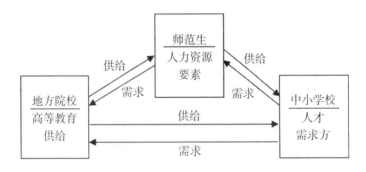

图 2-1　地方院校、师范生、中小学校的供求链关系

劳动力供给一般滞后于需求。劳动力需求反馈到供给侧后，高等教育培养人才有 2 至 5 年的时间周期，这将容易产生供需失衡的状态和供需矛盾。市场经济初期，劳动力供需市场的基本矛盾是人才供给的全面短缺；20 世纪 90 年代初至扩招以前，矛盾的焦点由此前的人才数量短缺转向人才结构和规格的调整；现在，则转变为教育的培养规格与劳动力市场需求之间的错位。这种矛盾一直延续至今。当前，在经济新常态下，劳动力质量供需错位问题愈演愈烈。

在《关于世界教育危机的报告》中，作者库姆斯（P.Combs）提出了供求视角下教育与经济发展关系的重要观点。该报告认为，当前全世界普遍存在教育供求矛盾的问题，且这种矛盾在未来还会越来越显著；在不同国家，这一矛盾表现在教育结构的不同层次上。这意味着劳动力供需矛盾因时因地存在不同表现形式：如在工业化早期和欠发达地区，表现为数量的供求矛盾；在信息化时代和发达地区，则表现为在不同的时期和地域劳动力供求矛盾具有多种表现形式，主要表现为质量的供求矛盾、结构的供求矛盾、数量的供求矛盾。

在此，本研究只探讨劳动力质量供求上的耦合性问题。劳动力供求的质量失衡是教育供求发展到较高水平集中凸显的问题，是同一层次、同一类型劳动力供给的质量与市场对劳动力的规格要求之间的矛盾。现代社会中，劳动力质量供求失衡的实质是供给方无法满足需求的多样性和专业性。由于经济发展水平限制、教育制度和教育政策的偏差，以及不同地方院校师范专业师资队伍和管理水平存在差异，同一类型、同一层次的师范生能力结构与地方中小学所需的教师素养存在着显著差异。

以上劳动力供求失衡的三种一般表现形式，虽因时因地表现形式不同，但三者并不是孤立存在的，很多情况下都是并存状态且彼此之间有着复杂的相互影响相互渗透的关系。在实际的教育供求结构中，这三种一般表现形式很多时候同时存在，抑或某一层次或领域的教育中存在多个方面的供求失衡，只不过是何种形式的供求失衡占主要地位有所不同而已，即存在主要和次要矛盾的区分。随着教育精准扶贫的深入，当前在基础教育阶段，教育机会的供求数量问题已有所改善，经济欠发达地区的教育问题更多地表现为教育机会供求质量和劳动力供求质量的失衡。这是本研究探讨的重点。在此值得注意的是，虽然师范生专业能力不能代表人才供给的质量，但整体提升师范生专业能力却能在一定程度上提高高校人才供给的质量。

按照劳动力供给与需求理论的内涵，人才供求质量失衡的问题，反映在师范教育领域，可认为是中小学需要的师范生专业能力结构与地方院校认知不一致的问题。因此，本研究以供需为研究视角，试图探知双方对师范生专业能力结构认知的异同。从需求侧，本研究一方面从国家政策文本分析国家对师范生专业能力结构的要求；另一方面开展中小学实证调查，了解中小学对师范生专业能力结构的需要。从供给侧，本研究一方面从人才培养方案、培养目标判断地方院校师范生专业能力结构；另一方面开展地方院校实证调查，了解师生对师范生应该具备什么专业能力结构进行判断。基于供需两侧分析出的 4 个师范生专业能力结构，本研究进行交叉分析，发展与建构一个供需整合的师范生专业能力结构及其构成要素，在此基础上提出人才培养改进策略。

第二节 教师专业发展理论

一、教师专业发展阶段理论

教师专业发展是指教师在整个职业生涯发展过程中，其专业知识、专业品质、专业技能等各方面向更高水平和程度的发展变化过程，包括在此过程中的心理发展与心理体验，以及取得的职称、荣誉、报酬、成就等。教师专业发展是存在显著阶段性的。自 20 世纪 60 年代，关于教师专业发展阶段理论的研究，形成了丰富的理论成果，其中主要的代表人物有富勒、卡茨、伯顿、费斯勒和伯林纳等等，有关学者的研究成果，如表 2-1 所示。

表 2-1 国外学者对教师专业发展阶段的研究

学者	教师专业发展阶段的划分
富勒 (F.Fuller)	四阶段论：第一阶段是职前关注阶段，是在培养阶段以学生的身份了解和学习教师专业；第二阶段是早期求生存阶段，教师任职初期，关注自己是否能胜任教师岗位和课堂控制；第三阶段是关注情境教学阶段，教师格外重视教学、教学表现和完成教学任务；第四阶段是关注学生成长阶段，关注教与学的结合，重视学生发展。[①]

---

① 吴金辉.教师专业发展的理论与实践[M].北京:中国传媒大学出版社,2006:24—25.

续表

学者	教师专业发展阶段的划分
卡茨 (L.Katz)	四阶段论：第一阶段是求生存阶段（survival），入职后的第 1 至 2 年，教师关注自己能否在新的岗位中存活下来；第二阶段是巩固阶段（consolidation），时间持续 1 年左右，既包括教师已有知识与技能的巩固，还包括生存阶段的一些重要的教学经验技巧的巩固；第三阶段是更新阶段（renewal），平日烦琐的机械重复的工作使教师产生倦怠，急需寻求新鲜事物或参加各种专业发展活动，以激发对教师工作的热情与热爱；第四阶段是成熟阶段（maturity）。[①]
伯顿 (P.Burden)	三阶段论：第一阶段是求生存阶段，教师初入职，适应新环境、新工作的阶段；第二阶段是调整阶段，教学生涯的第 2 至 4 年，在此阶段教师已具备较为丰富的教学知识与经验，开始关注学生个性化发展和多样化需求；第三阶段是成熟阶段，教学生涯的第 5 年或 5 年以上，教师对教学的环境十分熟悉，教学经验已相当丰富。[②]
费斯勒 (R.Fessler)	五阶段论：第一阶段是入职期，教学生涯的第 1 至 3 年，也叫"求生和发现期"；第二阶段是稳定期，教学生涯的第 4 至 6 年，初步掌握教学方法，也积累一些教学经验，形成个人的教学风格；第三阶段是实验和重估期；第四阶段是平静和保守期，教学生涯的第 26 至 33 年；第五阶段是退休期，教师职业生涯逐步走向终结。[③]
伯林纳 (D.C. Berliner)	五阶段论：第一阶段是新手阶段（novice），在此阶段，新入职教师关注教学所应具备的知识与技能的学习；第二阶段是进步的新手阶段（advanced beginner），教师将自身所具备的知识与实践经验相结合，能根据不同的教学情景灵活地进行教学；第三阶段是胜任阶段（competent），教师能按照个人想法自由处理事件；第四阶段是熟练阶段（proficient），教师能从积累的大量丰富经验中，综合性地识别出情景相似性；第五阶段是专家阶段（expert），专家型教师知道在什么时间和什么地方做什么事情，能理智地妥善处理各种突发事件。[④]

① 肖丽萍.国内外教师专业发展研究述评[J].中国教育学刊,2002,(05):61—64.
② 臧书起.教师专业化发展的理论与实践[M].长春:吉林大学出版社,2009:19—20.
③ 李海芬,赵春鱼.教师职业生涯规划与设计[M].重庆:重庆大学出版社,2014:36—37.
④ 申继亮,王凯荣,李琼.教师职业及其发展[J].中小学教师培训,2000,(03):4—7.

国内学者也有较多研究教师专业发展阶段理论的成果，主要研究学者有王秋绒（1991）、钟祖荣（1998）、邵宝祥（1999）、叶澜（2001）、刘捷（2002）、唐玉光（2002）、陈永明（2003）、傅树京（2003）等。王秋绒认为教师专业发展分为三个阶段：第一阶段师范生阶段，即师范生学习阶段，重在学习，将教学知识能应用于教学实践。第二阶段是实习生阶段，带着不切实际的乐观投入教学实践情景。理想与现实的冲突导致有的教师重新进行自我预期，有的准备脱离教师岗位。第三阶段是合格教师阶段，经过实习期，对教学工作已经全然适应，有的教师乐于为教育奉献一生，有的会对教学产生厌倦，失去教学动力。[①]钟祖荣认为教师专业发展分为四个阶段：第一阶段是准备期，还未正式从事教育工作，还在学习和接受教育。第二阶段是适应期，历时 1 至 2 年，教师初入工作岗位，逐步适应教学工作，具备基本的教学能力和素质。第三阶段是发展期，教师已经初步适应教育教学工作，不断继续锻炼自己以达到成熟。第四阶段是创造期，教师在此阶段开始由常规且固定的自动化的工作，进入主动探索和创新教学阶段，逐渐形成个性化的教学风格。[②]邵宝祥认为教师专业发展分为四个阶段：第一阶段是适应阶段，教师职业生涯的第 1 至 2 年，教师要通过不断适应全新的环境，实现师范生到教师角色的转变。第二阶段是成长阶段，教师从教 3 至 8 年之间，教师通过不断总结与反思在教学工作中的经验，逐步达到合格教师的标准。第三阶段是称职阶段，也叫高原阶段，教师已达到较高的能力和水平，在这个阶段有些教师会出现停滞发展现象。第四阶段是成熟阶段，突破高原阶段的教师将进入新的发展阶段，他们的知识和能力结构等经历重大调整，自身的认知、情感和人格进一步升华，形成独有的教学特色和教育智慧，最终成为学科带头人或骨干教师，甚至成为学者型和专家型教师。[③]叶澜和白益民提出教师专业发展包括五个阶段：非关注阶段、虚拟关注阶段、生存关注阶段、任务关

---

① 王秋绒.教师专业社会化理论在教育实习设计上的意义[M].台北:师大书苑,1991:33—48.

② 臧书起.教师专业化发展的理论与实践[M].长春:吉林大学出版社,2009:22.

③ 臧书起.教师专业化发展的理论与实践[M].长春:吉林大学出版社,2009:23—24.

注阶段、自我更新关注阶段。^①刘捷提出教师专业发展分为四个阶段：师范生阶段、学徒式教师阶段、基本合格教师阶段、优秀教师阶段。^②唐玉光提出教师专业发展分为三个阶段：入职前的教师资格储备阶段、入职专业辅导阶段、在职在岗的专业化阶段。^③陈永明提出教师专业发展分为五个阶段：职业适应期、稳定和发展期、重新自我评估期、冷静期和保守期、退出教师职业期。^④傅树京认为教师专业发展分为五个阶段：教师对职业的适应、探索、建立、成熟、平和阶段。^⑤

从以上分析可知，不同学者对教师专业发展阶段的划分不尽相同，但其内在逻辑顺序是一致的。国外学者重点关注的是教师职业生涯发展中的职后阶段。国内学者研究的过程中广泛借鉴了国外的经验，对教师专业发展阶段的划分分为两派，一派是职前与职后一体化发展；一派是注重职后发展。可以发现，国内外对教师职后发展的关注要多于职前。但追根溯源，师范教育是教师专业发展的起步阶段，是"打基础"的重要阶段，正所谓"地基不牢，地动山摇"，对这一阶段教师应发展何种能力，应该给予更多的关注，从而坚持正确的价值取向，提出和构建符合现代社会和基础教育需要的教师专业发展路径和专业能力体系。

二、教师专业能力结构及构成要素

伴随着社会发展和技术进步，教师专业发展所处社会环境变得非常复杂且变动不居，这给教师赋予了多种多样的社会角色，也对教师自身如何应对时代变化提出了挑战。也就是说，教师的社会角色不是单一的，而是多重的。从现代社会对教师职业的期许来看，教师的作用不仅包括传统的教书育人，

① 叶澜,白益民,王枬,等.教师角色与教师发展新探[M].北京:教育科学出版社,2001:278—302.
② 刘捷.专业化:挑战 21 世纪的教师[M].北京:教育科学出版社,2002:136—150.
③ 唐玉光.基于教师专业发展的教师教育制度[J].高等师范教育研究,2002,(05):35—40.
④ 陈永明.现代教师论[M].上海:上海教育出版社,2003:186—188.
⑤ 傅树京.构建与教师专业发展阶段相适应的培训模式[J].教育理论与实践,2003,(06):39—43.

还包括传递文化、教学研究、合作沟通等。从世界范围看，能适应21世纪需要的优秀教师首先应该具备良好学科素养、熟练掌握和运用教育教学理论并懂得尊重学生。美国提出要培养"五者型"的教师，即相关学科专业和教育专业的学者，能够实施有效教学的教学者，熟悉学生心理发展特点且善于沟通的人，拥有广博知识和深刻见解并能作出正确教学判断的决策者，具有优秀个人品格的示范者。[1]有关教师专业发展的内容，从不同方面分析可以有不同的概括。谢安邦认为，教师专业素养包括职业道德、专业精神、身心素质、文化修养、能力结构。[2]叶澜认为，"专业理念、专业知识、专业能力、专业态度与动机以及自我发展需要和意识等"是教师专业发展的基本要素。[3]石中英认为，教师专业素养包括爱（仁爱之心），对学生发展、社会进步、国家以及人类的关切，专业素养、专业精神和信念。[4]教育部师范教育司认为，教师专业发展内容包括专业情意、专业知识、专业能力。[5]朱旭东则从"教师知识、教师技能和教师精神"维度总结了教师发展内容。[6]通常认为，教师专业发展是教师个体的知识结构不断优化、专业技能和个人素养不断提升的动态发展过程。

如上所述，社会发展和教师职业的专业性形塑了教师专业发展的内容框架。教师必须在知识结构、能力素养、情感意志等多方面不断提升，才能实现教师专业化发展，适应时代发展的需要。不同学者提出的教师专业发展的范畴与框架虽有所不同，但还是具有较高的一致性。综合参考以上关于教师专业发展内容的概述，笔者认为教师专业能力大体包括专业精神、专业知识、专业技能三个方面（见图2-2所示）。

---

①　王延文.教师专业化的系统分析与对策研究[D].天津大学博士学位论文,2004:112.
②　谢安邦.师范教育论[M].北京:中国建材工业出版社,1997:90—100.
③　叶澜,白益民,王枬,等.教师角色与教师发展新探[M].北京:教育科学出版社,2001:230—278.
④　石中英.公共教育学[M].北京:北京师范大学出版社,2008:1—4.
⑤　教育部师范教育司.教师专业化的理论与实践[M].北京:人民教育出版社,2003:54.
⑥　朱旭东.论教师专业发展的理论模型建构[J].教育研究,2014,35(06):81—90.

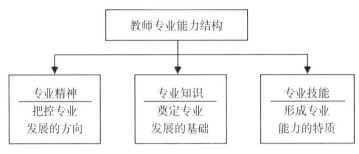

图 2-2　教师专业能力结构

　　鉴于此，笔者对教师专业能力结构及构成要素的解析，也将从专业精神、专业知识、专业技能三个方面展开。

（一）教师专业能力的灵魂：专业精神

　　专业精神属于意识形态的范畴。恩格斯曾指出："每一个阶级，甚至每一个行业，都各有各的道德。"①教师职业道德既包含社会公认的普遍道德准则，也包含教师职业所特有的职业道德，具有一定的独特性和专门性，且具有导向性、示范性、发展性、高层次性等特征。专业精神之所以重要，主要在于它是从业者知识与技能得到正确发挥的重要保障，使从业者不会偏离道德与法律的约束，从而损害国家和社会利益。另外，如果教师缺乏专业精神，即使他的知识再丰富、技能再高超，也很难引领和教导好学生，这样的教师即便很好地完成了知识授受的任务，也不能有效促进学生的全面发展，难以帮助学生全面提高综合素质。专业精神关乎职业道德与情感。教育部修订的《中小学教师职业道德规范》指出，师德包括爱国守法、敬业奉献、教书育人、热爱学生、终身学习、为人师表六个方面。②这六个方面为教师从业提供了依据，也是教育工作者道德观念、道德情感的基本框架。师范生作为未来

① ［德］弗里德里希·恩格斯.路德维希·费尔巴哈和德国古典哲学的终结［A］// 中共中央党校教材.马列著作选编［M］.北京:中共中央党校出版社,2011:166.
② 申继亮,赵景欣.中小学教师职业道德的现实思考［J］.北京师范大学学报(社会科学版),2006,(01):48—55.

教师，需要从这六个方面建构自我认同和职业认同。职业道德首先是教师对职业的认同和热爱，进而是对学生的热爱；其次体现为丰富的教育情感，是在教学过程中培养的积极的内心体验，具体体现为敬业、乐业，对学生充满爱；最后凝结成坚定的教育信念，成为内化于心的教育信条，并由此对自己所从事的事业形成稳固的自豪感、荣誉感和使命感。

教师的专业精神不仅体现在职业道德上，更重要的是教师所形成的丰富的职业情感。情感是个体对外化事物和人际关系所产生的内心体验。国外的教师专业标准均有提及对教师情感的要求。例如，法国教育部要求中学教师要"视学生为教师思考和行动的中心、能够学习和进步的人，教师要公平地对待每一个学生，并引导学生学会自我教育；教师必须试图了解他们，尊重学生的多样性并接受他们，应关心学生面临的困难"。①英国教育部 2007 年颁布的教师专业标准也有相似的要求："对学生抱有较高的期望，承诺帮助学生实现自己的教育目标，与学生之间建立平等的、值得信任的、建设性的关系；向学生展示积极的价值观、态度和行为，以起到榜样作用。"②由此可以看出教师情感的重要性和必要性。教育情怀是对教育的一种执着与追求，是教师坚守育人职责的内在动力。③可见，教师情感是教师对自身、学生、职业、教育事业等的内心体验。这种内心体验的深刻、积极与否，显著影响着教师的教学水平和教学质量。这就要求作为未来教师的师范生要重视知、情、意的全面发展，注意涵养丰富的情感，发展爱的能力，能够做到有爱心、责任心，关心爱护学生，关注学生情感发展。

教师的专业精神最终集中体现为教师的人格魅力。教师对学生的影响从深层次看是对精神气质的影响，教师的个人魅力和"精气神"会对学生产生示范作用，这是教师职业崇高性和特殊性的体现。正确而有力的"身教"要

---

① 汪凌.法国中小学教师专业能力标准述评[J].全球教育展望,2006,35(02):18—22.

② Department for Education-GOV.UK.Professional Standards for Teachers:Qualified Teacher Status [EB/OL].(2011-12-18).https://assets.publishing.service.gov.uk/government/uploads/system/up-loads/attachment_data/file/665520/Teachers__Standards.pdf.

③ 韩延伦,刘若谷.教育情怀:教师德性自觉与职业坚守[J].教育研究,2018,39(05):83—92.

求教师在塑造良好个性品质和人格魅力方面下功夫。师范生作为未来的中小学教师，其一言一行都是学生效仿的对象。对极易受外界影响的少年儿童来说，其健康成长深受教师健全人格特质的影响。哲学家斯宾诺莎说过："人的心灵除了具有思想的力量和构成正确观念的力量以外，没有别的力量。"[①] 广州市穗港澳青少年研究所的一项调查结果显示：77.2%的学生认为"教师应具有热情、诚实、公正等人格特征，比其是否具备很好的专业素质重要"。[②] 可见，在学生心目中，教师的人格魅力比其专业素质更重要。现代教育越来越重视和尊重学生的主体性地位，主体教育所追求的理念就是把受教育者真正当成独立而丰富的个体，尊重每个学生的人格，与学生平等对话。教师有意形塑人格魅力，建构丰富而善良的内心世界，是学生发展的客观需要，也是社会发展对教师提出的要求。[③]然而，由于社会环境的变化，教师职业在专业化程度日益提升的同时，有些教师越来越缺乏影响学生心灵的影响力量与精神感染力。除人格特征和人格魅力，还有大量研究表明：教师的个性心理特征和情绪自控力等情、意方面的素质对学生良好心理品质和性格的塑造也具有深刻的影响。作为承担"教书育人"之责的教师，在社会中扮演的角色至关重要，这也决定了教师必须具备良好的心理素质。

尽管如此，在国内外教师专业标准体系中，极少看到教师人格魅力的"身影"。可见，教师的人格魅力并未得到应有的重视。毫无疑问，教师人格难以量化和测量，对其评估也十分困难。加之教师职业的特殊性，意味着制定教师人格的质量标准将变得尤为复杂。即便如此，教师人格魅力也是我们不得不关注的课题。

(二) 教师专业能力基础：专业知识

建构和完善符合时代发展要求的教师专业知识结构，是教师专业能力发

---

① [荷]斯宾诺莎.伦理学[M].贺麟,译.北京:商务印书馆,1958:225—226.
② 程红兵.教师人格魅力的打造[M].长春:东北师范大学出版社,2017:85.
③ 金忠明.教师教育的困境、挑战及机遇[J].首都师范大学学报(社会科学版),2009,(5):51—56.

展的有效途径，①也是教学质量提升的重要保障。自 20 世纪 80 年代起，关于教师专业知识的研究蔚然成风，成为教师专业发展研究中的重点主题。以舒尔曼（L.Shulman）等人为主要代表聚焦于对"教师专业知识"的理解、分析和再诠释，将专业知识划分为七种类型，即学科知识（subject content knowledge）、一般教学知识（general pedagogical knowledge）、课程知识（curriculum knowledge）、教学内容知识（pedagogical content knowledge，简称 PCK）、学生及其学习特点的知识（knowledge of learners and their characteristics）、教育环境的知识（knowledge of educational contexts）、关于教学的目的和价值，它们的哲学和历史基础的知识（knowledge of educational aims，purpose，values and their philosophical and historical grounds）等。②在舒尔曼研究基础上，格罗斯曼（P.L.Crossman）将教师专业知识分为六类，即内容知识、学习者与学习的知识、课程知识、一般性教学法知识、自我知识、背景知识等。③雷诺兹（M. Reynolds）将专业知识分为十四种类型，即有关任教学科的知识、教学的社会、政治、文化背景等知识、教室组织和管理的知识、人际沟通、协调合作的知识、特殊儿童的知识、评价的知识、阅读及写作的教学知识、各学科特有的教学知识、教学方面的知识、教学的道德与伦理的知识、教师的法定权利与义务的知识等。④由此可见，国外学界对教师的知识要求超越了单一学科的限制，要求教师具有既包括专业又涵盖数学、语言等较为广博的知识。

国内的研究者借鉴国外研究经验并结合本国实际，总结出了本土化的教师知识分类体系。李秉德和李定仁将教师知识归纳为三类：即专业知识、文化知识和教育科学知识。⑤林崇德等人将教师专业知识分为本位性知识、实践

①　荀渊.迈向专业的教师教育[M].上海：华东师范大学出版社，2018：103.
②　Shulman L.Knowledge and Teaching：Foundations of the New Reform［J］. Harvard Educational Review，1987，57（1）：355—356.
③　Crossman P.L.Teacher's Knowledge［A］//Husen T.，Postlethwaite T.N.（Eds.）.The International Encyclopedia［M］.New York：Pergamon，1994：6117—6122.
④　Reynolds M.C. Knowledge Base for the Beginning Teacher[M]. Oxford：Pergamon Press，1989：316.
⑤　李秉德，李定仁.教学论[M].北京：人民教育出版社，1991：5—8.

知识、文化知识、条件性知识四种类型。①陈向明把教师专业知识分为理论性知识和实践性知识两大类，其中理论性知识是指可传授的、外显的知识，实践性知识则为缄默的、隐蔽的知识。②傅道春将教师专业知识划分为四种类型，即本体性知识、条件性知识、实践性知识和一般文化知识即通识性知识。③刘清华对教师专业知识做了细致的划分归类，从以往的知识结构体系中将学生的知识、课程知识、教育情境知识、教师自身知识、教育目的和价值的知识等析出，作为独立的知识内容。④邵光华认为，教师专业知识应该由教学性知识、师生知识、实践性知识、背景性知识等构成。⑤单文经认为，教师专业知识由学科知识和一般的教育专业知识构成。⑥梳理以往研究者关于教师知识的观点，本研究认为，教师的专业知识以知识的定义为起点应包含本体性、实践性、文化知识、条件性知识四个方面。

1. 本体性知识。本体性知识主要指学科知识（subject matter knowledge），每个教师都有具体的任教学科，学科知识是其专业能力的集中体现，也是其它知识的基础，如语文知识、英语知识、化学知识等。学科知识是教师所应具备的基础性知识，但也是较为复杂和专门化的知识，是师范生职前学习的主要内容。教师知识结构体系的最佳状态是以自己所学学科专业为扎实基础，这种扎实的"基本功"是教师取得良好教学效果、赢得同行认同与尊重的前提。

2. 实践性知识。实践性知识又称缄默知识、内隐知识，是教师在具体的教学实践中所习得的知识。教学活动的随机性和情境性决定了教师工作的实践性、创造性。教师在真实的教学场景中要能随机应变地处理各种无法预知的情况，根据不同学生的特点和表现快速调整教学方式方法，做到审时度势、

① 林崇德,申继亮,辛涛.教师素质的构成及其培养途径[J].中国教育学刊,1996,(06):16—22.
② 陈向明.实践性知识:教师专业发展的知识基础[J].北京大学教育评论,2003,(1):104—112.
③ 傅道春.教师的成长与发展[M].北京:教育科学出版社,2001:185.
④ 刘清华.教师知识研究的问题与建构路向[J].教育理论与实践,2005,(11):45—48.
⑤ 邵光华.教师专业知识发展研究[M].杭州:浙江大学出版社,2011:18.
⑥ 转引自朱旭东.教师专业发展理论研究[M].北京:北京师范大学出版社,2013:67.

恰如其分，这就要求教师必须具有充分的实践性知识。①实践性知识也就是英国的物理学家、哲学家波兰尼（Pofanyi）所说的缄默知识，即无法用语言表达，说不清道不明的知识。②实践性知识来源于教师个体的教学实践活动，是在实践中习得和积累的知识。实践性知识的形态大多是具身性的（embodied）、缄默的，也就是无法用语言表达出来的知识，只有遇到真实的、具体的教学情境时才可能被激活而表现出来，因此无法像本体性知识那样通过授课、学习、讲座而获得，它需要教师在教育教学行动中不断进行自我反思、自我探究、自我升华，从而在解决实际教学问题中得以彰显。③教师的实践性知识不是独立存在的，而是包含在教育信念、教师的自我知识、人际知识、教学的策略性知识中。它"不仅是对技术层面进行反思，而且还对自己所处的权力场域以及自己与他人的关系进行批判。"④实践性知识本质上是一种情境知识，是教师教学机智、灵感、直觉以及想象力的即兴发挥，其中包含着对学生的感知和了解、情绪的产生和调节、人际关系和突发事件的处理等，属于教师的策略性知识和批判反思知识。教师实践性知识与教学情境，与个人生活和教学经验有着密切关系，源自真实具体的教育教学情境，它的获取方式是多元化的，其中大学课程学习及实习是职前教师实践性知识培养的重要途径。实践性知识习得的关键，在于"让师范生陈述自身的教学信念、教学内容、处理课堂管理的策略等内容"，⑤以此增强专业实践的能力。

3. 条件性知识。条件性知识特指教育学与心理学方面的理论知识。⑥也就是舒尔曼的教学法知识，分为两种：一种是一般教学法知识（general pedagogical knowledge），如与设计教学、课堂管理和激发学生学习动机相关的知识等；另一种是学科教学法知识（pedagogical content knowledge），即教师利

① 陈向明.对教师实践性知识构成要素的探讨[J].教育研究,2009,30(10):66—73.
② 刘旭东.教师实践性知识的反思与重建[J].教育科学研究,2008,(10):18—20.
③ 陈向明.搭建实践与理论之桥——教师实践性知识研究[M].北京:教育科学出版社,2011:230.
④ 陈向明.教师实践性知识研究的知识论基础[J].教育学报,2009,5(02):47—55.
⑤ 荀渊.迈向专业的教师教育[M].上海:华东师范大学出版社,2018:111.
⑥ 申继亮,辛涛.论教师素质的构成[J].中小学管理,1996,(11):4—7.

用教育基本理论，结合学生学习规律和心理特征，给学科内容赋予教学法内涵，以便有效传递给不同阶段、不同个性特征的学生，是一门学科中师范生区别于非师范生的专有知识。①条件性知识是一个教师成功开展教学的重要保障，在师范生的培养过程中，教育理论、教学法、教育心理学也是必修课程。条件性知识的传授以本体性知识为基础，为教师所教授学科的学科知识赋予了符合教育基本规律和学生身心发展规律的解释，从而成为一种教学知识，为学生所接受。

4.文化类知识。教师的工作不是机械化、工具性的工作，不仅仅有学科知识的授受，更重要的是个体对个体的精神层面的影响。这就要求教师不应该仅仅具备本体性和条件性知识，还必须具备广博的文化知识。文化知识通常指的是通识性的知识，包括人文、自然、历史、科学、社会等多学科多领域的知识，以及教师个体对知识的组织架构的独特理解。文化知识的储备程度，一定程度上决定着教师的个人魅力。渊博的文化知识，是教师引领学生树立正确人生观和价值观的依据，还可以激发学生的求知欲，有力促进学生全方位求知、全面发展，并对取得最佳教育效果有显著意义。

由于教学对象差异较大，因此对教师的要求是希望教师在"博"的基础上做到"专"。要根据教学对象的特征，对所教学科内容知识赋予符合教育学与心理学规律的解释，以易于理解与接受的方式给受教育者传授知识。也就是说，本体性知识的传授要借助条件性知识得以实现。然而，实际教学过程中，教学情境的差异性导致教师的间接知识受到局限，教师面对不同的教学情境，处理不同的教学问题，大多依靠所谓的"直觉"，即实践性知识为本体性知识的传授提供了实践指导作用。由此可知，教师仅具备本体性知识是远远不够的，还要具备条件性知识和实践性知识。在教学活动中，条件性知识使教师的教学过程得以实现，实践性知识可供教师随机应变处理教学过程中出现的各种问题。

① 朱旭东.教师专业发展理论研究[M].北京:北京师范大学出版社,2013:63.

(三) 教师专业能力特质：专业技能

关于"技能"的概念，相对比较清晰，很少存在争议。我国《教育大辞典》将"技能"定义为：个体凭借已有的知识结构，通过相关训练、反复练习而形成的从事某种职业的活动方式。[①]台湾地区的国语词典中对"技能"释义为"掌握并运用专门技术的能力。"但是，针对教师专业技能的研究目前没有一个共识性界定，存在着诸如教师能力、教师技能、教师职业技能、教学技能等各种不同的表述。相对而言，教师能力是一个相对宽泛的概念，而教师专业技能比较具体化。

斯滕伯格（R.J.Sternberg）认为，教师能力可以分为三种：分析性能力、创造性能力和实践性能力。曼尼（R.C.Manning）等人提出教师能力结构包括教学设计能力、教学活动组织能力、课堂管理能力和传授知识能力4个维度。联合国教科文组织基于对如何开展"有效教学"的研究，提出教师教学能力由5个方面构成，即促进学生积极参与的能力、创设清晰且移情的学习环境的能力、帮助学生认定学习结果的能力、迎合学生学习需要的能力、努力进行自我发展的能力。[②]美国佛罗里达州等地区曾开展区域性教师能力研究，并结合地区教师教育实践提出，教师能力主要包括教学设计的能力、沟通能力、评价学生行为的能力、行政事务管理能力、教学演示的能力、个人技巧发展能力和促进学生自我发展的能力。[③]哈奇菲尔德（A.Hachfeld）等人则指出，教师专业能力是"由学科知识、学科教学知识、一般教学知识以及教师信念、价值观、动机和自我管理能力之间相互作用所构成的系统"[④]。沃格特（F.

---

① 顾明远.教育大辞典(第一卷)[M].上海:上海教育出版社,1990:147.

② United Nations Educational,Scientific and Cultural Organization.UNESCO ICT Competency Framework for Teachers[DB/OL].(2011-12-7).http://www.unesco.org/new/en/communication-and-information/resources/publications-and-communication-materials/publications/full-list/unesco-ict-competency-framework-for-teachers/.

③ 郑肇桢.教师教育[M].香港:香港中文大学,1989:157.

④ Hachfeld A.,Hahn A.,Schroeder S.,et al. Should Teachers be Colorblind? How Multicultural and Egalitarian Beliefs Differentially Relate to Aspects of Teachers' Professional Competence for Teaching in Diverse Classrooms[J].Teaching and Teacher Education,2015,48(5):44—55.

Vogt）和罗加拉（M.Rogalla）提出，教师教学能力由"学科知识、教学诊断、教学方法运用和教学管理 4 个方面构成"。[①]

从时间轴上看，不同时期研究者对教师能力、专业能力和专业技能的结构的划分不尽相同，但对理解教师专业能力结构及其构成要素有一定帮助。林崇德把教师能力分为"教师自我监控能力、课堂教学基本功和学科能力 3 维度。"[②]申继亮、王凯荣在林崇德的研究基础上，明确提出教师能力结构模式，认为教师能力由 3 个维度 12 种具体能力构成，即"教学认知能力（包括分析掌握教学大纲、教学设计能力、对学生个性的了解、判断能力等）、教学操作能力（包括语言表达能力、运用教学媒体的能力、课堂组织管理能力、教学评价能力等）和教学监控能力（包括计划、反馈、调节、控制能力等）。"[③]靳莹和王爱玲提出，教师的能力由 5 个一级能力，18 个二级能力构成，即"基本认识能力、调控与交往能力、系统学习能力、教育教学能力和拓展能力"[④]。范诗武认为，教师专业能力主要包括"了解学生能力、教学监控能力、处理教材能力、协调师生关系等人际关系能力"等 4 个方面。[⑤]郝林晓和折延东认为教师专业能力分为两种：教育能力和教学能力，其中教育能力指对教育对象人格的影响力，教学能力指教育者对教育对象理智发展的影响力，主要包括教师的"课程开发能力、教育研究能力、教学设计能力、专业意识及生成能力、语言能力、交往能力、专业调适能力"等多个方面。[⑥]王惠来、郝慧认为教师能力包括"课程开发能力、创新能力、合作能力、反思能力、教育科研能力、运用信息技术能力。"[⑦]马宁和余胜泉将教师能力划分

① Vogt F., Rogalla M. Developing Adaptive Teaching Competency Through Coaching [J]. Teaching and Teacher Education, 2009, 25(8): 1051—1060.
② 林崇德.教育的智慧——写给中小学教师[M].北京:开明出版社,1999:134.
③ 申继亮,王凯荣.论教师的教学能力[J].北京师范大学学报(人文社会科学版),2000,(01):64—71.
④ 靳莹,王爱玲.新世纪教师能力体系探析[J].教育理论与实践,2000,(4):41—44.
⑤ 范诗武.新世纪教师专业能力与教育行动研究[J].外国教育研究,2003,(05):28—31.
⑥ 郝林晓,折延东.教师专业能力结构及其成长模式探析[J].教育理论与实践,2004,(14):30—33.
⑦ 王惠来,赫慧.新课程背景下教师能力素质的探析[J].天津师范大学学报(基础教育版),2005,(1):12—115.

为教学能力、教学管理与实施能力、教学实践能力、创新能力、协作能力、沟通能力、教育科研能力、批判性反思能力、教学设计能力和生涯规划能力等。①李方认为教师专业能力结构由德、能、体、心组成。德，即师德；能，即专业效能，教育专业素养、学科专业水准、博雅素养；体，即身体素质；心，即心理素质。②

原国家教委在 1994 年下发的《高等师范学校学生的教师专业技能训练大纲》中，把教学技能分为五类：教学设计技能、课堂教学技能、使用教学媒体技能（即教育技术手段的能力）、组织和指导课外活动技能和教学研究技能（教学研究能力）。③其中，又主要设定师范生的九项基本技能，即导入技能、演示技能、板书板画技能、提问技能、讲解技能、结束技能、组织教学技能、反馈和强化技能、变化技能（即灵活应变能力）。苏联学者涅德巴耶娃将教师职业技能细化为非常具体的 12 个方面：教师对于儿童的情感理智而有识别力的爱（了解学生特点和照顾个体差异的能力）；根据学生的特点，因材施教，以通俗易懂的方式传授知识；教师的语言表达能力；教师的教学观察与思辨能力；教师的个性魅力；教师的交际能力（与学生沟通的技能）；教师的组织与实施能力；教师的情绪控制能力；教师的耐心与包容心；教师的业务能力（对学科知识、教育教学方法的掌握等）；教师的想象力；协调与协作能力。④刘英陶把教师职业技能分成四个部分：教师口语（普通话、职业口语）；教师书写（书写规范、书写技能、日常用工作文体写作）；教学工作（课堂教学技能、现代教学媒体使用与教材设计、组织指导课外活动技能、计算机辅助教学、教研与教学评价技能）和班主任工作（工作方法、班集体日常管理、中小学生教育工作技能）。⑤

———————————

①　马宁,余胜泉.信息时代教师专业素养的新发展[J].中国电化教育,2008,(5):1—7.
②　李方.新课程对教师专业能力结构的新要求[J].教育研究,2010,31(03):68—71.
③　朱旭东.教师专业发展理论研究[M].北京:北京师范大学出版社,2013:263.
④　[苏联]C.涅德巴耶娃,黄云英.教师必须具备哪些能力[J].外国教育资料,1982(06):42—44.
⑤　刘英陶.教师职业技能[M].北京:教育科学出版社,1996:156.

三、师范生专业能力构成要素

教师专业发展理论是教师培养实践的结晶，不仅对在职教师的专业发展具有重要意义，而且对师范生的发展规划也具有重要的指导意义。

然而，与在职教师相比，师范生本身具有一定的特殊性，比如，师范生学习方式偏好不同、实践经验不足、以学生为中心的教学迁移体验不足等，因此直接套用现有教师专业能力结构来设定师范生专业能力的结构并不完全合适。可见，笔者根据文献中师范生专业能力结构的研究和教师专业能力构成要素的解析，海选出以下 34 个师范生专业能力构成要素，为后续进行的供需两侧师范生专业能力结构的实证调查提供指标参考。具体指标及来源如下表 2-2 所示。

表 2-2　师范生专业能力的构成要素及其来源

指标	来源（文献/教师专业理论，作者）
教育信念	教师专业理论：陈向明（2005）
教育情怀	教师专业理论：韩延伦（2018）
职业道德	文献：李方（2010）
仁爱之心	教师专业理论：石中英（2008）
学科专业知识	教师专业理论：舒尔曼（L.Shulman）
中小学学科课程标准与教材	文献：丁钢（2014）
教育学和教学法知识	文献：丁钢（2014）
我国教育法规和政策	文献：丁钢（2014）
我国基础教育改革动态	文献：丁钢（2014）
自然、人文、社会科学知识和地方文化知识	文献：叶澜（1998）
学生与班级管理知识	文献：杨晓宏（2016）
学生学习与教学策略知识	教师专业理论：雷诺兹（M.Reynolds）
学生心理辅导知识	教师专业理论：林崇德（2005）
教学设计技能	文献：张威和（2012）和原国家教委

续表

指标	来源（文献/教师专业理论，作者）
教学观察与思辨能力	教师专业理论：[苏联] 涅德巴耶娃
教学组织与实施能力	文献：裴云（2015）
学生评价方法	教师专业理论：林崇德（2005）
反思能力	教师专业理论：陈向明（2005）
运用教育技术手段的能力	教师专业理论：刘英陶（1995）
中小学教学方法	文献：丁钢（2014）
教学研究能力（包括学术论文撰写能力）	教师专业理论：叶澜（1998）
班主任技能	教师专业理论：刘英陶（1995）
了解学生特点和照顾个体差异的能力	文献：丁钢（2014）
沟通技能	文献：陈国钦（2015）
书写能力	教师专业理论：刘英陶（1995）
语言表达能力	文献：丁钢（2014）
灵活应变能力	文献：丁钢（2014）
团队协作能力	文献：杨晓宏（2016）
人格魅力	文献：杨晓宏（2016）
自信心	文献：叶澜（1998）
责任感	文献：丁钢（2014）
身体素质	文献：李方（2010）
心理调节能力	文献：郝林晓（2004）
情绪自控能力	教师专业理论：[苏联] 涅德巴耶娃

（注：表中的指标命名会根据指标来源与师范生的特点略作修改。）

本章小结

从供给与需求理论主要观点的阐述可知，劳动力市场供需主体包括人才供给方、人才需求方和人才供求关系。师范生作为劳动力市场的特殊群体，其供给方是地方院校，需求方是社会和中小学，人才供求关系即地方院校人才供给与中小学需要之间的互动影响关系。劳动力供求矛盾具有多种表现形式，主要表现在：质量的供求矛盾、结构的供求矛盾、数量的供求矛盾。其中，结构的供求矛盾、数量的供求矛盾比较容易调整，难点在于质量的供求矛盾，它对应到师范教育领域即师范生专业能力培养质量与国家要求、中小学发展需要不匹配。这既是社会各界关注的焦点，也是师范教育提质的重点和难点。因此，本研究以人才供给与需求为研究视角，以师范生专业能力为切入点，以探索各方视角的师范生专业能力结构为核心目的，为地方院校"培养什么人"、师范生"提升什么专业能力结构"提供参考与借鉴。

从教师职业生涯发展理论的阐述可知，师范生阶段是教师专业发展的起步阶段，是"打基础"阶段，师范教育是师范生知识获取、技能提升、专业素养养成的重要阶段。教师专业发展是教师个体专业不断发展的历程，是教师不断接受新知识、完善知识结构、增长专业能力的动态过程。通过解析教师专业能力结构及构成要素，并结合国内外关于师范生专业能力结构研究的主要观点，笔者海选出 34 个师范生专业能力构成要素（见表 2-2），为后续供需两侧师范生专业能力结构的实证调查提供指标参考。

第三章　研究设计及方法

本章针对研究的核心问题，基于文献梳理和理论分析，对供需两侧师范生专业能力结构研究进行规划设计，并阐述所采用的研究方法。

第一节　研究设计

一、研究思路

研究路径如图 3-1 所示：

本文研究主线相应可归结为："一条主干、两个层面、四个向度"。所谓"一条主干"，即将师范生专业能力结构作为研究的切入点，基于国家政策文本和高校人才培养方案分析出师范生专业能力"应然"结构，结合教师专业理论和文献分析出的 34 个师范生专业能力构成要素，对中小学和地方院校进行调查研究，得到师范生专业能力"实然"结构，分层进行差异和整合分析，最终形成供需整合、理论与实证相结合的师范生专业能力结构及构成要素。

所谓"两个层面"，即考虑研究主体和对象的差异性，具体细分为需求侧对师范生专业能力结构的要求和需要，供给侧对师范生专业能力结构的定位和认知。前者重在了解国家的要求和中小学的需要；后者主要是针对高校人才培养的顶层设计和师生认知进行研究，侧重分析人才供给的特点和现状。

所谓"四个向度"，是在"供需两个层面"上，进一步将需求侧和供给侧

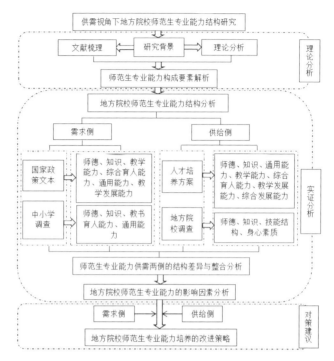

图3-1　本论文研究思路

的研究内容划分为四个向度，分别是国家对师范生专业能力结构的要求、中小学对师范生专业能力结构的需要、地方院校师范专业人才培养方案对师范生专业能力结构的定位、地方院校师生对师范生专业能力结构的认知，以期综合考量不同层面、不同视角的师范生专业能力的结构特点。

最后，对"四个向度"的师范生专业能力结构进行差异与整合分析，检验供需整合的师范生专业能力结构的内外部关系，了解地方院校、师范生和社会在师范生专业能力养成过程中的作用。

二、研究工具

本研究采用问卷调查和访谈进行资料收集。通过设计初始问卷和访谈提纲，经多次征求专家意见，调整问卷和访谈设计稿中的不合理部分，优化问卷和访谈设计稿内容，形成正式的问卷和访谈提纲，具体如下：

（一）需求侧层面

需求侧调查工具类型，如表 3-1 所示：

表 3-1　调查工具类型及名称（需求侧）

工具类型	工具名称
调查问卷	《需求侧：师范毕业生专业能力结构调查问卷（教师专用）》《需求侧：师范毕业生专业能力结构调查问卷（管理人员专用）》
访谈	《需求侧：师范毕业生专业能力需求与满意度访谈提纲（管理者访谈专用）》《需求侧：师范生专业能力需求情况访谈提纲（中小学生访谈专用）》

1.需求侧：师范毕业生专业能力结构调查问卷（教师专用）

基于教师专业发展理论和文献分析出的 34 个师范生专业能力构成要素，自编《需求侧：师范毕业生专业能力结构调查问卷（教师专用）》，见附录一。问卷共由两个部分组成：

第一部分为基本信息，涉及性别、学段、年龄、学校位置、学校类型、任教科目等，共 6 个题项。

第二部分是师范毕业生专业能力要素的重要程度调查，共有 34 个题项。这些题项根据表 2-2 能力构成要素编制。

调查问卷参照李克特 5 级量表设置不同等级的选项，其中：1 分表示"很不重要"；2 分表示"不重要"；3 分表示中间状态；4 分表示"重要"；5 分表示"很重要"。由被调查者根据李克特 5 点计分法对"师范毕业生专业能力要素的重要程度"进行判断。调查对象是中小学教师。通过调查，一方面了解中小学校教师对师范毕业生专业能力各要素的重要性认知和评价，另一方面探索中小学需要的师范生能力结构及其构成要素。

2.需求侧：师范毕业生专业能力结构调查问卷（管理人员专用）

自编的《需求侧：师范毕业生专业能力结构调查问卷（管理人员专用）》（见附录二）与"需求侧：师范毕业生专业能力结构调查问卷"的指标体系、结构分布和题目数量基本相同，问卷共由两个部分组成：

第一部分为基本信息，涉及性别、学段、年龄、教师身份、学校位置、任教科目等，共 9 个题目及选项。

第二部分是师范毕业生专业能力要素的重要程度调查，共有 34 个题项。这些题项根据表 2-2 结构要素编制，与《需求侧：师范毕业生专业能力结构调查问卷（教师专用）》的数量和内容相对应。

调查问卷参考李克特 5 级量表设置不同等级的选项，其中：1 分表示"很不重要"；2 分表示"不重要"；3 分表示中间状态；4 分表示"重要"；5 分表示"很重要"。调查对象是中小学管理者，由被调查者根据李克特 5 点计分法对师范毕业生专业能力要素的重要程度进行判断。收集中小学校对师范毕业生专业能力的需求数据。通过问卷调查了解中小学校对师范毕业生专业能力结构的需求，一方面了解中小学校管理者对师范生专业能力各要素的重要性认知和评价；另一方面验证中小学需要的师范生能力结构及其构成要素。

3. 需求侧：师范生专业能力需求和满意度访谈提纲（管理者访谈专用）

访谈共设计 4 个问题，都为开放性问题（详见附录六），问题的问答会根据自然情景的变化有所变动。通过与校长及其他管理者深度访谈，了解校长及其他管理者对师范毕业生专业能力的需求和满意度，了解当前中小学需要的是什么样的教师，比较看重的要素有哪些，满意与不满意的要素有哪些。

4. 需求侧：师范生专业能力需求情况访谈提纲（学生访谈专用）

访谈共设计 3 个问题，都为开放性问题（详见附录六）。考虑到学生认知水平，为便于学生理解"师范生"身份，笔者将访谈提纲中的"师范生"换成"实习教师"，并在访谈前给中小学生解释清楚"实习教师"指的是地方院校分派到各中小学支教或实习的教师。笔者通过与中小学生深度访谈，了解学生对实习教师的需求和满意度，了解当前中小学需要的是什么样的教师，比较看重的要素有哪些，满意与不满意的要素有哪些。

（二）供给侧层面

供给侧调查工具类型，如表 3-2 所示。

表 3-2　调查工具类型及名称（供给侧）

工具类型	工具名称
调查问卷	《供给侧：师范生专业能力结构调查问卷（教师专用)》《供给侧：师范生专业能力结构调查问卷（师范生专用)》《供给侧：师范生培养过程现状调查问卷（师范生专用)》
访　谈	《供给侧：师范生专业能力现状访谈提纲（教师专用)》

1. 供给侧：师范生专业能力结构调查问卷（教师专用）

根据表 2-2 师范生专业能力 34 个构成要素，自编《供给侧：师范生专业能力结构调查问卷（教师专用)》（见附录三），问卷共由两个部分组成：

第一部分为基本信息，主要包括性别、高校类型、专业类型等，共 10 个题项。

第二部分是师范生专业能力构成要素重要性调查，共有 34 个题项。这些题项均根据表 2-2 能力构成要素编制，与需求侧《师范毕业生专业能力结构调查问卷》数量和内容相对应。

调查问卷采取李克特 5 级量表。调查对象是地方院校管理者和师范类专业任课教师。调查中让受访者对上述 34 项能力的重要性进行评价和打分，即您认为以下专业能力对一名师范生的重要程度是？1 分=非常不重要；2 分=不重要；3 分表示中间状态；4 分=重要；5 分=非常重要。通过这些问题，主要了解师范生专业能力要素重要性的客观评价，考察供给侧比较重视师范生的哪些专业能力。最后收集供给侧师范生专业能力构成要素数据，并进行因子分析，探索地方院校认知的师范生专业能力结构。

2. 供给侧：师范生专业能力结构调查问卷（师范生专用）

根据表 2-2 师范生专业能力 34 个构成要素，自编《供给侧：师范生专业能力结构调查问卷（师范生专用)》（见附录四）。问卷共由两个部分组成：

第一部分是基本信息，主要涉及性别、民族、年龄、学校名称、学位类型、专业类别等，共有 7 个题目及选项。

第二部分是师范生专业能力构成要素重要性调查，共有 34 个题项。这些题项均根据表 2-2 能力构成要素编制，与需求侧《师范毕业生专业能力结构调查问卷》数量和内容相对应。

调查问卷采取李克特5级量表。调查对象是地方院校师范类专业学生。调查中让受访者对上述34项能力的重要性进行评价和打分，即你认为要成为一名教师，以下专业能力的重要程度是？1分表示"很不重要"；2分表示"不重要；"3分表示中间状态；4分表示"重要"；5分表示"很重要"，借以考察师范生比较重视哪些专业能力。通过调查，一方面了解师范生对专业能力结构的认知情况；另一方面为探索地方院校认知的师范生专业能力结构，为解析供需两侧师范生专业能力结构差异与整合要素提供数据参考。

3.供给侧：师范生培养过程现状调查问卷（师范生专用）

调查问卷参考华东师范大学丁钢老师编制的《在校师范生培养过程调查问卷》（A卷），经过题项删除、修改与增加，形成《师范生培养过程现状调查问卷》（见附录五），该问卷共由五个部分组成：第一部分是基本信息，主要涉及性别、民族、年龄、独生子女、担任学生干部、学校名称、学位类型、专业类别等，共有16个题目及选项。第二部分高校层面，包括课程与教学、教学技能、实习见习、管理制度与办学条件、服务保障、师资水平、课外活动7个方面。第三部分是学习动力与心理素养，包括自我效能感、学习投入和群体互动等相关内容。第四部分是政府与社会支持，包括政府、中小学、社会培训机构的支持和社会认可度。第五部分是培养成效，包括教师精神、知识结构、教书育人能力和通用能力等相关内容。

调查问卷中既有单项选择题，也有多项选择题。该问卷的调查对象是地方院校师范类专业毕业班学生。由被调查者根据实际情况进行评价。通过问卷调查，了解师范生培养过程的现状，收集相关数据，用于第五章"地方院校师范生专业能力的影响因素研究"，从而解析供需两侧相关利益主体在师范生培养过程中发挥的作用，发现问题所在。另外，第五部分培养成效的数据还用于第四章第三节"供需整合的师范生专业能力结构的验证"，以验证理论结构模型是否具有稳定性和科学性。

4.供给侧：师范生培养现状访谈提纲（教师专用）

访谈提纲共设计3个问题，均为开放性问题（详见附录六）。询问与回答方式也比较开放，每个问题的问答会根据自然情境的变化有所变动。笔者通过与地方院校管理人员、师范类专业任课教师的深度访谈，了解师范生培养现状，发现问题所在，为师范教育改革与发展提供参考借鉴。

（三）调查工具和资料收集来源

需求侧和供给侧调查工具类型和资料收集来源，如下图 3-2 所示：

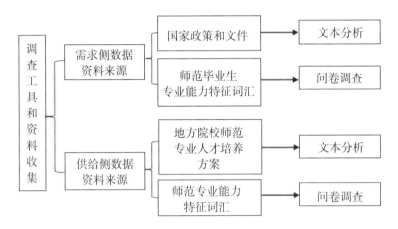

图 3-2　调查工具和资料收集

1.需求侧数据资料来源：通过收集国家相关政策和文件文本进行文本分析，得到国家要求的师范生专业能力结构；基于教师专业发展理论和文献海选的 34 个师范生专业能力特征词汇，进行中小学实证调查与分析，得到中小学需要的师范生专业能力结构。

2.供给侧数据资料来源：通过收集地方院校师范专业人才培养方案进行文本分析，得到人才培养方案定位的师范生专业能力结构；基于教师专业发展理论和文献海选的 34 个师范生专业能力特征词汇，进行地方院校实证调查分析，得到地方院校认知的师范生专业能力结构。

三、研究过程

研究过程包括前期准备、样本选取、问卷及访谈实施、资料统计与分析4 个步骤。

(一) 前期准备

首先，通过搜集和查看相关文献资料，了解与课题相关的发展现状、理论架构和师范生专业能力构成要素。其次，编制初始问卷和访谈提纲，多次征求专家意见，删除问卷和访谈设计稿中不合理部分，补充重要的问题，修改问题的提法和措辞，形成正式的《需求侧：师范毕业生专业能力结构调查问卷》《供给侧：师范生专业能力结构调查问卷》《师范生专业能力需求和满意度访谈提纲 (中小学管理者访谈专用)》《师范生专业能力需求情况访谈提纲 (中小学生访谈专用)》和《师范生专业能力现状访谈提纲 (大学教师专用)》。第三，参考华东师范大学丁钢教授团队设计的《在校师范生培养过程调查问卷》 (A 卷)，结合供需两侧的预调查分析，归类题项并删减、修正测量题目，形成一组题目精炼彼此相关较大的变量，得到《师范生培养现状调查问卷 (师范生专用)》。

(二) 样本选取

本研究的实证调查包括供给侧和需求侧两部分。需求侧调研选取的样本是甘肃若干市、县、乡镇、农村中小学校的管理者和教师。供给侧调研选取的样本是甘肃 9 所地方院校管理人员和师范类专业任课教师以及师范类专业专科、本科师范毕业生和教育硕士。抽样方案见表 3-3 和表 3-4 所示。

表 3-3　需求侧抽样方案

问卷名称	抽样对象	样本量
需求侧：师范毕业生专业能力结构调查问卷 (教师专用)	兰州市：师大附二中、二十七中、银滩路小学、刘家堡小学；永登县：民乐乡中学；天水市：天水市一中、新华门小学；嘉峪关：嘉峪关一中；酒泉市：酒泉一中、东苑中学；金塔县：金塔第三中学；定西市：东方红中学、福台高中、定西西关小学、中华路中学、景家店学校；通渭县：碧玉学校、第二中学、第三中学、平襄中学、通和中学、思源实验学校、通渭西关小学、文庙街小学	1631

续表

问卷名称	抽样对象	样本量
需求侧：师范毕业生专业能力结构调查问卷（管理人员专用）	三期校长"国培计划"班的学员以及兰州市、定西市、通渭县的部分中小学校长、副校长和其他管理者（包括教导主任、总务处主任、政教处主任等）	465

表3-4　供给侧抽样方案

问卷名称	抽样对象	样本量
供给侧：师范生专业能力结构调查问卷（教师专用）	西北师范大学、天水师范学院、西北师范大学知行学院、甘肃民族师范学院、陇东学院、兰州城市学院、河西学院、陇南师范高等专科学校、定西师范高等专科学校的管理人员和师范类专业任课教师	948
供给侧：师范生专业能力结构调查问卷（师范生专用）	西北师范大学、天水师范学院、西北师范大学知行学院、甘肃民族师范学院、兰州城市学院、陇东学院、河西学院、陇南师范高等专科学校、定西师范高等专科学校的汉语言文学、数学、英语、思政、历史、地理、物理、化学、生物、教育技术、体育、音乐、美术等师范类专业专科生、本科生和教育硕士	2265
供给侧：师范生培养过程现状调查问卷（师范生专用）	西北师范大学、天水师范学院、西北师范大学知行学院、甘肃民族师范学院、兰州城市学院、陇东学院、河西学院、陇南师范高等专科学校、定西师范高等专科学校的汉语言文学、数学、英语、思政、历史、地理、物理、化学、生物、教育技术、体育、音乐、美术等师范类专业专科生、本科生和教育硕士	2265

（三）问卷及访谈实施

在正式实施大样本问卷调查之前，首先进行小样本预调查，将回收的数据和资料加以整理和分析。经检验，5份问卷信效度均良好。在正式调查中，按实际条件和情况，有步骤、有计划地从需求侧和供给侧分开调查。

对需求侧的调研分三次进行：2018 年 7 月至 8 月在甘肃省中小学教师国培计划班进行调研；2019 年 3 月和 4 月在甘肃省中小学校长国培计划班进行调研；2019 年 4 月至 5 月在甘肃省兰州市、酒泉市、嘉峪关市、天水市、定西市等地乡镇、县级和市级初中小学进行调研，了解中小学管理者和普通教师对师范生专业能力结构的需要。

对供给侧的调研，则于 2019 年 6 月至 7 月间进行，分别赴西北师范大学、天水师范学院、甘肃民族师范学院、兰州城市学院、陇东学院、河西学院、陇南师范高等专科学校、定西师范高等专科学校开展问卷调研与访谈，了解师范生专业能力结构情况和培养过程现状。

（四）资料统计与分析工具

问卷数据信息的输入采用 EXCELL 统计，数据分析采用 Spss21.0 软件和 Amos21.0 软件。

四、数据收集与整理

（一）问卷数据收集与整理

本研究分需求侧和供给侧两部分进行调研，对数据进行收集与整理，具体见表 3-5 和表 3-6。

表 3-5　数据收集一览表（需求侧）

序号	问卷名称	调查对象	发放份数	回收份数	合格份数	合格率
1	需求侧：师范毕业生专业能力结构调查问卷	教师	1700	1631	1631	95.9%
2	需求侧：师范毕业生专业能力结构调查问卷	管理人员	470	470	465	98.9%

表 3-6　数据收集一览表（供给侧）

序号	问卷名称	调查对象	发放份数	回收份数	合格份数	合格率
1	供给侧：师范生专业能力结构调查问卷	教师	1000	948	948	94.8%
2	供给侧：师范生专业能力结构调查问卷	师范生	2300	2265	2265	98.5%
3	供给侧：师范生培养现状调查问卷	师范生	2300	2265	2265	98.5%

根据回收的问卷进行 EXCELL 统计，运用 Spss21.0 软件，采用探索性因子分析法和验证性因子分析法，探索与验证需求侧师范毕业生专业能力结构情况和供给侧师范生专业能力结构情况。利用师范生培养过程现状数据，采用结构方程模型，深入剖析地方院校师范生专业能力影响因素，从关键影响因素入手，加强供需衔接，提升师范生教育质量。

（二）访谈资料收集与整理

本研究采用多种方式与研究者进行访谈，通过与他们通过面谈、打电话、QQ、微信和邮件进行沟通与交流，深入了解他们的各方面情况，得到电话录音、QQ 聊天记录和笔记等相关的数据资料，并对其进行整理，得到论文写作需要的访谈资料。

五、调查对象基本情况描述

（一）问卷调查对象基本情况描述

本研究问卷调查样本量较大，涉及类型较多，笔者分别从需求侧和供给侧对调查对象的基本情况进行描述。

1.需求侧：调查对象基本情况描述

需求侧的调查共有两部分：第一部分是关于中小学教师对师范毕业生专业能力结构的调查。第二部分是关于中小学管理者对师范毕业生专业能力结构的调查。调查对象基本情况的描述见表 3-7 和 3-8 所示。

表 3–7　《师范毕业生专业能力结构调查问卷（教师）》调查对象基本情况（单位/人）

变量名	类别	人数	百分比	总数
性别	男	791	48.50%	1631
	女	840	51.50%	
学段	小学	492	30.17%	1631
	初中	584	35.81%	
	高中	541	33.17%	
	兼任	14	0.86%	
年龄	18—25 岁	6	0.37%	1631
	26—30 岁	90	5.52%	
	31—40 岁	902	55.30%	
	41—50 岁	456	27.96%	
	51—60 岁	175	10.73%	
	60 岁以上	2	0.12%	
学校位置	农村	25	1.53%	1631
	乡（镇）	101	6.19%	
	县（区）	802	49.17%	
	市/州	703	43.10%	
学校类型	独立小学	397	24.34%	1631
	独立初中	492	30.17%	
	独立高中	545	33.42%	
	完全中学	5	0.31%	
	九年一贯制	192	11.77%	
任教科目	主课类	941	57.69%	1631
	文科类	239	14.65%	
	理科类	201	12.32%	
	文体技术类	250	15.33%	

（注：“兼任”指既担任初中教学任务又担任小学教学任务的教师。）

从表3-7调查对象基本情况描述可知：（1）男、女教师人数占比各占一半，中青年教师人数占比为89%。（2）小、初、高的教师人数占比分别为：30.17%、35.81%、33.17%。（3）独立小学、独立初中、独立高中、九年一贯制学校、完全中学的教师人数占比分别为：24.34%、30.17%、33.42%、11.77%、0.31%；县城和市区教师人数占比为92.27%，乡镇和农村的教师人数占比为7.72%。（4）主课类科目（语数外）教师人数占比为57.69%；理科类（物理、化学、生物）、文科类（思政、历史、地理）、文体技术类（体育、音乐、美术、舞蹈、信息技术）的教师人数占比分别为：14.65%、12.32%、15.33%。

表3-8　《师范毕业生专业能力结构调查问卷（管理者）》调查对象基本情况（单位/人）

变量名	类别	人数	百分比	总数
性别	男	307	66.0%	465
	女	158	34.0%	
学段	小学	254	54.6%	465
	初中	110	23.7%	
	高中	101	21.7%	
年龄	31—40岁	158	34.0%	465
	41—50岁	247	53.1%	
	51—60岁	60	12.9%	
教师身份	校长	51	10.9%	465
	副校长	103	22.2%	
	其他管理者	311	66.9%	
学校位置	农村	156	33.5%	465
	乡（镇）	136	29.2%	
	县（区）	159	34.2%	
	市/州	14	3.0%	
任教科目	主课类	298	64.1%	465
	文科类	118	25.4%	
	理科类	14	3%	
	文体技术类	35	7.5%	

从表 3-8 调查对象基本情况描述可知：（1）男、女教师人数占比分别为：66%、34%。小、初、高的教师人数占比分别为 54.6%、23.7%、21.7%。（2）县城和市区教师人数占比为 66.5%，农村教师人数占比为 33.5%。（3）31—40 岁教师、41—50 岁教师、51—60 岁教师人数占比分别为：34.0%、53.1%、12.9%。（4）主课类科目（语数外）教师人数占比为 58%；理科类（物理、化学、生物）、文科类（思政、历史、地理）、文体技术类（体育、音乐、美术、舞蹈、信息技术）教师人数占比分别为：64.1%、3%、25.4%、7.5%。

2.供给侧：调查对象基本情况描述

供给侧的调查共有三部分：第一部分是关于教师对师范生专业能力结构的评价。第二部分是关于师范生对自身专业能力结构的评价。第三部分是关于师范生对培养现状的评价。研究对象分别是教师和学生，基本情况描述见表 3-9、表 3-10 和表 3-11 所示。

表 3-9　《师范生专业能力结构调查问卷（教师）》调查对象基本情况（单位/人）

变量名	类别	人数	百分比	总数
性别	男	414	43.67%	948
	女	534	56.33%	
学科	文科类	633	66.77%	948
	理科类	315	33.23%	
职称	未评级	69	7.28%	948
	助教	68	7.17%	
	讲师	318	33.54%	
	副高	305	32.17%	
	正高	83	8.76%	
	其他	105	11.08%	
学位	学士	216	22.78%	948
	硕士	519	54.75%	
	博士	140	14.77%	
	其他	73	7.70%	

续表

变量名	类别	人数	百分比	总数
学校名称	西北师范大学	97	10.23%	948
	天水师范学院	52	5.49%	
	西北师范大学知行学院	40	4.22%	
	陇东学院	129	13.61%	
	甘肃民族师范学院	183	19.30%	
	兰州城市学院	127	13.40%	
	河西学院	195	20.57%	
	陇南师范高等专科学校	100	10.55%	
	定西师范高等专科学校	25	2.53%	

表 3-9 调查对象基本情况描述显示：（1）男、女教师人数占比分别为 43.67%、56.33%，文科类教师人数占比为 66.77%，理科类教师人数占比为 33.23%。（2）本、硕、博学位的教师人数占比分别为：22.78%、54.75%、14.77%，硕博学位教师人数占比为 69.52%，刚达到师范类专业认证二级标准的要求（硕博学位不低于 60%）；拥有高级职称、讲师职称的教师人数占比分别为 40.93%、33.54%。（3）教师样本几乎覆盖甘肃省设置师范专业的所有地方院校。

表 3-10 《师范生专业能力结构调查问卷（师范生）》调查对象基本情况（单位/人）

变量名	类别	人数	百分比	总数
性别	男	589	26.00%	2265
	女	1676	74.00%	
民族	少数民族	427	18.85%	2265
	汉族	1838	81.15%	
学校名称	西北师范大学	479	21.15%	2265
	天水师范学院	150	6.62%	
	西北师范大学知行学院	124	5.47%	
	陇东学院	356	15.72%	

续表

变量名	类别	人数	百分比	总数
学校名称	甘肃民族师范学院	314	13.86%	2265
	兰州城市学院	302	13.33%	
	河西学院	334	14.75%	
	陇南师范高等专科学校	126	5.56%	
	定西师范高等专科学校	80	3.53%	
学历类型	专科	216	9.54%	2265
	本科	1973	87.11%	
	教育硕士	76	3.36%	
专业类别	主课类	1044	46.09%	2265
	文科类	359	15.85%	
	理科类	457	20.18%	
	文体技术类	162	7.15%	
	小学教育	243	10.73%	

　　表3-10调查对象基本情况描述表明：（1）女生人数是男生人数的3倍；汉族学生人数是少数民族人数的4倍多。（2）学校样本几乎覆盖甘肃省设置师范专业的所有地方院校。调查对象中，教育硕士人数占比为3.36%，本科生人数占比为87.11%，专科生人数占比为9.54%（专科生基本来源于陇南师专和定西师专）。（3）主课类科目（语、数、外）的学生人数占比为46.09%；文科类（思政、历史、地理）、理科类（物理、化学、生物）、文体技术类（体育、音乐、美术、舞蹈）、小学教育的学生人数占比分别为：15.85%、20.18%、7.15%、10.73%。

表 3–11　《师范生培养现状调查问卷（师范生）》调查对象基本情况（单位/人）

变量名	类别	人数	百分比	总数
性别	男	569	25.1%	2265
	女	1696	74.9%	
民族	少数民族	407	18.0%	2265
	汉族	1858	82.0%	
年龄	18—22 岁	1443	63.7%	2265
	23—27 岁	734	32.4%	
	28—35 岁	20	0.9%	
	36 岁以上	31	1.4%	
独生子女	是	333	14.7%	2265
	否	1932	85.3%	
担任学生干部	是	939	41.5%	2265
	否	1326	58.5%	
学校名称	西北师范大学	471	20.8%	2265
	天水师范学院	158	7.0%	
	西北师范大学知行学院	114	5.0%	
	陇东学院	366	16.2%	
	甘肃民族师范学院	316	14.0%	
	兰州城市学院	300	13.3%	
	河西学院	334	14.7%	
	陇南师范高等专科学校	127	5.6%	
	定西师范高等专科学校	79	3.5%	
学历类型	专科	206	9.1%	2265
	本科	1993	88.0%	
	研究生	66	2.9%	
专业类别	主课类	1074	47.4%	2265
	文科类	349	15.4%	
	理科类	447	19.8%	
	文体技术类	157	7%	
	小学教育	238	10.5%	

表 3-11 调查对象基本情况描述表明：（1）女生人数是男生人数的 3 倍；18—27 岁年龄的学生人数占比为 63.7%，23—27 岁年龄的学生人数占比为 32.4%；非独生子女人数占比为 85.3%，独生子女人数占比为 14.7%；汉族学生人数是少数民族人数的 4 倍多。（2）学校样本几乎覆盖甘肃省设置师范专业的所有地方院校；本科生人数占比为 88.0%，专科生人数占比为 9.1%，专科生基本来源于陇南师专和定西师专，研究生（教育硕士）人数占比为 2.9%。（3）主课类科目（语、数、外）学生人数占比为 47.4%；理科类（物理、化学、生物）、文科类（思政、历史、地理）、文体技术类（体育、音乐、美术、舞蹈）、小学教育的学生人数占比分别为：15.4%、19.8%、7%、10.5%。

（二）访谈调查对象情况描述

访谈对象分别来自兰州市师大附二中、兰州市二十七中、永登县民乐乡中学、酒泉市教育局、东苑中学、金塔县教育局、定西市东方红中学、定西西关小学、通渭县碧玉学校、通渭县第三中学、通渭县平襄中学、通渭县通和中学、通渭县思源实验学校、通渭县文庙街小学的师生；西北师范大学、天水师范学院、西北师范大学知行学院、兰州城市学院、陇东学院、河西学院、甘肃民族师范学院、陇南师范高等专科学校、定西师范高等专科学校的教师。访谈对象分布如表 3-12 所示。

表 3-12　需求侧与供给侧访谈对象

	抽样对象	样本量
需求侧	教育局管理人员、校长、副校长、教导主任、普通教师	11
	小学生（3 人）、初中生（3 人）、高中生（3 人）	9
供给侧	西北师范大学、天水师范学院、西北师范大学知行学院、陇东学院、甘肃民族师范学院、兰州城市学院、河西学院、陇南师范高等专科学校、定西师范高等专科学校各 1 人	9

第二节　研究方法

根据研究内容和研究设计，本文采用调查研究法、统计分析法和文本分析法，具体阐述如下：

一、调查研究法

主要使用访谈调查和问卷调查。分别通过设计需求侧层面的《师范毕业生专业能力结构调查问卷（教师专用)》《师范毕业生专业能力结构调查问卷（管理人员专用)》和供给侧层面的《师范生专业能力结构调查问卷（教师专用)》《师范生专业能力结构调查问卷（师范生专用)》《师范生培养过程现状调查问卷（师范生专用)》，对中小学的管理者、教师和地方院校的教务管理者、师范类专业任课教师、师范生进行问卷调查，采用数据分析软件对所得数据资料进行汇总与分析，得到中小学和地方院校对师范生专业能力结构重要性评价数据，并了解师范生专业能力培养过程现状。通过设计需求侧《师范生专业能力需求与满意度情况访谈提纲（管理者访谈专用)》《师范生专业能力需求情况访谈提纲（学生访谈专用)》和供给侧《师范生培养现状访谈提纲（教师专用)》，对访谈对象进行深入访谈，并将访谈资料加以汇总、分析，了解中小学和地方院校对师范生专业能力的需求和满意度现状。

二、统计分析法

统计法是通过观察、调查和实验对所搜集的数据资料进行整理、计算、分析解释和统计检验的原理和方法，通常分为描述性统计和推断统计两大类。[1]下面主要介绍推断统计方面的方法。

---

① 李秉德.教育科学研究方法(第二版)[M].北京:人民教育出版社,2001:145.

(一) 因子分析法

皮尔逊 (K.Pearson) 和斯皮尔曼 (C.Spearmen) 等人于 20 世纪初在人类智力测验的统计分析中首次提出因子分析法,目前在社会学、经济学、心理学和教育学领域广泛使用。因子分析法是一种数据简化或降维技术,是在最少的信息丢失前提下,将众多原有变量浓缩成少数几个相互独立的因子,由因子代替原有变量参与数据分析 (包括综合评价、回归分析、路径分析、判别分析等) 的多元统计方法。[①]它的主要目的有两个:一是探求实测数据的基本结构,找出反映数据本质特征的潜在因子;二是减少变量、简化数据,便于数据建模。因子分析法包括探索性因子分析法和验证性因子分析法。探索性因子分析法的基本步骤:第一,对原始变量进行相关性分析,原有变量之间具有较强的相关关系,则适合做因子分析;第二,求解初始公因子及因子载荷矩阵,得到少数几个因子;第三,因子旋转,使因子具有命名可解释性。验证性因子分析法是在探索性因子分析出的因子结构及其构成要素的基础上,采用 AMOS21.0 软件,验证因子及构成其结构要素是否具有效度。本研究采用探索性因子分析法分析供需两侧的师范生专业能力结构,采用验证性因子分析法验证其结构。在此基础上进行后续的师范生专业能力结构优化的结构方程模型分析。

(二) 结构方程模型

结构方程模型是一种基于变量的协方差矩阵来分析变量之间关系的计量研究技术,是多元数据分析的重要工具。它包括结构模型和测量模型。测量模型由潜在变量和观测变量组成。由于研究中所假设的构想,比如本研究中师范生专业能力、师范生、地方院校、社会等因素,不能直接被测量,所以采用测量模型将所观察的、记录的或测量的数据建构成潜在变量,以反映潜在变量与观测变量之间的线性关系。结构模型目的在于说明师范生、地方院

---

① 杨菊华.数据管理与建模型分析:STATA 软件应用[M].北京:中国人民大学出版社,2012:91.

校、社会等与师范生专业能力间的因果线性关系，除此之外，它还能够解释因果效应以及未能解释的变异。本研究采用此方法考察师范生专业能力提升与师范生、地方院校、社会等潜在变量之间以及不同主体内部结构要素之间的影响关系。

三、文本分析法

文本分析法是以文档、视频文件、音频文件等文本为研究对象，通过集中文本中的字、词、句以及符号来表示。文本分析法的操作步骤包括文本预处理、知识模式提取和最终结果的可视化 3 个阶段。[①]文本预处理工作主要是收集文本、整理加工、提取文本特征，并进行编码，通过该阶段将文本进行概念化和范畴化。知识模式提取工作主要是通过文本分类、文本聚类、关系抽取、趋势分析等分析技术，提取出符合需要的可理解的知识。最终结果的可视化是指将知识以一种易于理解的方式呈现给读者。

本研究根据文本分析方法的原理和解析步骤，借助 NVivo12.0 分析软件，对供给侧收集的地方院校师范类专业人才培养方案和需求侧收集的国家颁布的《教育法》《教师法》《中小学教师专业标准》《中小学教师职业道德规范》《教师教育课程标准（试行）》《师范类专业认证标准》《教师教育振兴行动计划（2018—2022 年）》《教育部关于实施卓越教师培养计划的意见》1.0 和 2.0 版等政策文本资料进行逐级编码，最终建立师范生专业能力结构及其构成要素。

---

① 李尚昊,郝琦.内容分析与文本挖掘在信息分析应用中的比较研究[J].图书馆学研究,2015,(23):37—42.

第四章　地方院校师范生专业能力结构分析

　　师范教育承载着中国教育的未来，地方院校是师范教育的主要阵地。探索和建立供需整合的师范生专业能力结构，能够对师范类专业人才培养、教师队伍建设和师范生成长提供科学的指导。本章分别从供给侧与需求侧对地方院校师范生专业能力结构进行探索与研究，得到国家要求的、地方中小学需要的、符合师范专业人才培养方案定位的、具备地方院校师生认知的师范生专业能力结构及其构成要素，并对所得的能力结构和构成要素进行差异与整合分析，最终建成一个供需整合的师范生专业能力结构。

第一节　地方院校师范生专业能力结构：需求侧分析

　　本部分首先从需求侧主体——国家层面，对师范生专业能力的结构及其构成要素进行客观系统分析，以探究国家要求的师范生专业能力的结构特点。其次从需求侧主体——中小学校视角出发，对师范生专业能力的结构及其构成要素进行主观系统分析，以探究中小学需要的师范生专业能力的结构特点。

一、需求侧师范生专业能力结构——基于国家政策文本分析

　　本部分旨在从需求侧——国家层面，挖掘师范生专业能力结构及其构成要素，并建构基于需求侧的师范生专业能力结构。与以往关于能力结构的研

究不同，本研究采用文本分析法，对国家相关政策文本进行编码与分析。首先，以习近平总书记提出的关于"四有好老师""四个引路人"等为指导，收集国家颁布的《教育法》《教师法》《中小学教师专业标准》《中小学教师职业道德规范》《教师教育课程标准（试行）》《师范类专业认证标准》《教师教育振兴行动计划（2018—2022年）》《关于实施卓越教师培养计划的意见》1.0版和2.0版等政策文本（见附录七），对文本信息进行整理，形成了本研究所用数据。其次，是词频粗略统计，以确定热点及其变化趋势。再次，仔细阅读文本资料，对政策本文进行标注和编码，形成子节点，运用可视化工具呈现师范生专业能力的结构及其构成要素。最后，进一步对父子节点和主范畴进行分析，挖掘并建构需求侧师范生专业能力结构及其构成要素。

（一）基于政策文本的词频分析

词频分析是对各类文本中出现的重要词汇的频次进行统计与分析，是文本挖掘的重要手段。它的基本原理是根据词汇出现的频次数量及变化，来确定研究热点及其变化趋势，是文献计量学中常用的和具有代表性的一种文本分析方法。[①]词频分析的操作步骤是检索数据、整理加工、提取词汇、统计分析。目前词频分析工具种类繁多且分析过程各不相同，利用不同的分析软件处理相同的数据所得结果也截然不同。本研究采用的词频分析工具是目前常用的质性数据分析软件 NVivo12.0，这是一款支持混合研究方法和定性研究方法的文本分析软件，适用于多种文本、文献资料的数据分析。

采用 NVivo12.0 分析软件，导入整理后的政策文本资料，通过查询-词频功能进行词频统计与分析，得到词频统计列表（见表 4-1）和词语云（见图4-1）。所谓"词语云"，也称为"词云"，就是过滤掉大量文本信息，将文本中出现的高频词汇以直观的视觉效果展示出来，形成"关键词云层"，便于阅

---

① 王米雪,张立国.我国智慧教育领域的研究热点与发展趋势分析——基于词频分析法、共词聚类法和多维尺度分析法[J].现代教育技术,2017,27(03):41—48.

读者快速捕捉和领略文本的主旨。[①]

表 4-1　基于政策文本的词频统计列表

序号	单词	长度	计数	加权百分比(%)	序号	单词	长度	计数	加权百分比(%)
1	教育	2	452	4.47	11	学科	2	118	1.20
2	教学	2	268	2.92	12	工作	2	160	1.19
3	实践	2	329	2.66	13	标准	2	110	1.17
4	教师	2	217	2.36	14	要求	2	118	1.15
5	课程	2	160	1.74	15	学生	2	104	1.13
6	学习	2	153	1.67	16	师范生	3	99	1.08
7	发展	2	143	1.47	17	能力	2	71	0.77
8	专业	2	139	1.33	18	知识	2	69	0.75
9	评价	2	117	1.28	19	了解	2	89	0.74
10	指导	2	155	1.23	20	方法	2	86	0.70

图 4-1　基于政策文本的词语云

① 佟德志.计算机辅助大数据政治话语分析[J].国家行政学院学报,2017,(01):31—33.

由表 4-1 和图 4-1 可见，政策文本中出现频次最高的前 20 个词语依次是：教育、教学、实践、教师、课程、学习、发展、专业、评价、指导、学科、工作、标准、要求、学生、师范生、能力、知识、了解、方法。其中，频次最高的三个词汇：一是"教育"，指学会教书、学会育人，综合育人，促进学生全面发展；二是"教学"，指注重教学能力，包括教学基本技能、教学设计、教学组织与实施能力、教学评价能力、教学研究能力等；三是"实践"，指"实践"能力，即"上得了讲台，带得了学生"。这些能力都要求师范生能够快速地适应新教师角色，胜任教师工作岗位。

据政策的文本分析发现，国家还特别重视学生学习和专业发展。这就要求地方院校要以学生为中心，尊重学生个性发展，为学生创设良好的学习环境，营造积极的学习氛围，促进学生全面发展。

（二）基于文本分析法的需求侧师范生专业能力结构研究

为了进一步探究基于需求侧——国家视角的师范生专业能力结构，笔者采用文本分析方法，对国家颁布的教师标准、合格新教师、卓越教师等相关政策文本进行挖掘分析，尝试探索国家要求的师范生专业能力结构。

本研究基于文本分析方法的原理与步骤，将政策文本数据导入到 NVivo12.0 分析软件。

1. 文本预处理

文本预处理，是将收集回来的文本进行整理，编码，提取文本特征，是对原始资料进行概念化和范畴化的过程，也叫开放式编码的过程。为保证文本编码结果的信效度，编码时由两位文本处理者单独进行作业。首先两位文本处理者要本着一种开放的心态，保持所有资料的原始状态进行编码，在编码过程中要尽量抛开自己的研究定向，摒弃个人看法，打散文本资料，赋予概念，再以新的方式重新组合起来。编码的目的是从资料中发现概念类属，对类属加以命名，确定类属的属性和维度，然后对研究现象加以命名及类属化。

本研究针对国家相关政策文本，进行逐字逐句的仔细分析，尽量使用有关政策的原话作为标签，挖掘初始概念，以减少研究者个人的看法、影响或定向，同时做好分析备忘录。经此步骤，笔者共得到 389 条原始语句及相应的初始概念。在开放式编码中发现，国家政策文本中使用的概念指向性比较强。例如，较常出现的概念有师德师风、了解学生的特点和照顾个体差异能力、综合育人、学科知识、教学设计、教学组织与实施能力、学业评价、教育情怀、仁爱之心、教学能力等。

由于初始概念的数量较多且存在一定程度的交叉，本研究进一步对获得的初始概念进行范畴化。对节选初始概念重复频次 3 次以上的范畴参考点的频次统计进行排序，得到结果如表 4-2 所示。根据范畴在原始资料中出现的频次多少，可以大致了解当前国家对师范生专业能力的要求。

表 4-2 开放式编码的范畴频次统计（国家政策文本）

范畴	参考点频次	范畴	参考点频次
师德师风	42	教育学和教学法知识	8
了解学生特点和照顾个体差异能力	23	运用多媒体技术手段的能力	8
学科专业知识	22	国内外基础教育改革与发展动态	7
沟通与合作	22	学生心理辅导知识	7
仁爱之心	22	责任心	7
班主任技能	16	创新能力	6
教学组织与实施能力	16	中小学学科课程标准与教材	6
综合育人能力	16	教师职业生涯规划能力	6
终身学习能力	16	解决实际问题的能力	6
自然、人文、社会科学知识和地方文化知识	13	人格魅力	6
教学设计技能	13	学生学习与教学策略知识	4
教育情怀	13	语言表达能力	4
职业理想信念	13	身心素质	4
教师专业发展	12	我国教育政策与法规	3
中小学教学方法	11	学生与班级管理知识	3
反思能力	10	书写能力	3
教学研究能力	10	先进教学理念	2
学生评价方法	9		

由表 4-2 可见，按照频次高低排序，目前国家较为重视的前 9 项能力是：师德师风、了解学生的特点和照顾个体差异能力、学科专业知识、沟通与合作、仁爱之心、班主任技能、教学组织与实施能力、综合育人能力、终身学习能力等能力。

在以上 9 项能力中，国家对教师的师德师风、仁爱之心最为重视。习近平总书记曾多次强调师德师风和仁爱之心的重要性。2014 年教师节习近平总书记在北京大学提出，广大教师要做有理想信念、有道德情操、有扎实知识、有仁爱之心的好老师。2016 年习近平总书记在全国高校思想政治工作会议中提出要加强师德师风建设，引导广大教师以德立身、以德立学、以德施教。2018 年习近平总书记在北京大学师生座谈会上强调，师德师风建设应该是每一所学校常抓不懈的工作。《中小学教师专业标准》《师范类专业认证实施办法（暂行）》《新时代教师队伍建设改革的意见》等多个文本中也多次强调师德的重要性。

其次是学科专业知识。知识传授是教师的根本职责。俗话说"给学生一杯水，教师要有一桶水"。教师要教好学生，首先自己必须要有比学生更丰富的知识。师范生是未来的教师，要与时俱进，不断获取新知识、新方法，汲取大千世界之精华，丰富自己的知识储备，更新自己的知识结构。

再次是沟通与合作的能力。大学与中小学合作、大学与社区合作、教师与学生对话、学生间的沟通与交流，都需要良好的沟通与合作能力。现在的师范生个性特征较为明显，精力旺盛，对工作充满期待和热情，希望表现自己、获得认可，会体现出较强的与人沟通的意愿和行动。

综合育人能力和终身学习能力也是国家较为重视的能力。也就是说，国家希望地方院校秉持"德才并育、知行合一"教育理念，同时还注重培养师范生学会育人和终身学习能力。

虽然，《教师教育课程标准（试行）》《新时代教师队伍建设改革的意见》等文本也对师范生"三字一话"教学基本功的强化训练有明确要求。但相对地，国家政策文本对于书写能力的关注还不够。这与信息网络技术高速发展有一定关系。随着互联网、智能手机、多媒体的频繁使用，极大地改变了师范生的生活、学习方式。这在一定程度上弱化了对师范生书写技能的关注和要求。

应当指出，即使在教育信息技术逐步得到推广与普及的情况下，多媒体教学方式还不能完全替代传统教学方式。访谈过程中，某高中王校长反映："多媒体过于频繁地使用也不是一个好事情。有些学科，我们还是以传统方式为主，这样效果会更好一些。如果说我们天天上课像放幻灯片似的，在那个地方展览，让学生看图片，学生印象一点都不深。所以说多媒体只是一种辅助手段，不能把它当作我们的一种教学常态。"

与这位高中校长的意见相似，访谈中另外一位初中校长也认为，书写能力也还是比较重要的。他说："我们招来的师范毕业生，一看形象气质好，性格开朗，乐观积极，学生也非常喜欢，但是嘛，上讲台讲课，把字写出来后，字体与形象气质差个十万八千里，那么在学生心里对这个老师的印象就大打折扣了。我们还是希望高校能重视学生的钢笔字、毛笔字、粉笔字等基本功，并加强书法训练。"

从这两位校长的言论主张，我们应当认识到：虽然国家极力倡导现代教育技术的推广与使用，但并不代表书写能力不重要。在今后师范生培养教育的教学过程和学生管理过程中，我们既要借助信息化技术开展教学活动，也要强化师范生的书写能力训练，从而提升教学效果。

2. 聚类及可视化分析

聚类分析的主要目的是通过对范畴进行提炼、归纳，从而发现和建立概念类属之间的内在逻辑关系，以明晰文本资料中各部分的有机关联。首先利用 NVivo12.0 探索–聚类分析功能，对上述所编译的范畴的节点进行聚类分析，以便更为客观地提炼范畴。根据单词相似性–Jaccard 相关系数计算结果，将相关性较大的节点聚到一起（相同颜色的节点），结果如图 4-2 所示。

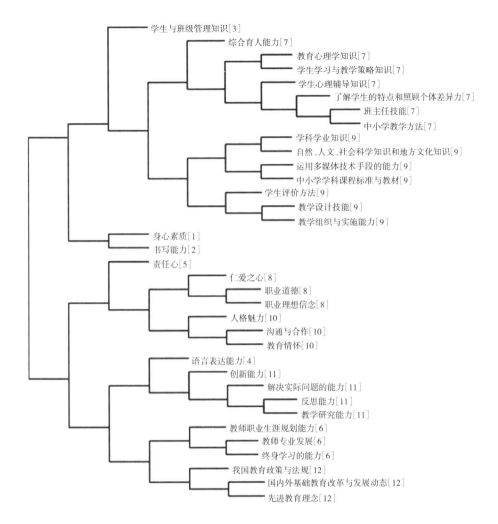

图 4-2　按单词相似性聚类（国家政策文本）

由图 4-2 可见，每个条目后面的数字代表聚类 ID，共有 12 个聚类 ID，基于此，笔者进一步深入分析范畴间的关系，整理归纳形成以下 6 个类属，分别为：

第一类：知识结构，包括学科专业知识、中小学学科课程标准与教材，构成教师知识结构的核心及专业层面。还包括国内外基础教育改革发展的趋势和前沿动态、我国教育政策与法规、先进的教育理念、自然/人文/社会科学知识和地方文化知识等，体现教师既要具备专业基本知识，还要博学多才。

第二类：综合育人能力，包括中小学教学方法的掌握、了解学生的特点和照顾个体差异能力、学生与班级管理知识的掌握与运用、学生学习与教学策略知识的掌握，学生心理辅导知识的掌握、教育心理学知识的掌握、班主任技能等。该类属命名来源于《师范类专业认证》中对综合育人能力的界定：要求未来教师要了解中小学生的身心特点和养成规律，掌握班级组织与建设的基本方法，结合学科教学，能够在班主任工作实践中进行主题教育和社团活动，对学生进行教育和指导。这要求教师不仅要有教书能力，还要有综合育人能力。

第三类：教学能力，包括教学设计技能、教学组织与实施能力、学生评价方法、教育技术手段运用能力等。它涵盖了与教育教学相关的技能，是教师职业能力的基本要求。该类属命名来源于《师范类专业认证》中对教学能力的界定：运用教学知识和多媒体信息技术进行教学设计、实施和评价的能力。

第四类：教师精神，包括教师职业道德、职业理想信念、责任感、教育情怀、人格魅力等，与教师教育观、学生观、教师观紧密相关。该类属命名参照朱旭东研究中教师专业发展的分类。教师精神是内隐性因素，不易测量和表达，但在一定程度上影响着师范生专业能力的形成和发展。其中，职业理想信念、教师职业道德、责任感是教师的精髓；教育情怀、仁爱之心是教师的灵魂；人格魅力是教师要以自己的人格魅力和学识魅力教育感染学生，是教师"身教"的关键。

第五类：通用能力，主要涉及语言表达能力、创新能力、沟通与合作能力、解决实际问题的能力、书写能力、身心素质。这就构成了教学管理过程所需的通用能力。具有良好的身体素质，是教师从事教育教学工作的基本要求；善于调节自我情绪，保持平和心态，是个体成长的一种积极心理素质。之所以将此类命名为通用能力，是因为这些能力几乎是所有职业岗位都希望从业者具备的能力。

第六类：教学发展能力，包括教师职业生涯规划能力、教师专业发展能力、教学研究能力、反思能力、终身学习能力。参照杨晓宏研究中的能力分类与命名，将该类属命名为教学发展能力。[①]教学发展能力是专业能力形成与发展的内在驱动力。

通过聚类分析，可归纳出国家要求的师范生专业能力结构，如表4-3所示。

表4-3 基于政策文本的师范生专业能力结构及其构成要素

维度	要素
教师精神	职业理想信念、教师职业道德、责任感、教育情怀、仁爱之心、人格魅力
知识结构	学科专业知识、中小学学科课程标准与教材、国内外基础教育改革发展的趋势和前沿动态、我国教育政策与法规、先进的教育理念、自然/人文/社会科学知识和地方文化知识
教学能力	教学设计技能、教学组织与实施能力、学生评价方法、运用多媒体技术手段的能力
综合育人能力	了解学生特点和个性差异的能力、中小学教学方法的掌握、班主任技能、学生与班级管理知识的掌握与运用、学生学习与教学策略知识的掌握、学生心理辅导知识的掌握、教育心理学知识的了解
通用能力	语言表达能力、创新能力、沟通与合作能力、解决实际问题的能力、书写能力、身心素质
教学发展能力	教师专业生涯规划能力、教师专业发展能力、教学研究能力、终身学习能力

表4-3显示，本部分建构出一个系统的、基于国家政策本文的师范生专业能力结构理论构架，称之为"国家要求的师范生专业能力结构模型"，共有6个维度，即教师精神、知识结构、教学能力、综合育人能力、通用能力、教学发展能力。该结构共包括34个构成要素。其中，教师精神是师范生专业能力的灵魂；知识结构、通用能力是师范生专业能力的基础条件；教学能力、综合育人能力是师范生专业能力的关键要素；教学发展能力是师范生专业能

---

① 杨晓宏,杨方琦.基于教育技术学专业的卓越中学信息技术教师培养模式研究[J].中国电化教育,2016,(02):94—101.

力的内在要求。

从本质上来说，从国家政策文本分析出的师范生专业能力结构，实际上是一种教师岗位的"胜任力"。换句话说，"国家要求的师范生专业能力结构模型"，即是教师岗位胜任力结构模型。根据其结构特点，本研究将这一模型命名为"教师精神、知识结构、教学能力、综合育人能力、通用能力、教学发展能力"层级结构。

构建这一结构是基于需求侧——国家层面对教师专业能力的要求以及师范类专业学生的要求，是师范生能够胜任"新教师"这一角色，成为一名合格教师所应具有的专业能力结构。研究所得的"教师精神–知识结构–教学能力–综合育人能力–通用能力–教学发展能力"层级结构，同样契合中小学校对师范生的选拔及任用特点。这一特点体现在：中小学校作为人才需求主体，对师范生在某一专业领域知识与技能的需求非常明确，对师范生的个人特质尤其是师德、教育情怀、积极心理特征以及人格魅力更为看重；对师范生技能结构的要求更注重"教书"与"育人"的结合，着重强调教学、实践和育人能力；对师范生知识层面的要求是既要掌握"学科专业"知识，也要学识渊博。

从词频分析和聚类分析的结果来看，国家要求的师范生专业能力结构是以"教学""实践""育人"为本位，同时也十分注重未来教师的基本素养。

二、需求侧师范生专业能力结构——基于中小学调查

笔者基于教师专业发展理论和师范生专业能力结构研究综述，海选出师范生专业能力的 34 个构成要素，如下表 4–4 所示。

表 4–4　师范生专业能力构成要素

序号	指标	序号	指标
1	教育信念	18	反思能力
2	教育情怀	19	运用教育技术手段的能力

续表

序号	指标	序号	指标
3	职业道德	20	中小学教学方法
4	仁爱之心	21	教学研究能力
5	学科专业知识	22	班主任技能
6	中小学学科课程标准与教材	23	了解学生特点和照顾个体差异的能力
7	教育学和教学法知识	24	沟通技能
8	我国教育法规和政策	25	书写能力
9	我国基础教育改革动态	26	语言表达能力
10	自然、人文、社会科学知识和地方文化知识	27	灵活应变能力
11	学生与班级管理知识	28	团队协作能力
12	学生学习与教学策略知识	29	人格魅力
13	学生心理辅导知识	30	自信心
14	教学设计技能	31	责任感
15	教学观察与思辨能力	32	身体素质
16	教学组织与实施能力	33	心理调节能力
17	学生评价方法	34	情绪自控能力

　　在此基础上编制《需求侧：师范毕业生专业能力结构调查问卷（教师专用）》（见附录一）和《需求侧：师范毕业生专业能力结构调查问卷（管理者专用）》（见附录二），对中小学校管理者和普通教师进行问卷调查，得到中小学对师范毕业生专业能力特征词汇的重要程度感知评价数据。

　　由于理论析出的34个构成要素较为全面、具体，数量也较多，为简化数据，笔者按照"先探索后验证"的逻辑思路，先进行探索性因子分析，将众多测量变量归类形成几个相互独立的因子，初步确认测量工具结构因素，再进行验证性因子分析，以检验探索性因子分析得出的因子结构模型是否与实际数据搜集的结果相符，从而全方位地验证中小学需要的师范生专业能力结构及要素的划分是科学的、合理的。为此，笔者根据中小学先后两次的调查数据，将回收的 1631 份《需求侧：师范毕业生专业能力结构调查问卷（教师专用）》数据命名为测试组数据。针对测试组进行内容问卷各题项的探索性因子分析，探索因子结构。再将回收的 465 份《需求侧：师范毕业生专业能力结构调查问卷（管理者专用）》数据命名为验证组数据，对验证组数据进行内容问卷各题项的验证性因子分析，验证相关测度题项的合理性。

（一）探索性因子分析

测试样本的 KMO 值和 Bartlett's 球体检验值是判定样本数据是否适合做因子分析的前提条件。KMO 取值范围在 0—1 之间，KMO 值越接近 1，越适合做因子分析。凯泽（H.Kaiser）认为 KMO 值小于 0.5 时不适合做因子分析，0.6<KMO<0.7 时可以做因子分析，0.7<KMO<0.8 时比较适合做因子分析，当 KMO 值大于 0.9 时非常适合做因子分析。[①]通常情况下，Bartlett's 球体检验主要观察其显著性检验，如果 p 值小于 0.5，则认为适合因子分析。采用 Spss21.0 软件，运行因子分析，检验结果见表 4-5。

表 4–5　探索性因子分析样本的 KMO 和 Bartlett's 球体检验（测试组）

KMO 和巴特利特检验		
KMO 取样适切性量数	0.979	
Bartlett's 的特球形度检验	近似卡方	68255.412
	自由度	276
	显著性	.000

表 4-5 显示，测试组中的 KMO 值为 0.979，说明变量间的关系是极佳的。Bartlett's 球形检验卡方值为 68255.412（df 值为 276），其显著性水平 P=0.000<0.05。说明所有变量的相关矩阵有共同因素存在，变量非常适合做因子

---

① 张屹,周平红.教育研究中定量数据的统计与分析[M].北京:北京大学出版社,2015:161.

分析。随后对测试组数据进行因子探索、因子旋转、因子命名。

采用主成分分析法，求得因子初始解，按照特征值大于 1 提取公因子，运用极大方差法进行正交旋转，选取因子负荷大于 0.5 且不存在交叉负荷（即不在两个因素上都有超过 0.5 的负荷的标准提取因子）的项目，并保留项目数大于 2 的因子，通过多次探索因子分析，删除"教育信念""教育学和教学法知识""学生评价方法""反思能力""运用教育技术手段的能力""中小学教学方法""教学研究能力""自信心""责任感"9 个题项，最终归为四个因子，得到主因子特征值及百分比（具体见表 4-6）和主因子旋转成分矩阵及负荷系数（具体见表 4-7），各个题项的因子都符合因子提取标准。

表 4-6　总方差解释（测试组）

成分	初始特征值			旋转载荷平方和		
	总计	方差百分比	累计（%）	总计	方差百分比	累计（%）
1	16.808	70.032	70.032	6.651	27.715	27.715
2	1.720	7.165	77.197	6.026	25.107	52.822
3	1.228	5.115	82.312	4.782	19.925	72.747
4	1.100	4.585	86.897	3.396	14.150	86.897

表 4-6 显示，共抽取到 4 个公因子，4 个因子的累积解释变量为 86.896%，说明 4 个因子对研究问题的解释力度为 86.896%。

表 4-7　测试组师范生专业能力探索性因子分析结果（N=1631）

能力特征	1	2	3	4
教育情怀（Q1_2）				0.710
职业道德（Q1_3）				0.766
仁爱之心（Q1_4）				0.808
学科专业知识（Q2_1）		0.538		
中小学学科课程标准与教材（Q2_2）		0.790		

续表

能力特征	1	2	3	4
我国教育法规和政策（Q2_4）		0.844		
我国基础教育改革动态（Q2_5）		0.760		
自然、人文、社会科学知识和地方文化知识（Q2_6）		0.716		
学生与班级管理知识（Q2_7）		0.627		
学生学习与教学策略知识（Q2_8）		0.734		
学生心理辅导知识（Q2_9）		0.804		
教学设计技能（Q3_1）			0.789	
教学观察与思辨能力（Q3_2）			0.817	
教学组织与实施能力（Q3_3）			0.766	
班主任技能（Q3_9）			0.760	
了解学生特点和照顾个体差异能力（Q3_10）			0.673	
书写能力（Q4_2）	0.782			
语言表达能力（Q4_3）	0.733			
灵活应变能力（Q4_4）	0.849			
团队协作能力（Q4_5）	0.834			
人格魅力（Q4_6）	0.700			
身体素质（Q4_9）	0.749			
心理调节能力（Q4_10）	0.784			
情绪自控能力（Q4_11）	0.756			

　　从表4-7可见，测试组共析出4个有效公因子，第一主因子命名为"通用能力"，是通用能力和身心素质的组合，包含8个题项；第二主因子命名为"知识结构"，涉及学科知识和条件性知识，包含8个题项；第三主因子命名为"教书育人能力"，涉及教学能力和育人能力，包含5个题项；第四主因子命名为"教师精神"，包含3个题项。

（二）信度检验

信度，是指测量结果的稳定性与可靠性程度，主要衡量、检验结果的一贯性、一致性、再现性和稳定性。[1]信度检验通常采用度量–可靠性分析，以判定量表设计是否具有可信度和可靠性，主要衡量、检验问卷的一贯性、一致性、再现性和稳定性。目前常用的内部一致性信度检验法为克隆巴赫系数（Cronbach's Alpha）法。克莱恩（R.B.Kline）指出，克隆巴赫系数在 0.9 以上是最佳的；0.8 附近是非常好的；0.7 附近则是适中的；0.5 以上是最小可以接受的。[2]由于探索性因子分析删除了部分变量，为检验师范生专业能力结构量表的测量稳定性与可靠性，本研究采用分量表与总量表的相关性和内部一致性信度来检验问卷设计的信度。

采用 Spss21.0 软件，对需求侧师范生专业能力结构问卷进行题项–总计相关分析和内部一致性信度检验，结果如表 4–8 所示。

表 4–8　样本的信度检验（N=465）

维度	能力特征	题项–总计相关系数（CICT）	Cronbach's
教师精神	教育情怀（Q1_2）	0.790**	0.981
	职业道德（Q1_3）	0.796**	
	仁爱之心（Q1_4）	0.799**	
知识结构	学科专业知识（Q2_1）	0.879**	0.977
	中小学学科课程标准与教材（Q2_2）	0.897**	
	我国教育法规和政策（Q2_4）	0.879**	
	我国基础教育改革动态（Q2_5）	0.905**	
	自然、人文、社会科学知识和地方文化知识（Q2_6）	0.871**	
	学生与班级管理知识（Q2_7）	0.921**	
	学生学习与教学策略知识（Q2_8）	0.919**	
	学生心理辅导知识（Q2_9）	0.899**	

---

[1]　赵映川.大学生慕课满意度及其影响因素的调查研究[J].高等教育研究,2018,39(02):76—78.
[2]　吴明隆.结构方程模型——AMOS 的操作与应用[M].重庆:重庆大学出版社,2011:55.

续表

维度	能力特征	题项–总计相关系数（CICT）	Cronbach's
教书育人能力	教学设计技能（Q3_1）	0.909**	0.974
	教学观察与思辨能力（Q3_2）	0.907**	
	教学组织与实施能力（Q3_3）	0.919**	
	班主任技能（Q3_9）	0.898**	
	了解学生特点和照顾个体差异能力（Q3_10）	0.917**	
通用能力	书写能力（Q4_2）	0.893**	0.980
	语言表达能力（Q4_3）	0.867**	
	灵活应变能力（Q4_4）	0.917**	
	团队协作能力（Q4_5）	0.908**	
	人格魅力（Q4_6）	0.910**	
	身体素质（Q4_9）	0.865**	
	心理调节能力（Q4_10）	0.908**	
	情绪自控能力（Q4_11）	0.907**	

（注：★ 代表 $p<.05$，★★ 代表 $p<.01$，★★★ 代表 $p<.001$）

表 4-8 显示，题项–总计相关系数（CICT）是该项指标与其他各项指标总和的相关关系的估计数值，数值越高表示该项指标与其他各项指标的内部一致性越高。所有题项的 CICT 均大于 0.7，所有维度的 Cronbach's α 系数大于 0.9，问卷整体 Cronbach's α 系数为 0.978，说明问卷变量测度的一致性非常好。

（三）验证性因子分析

在以上分析基础上，为验证中小学视角的师范生专业能力结构效度，本研究采用 AMOS21.0 软件，对验证组的师范生专业能力结构问卷 4 个维度进行验证性因子分析，其测量模型分析结果如表 4-9 和图 4-3 所示。

表 4-9　测量模型的拟合指标（N=465）

模型	χ^2 值的 p 值	GFI	CFI	TLI	NFI	RMSEA
建议值	>0.05	>0.9	>0.9	>0.9	>0.9	<0.08
验证组模型检验值	0.000	0.921	0.980	0.975	0.977	0.062

　　表 4-9 显示，验证组的师范生专业能力测量模型的拟合指数基本达到适配标准，说明因子与指标之间的关系通过了数据检验，各指标能较好地反映因子信息，基于中小学调查而建构的师范生专业能力结构的模型拟合效果较好。

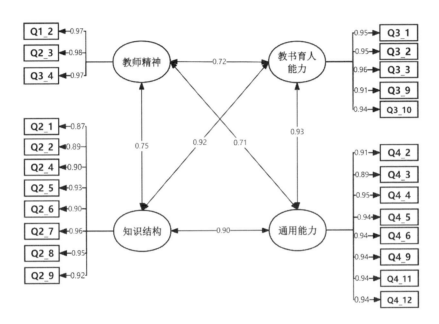

图 4-3　验证组的师范生专业能力验证性因子分析标准化路径图（N=465）

　　验证性因子分析结果表明，因子负荷值（标准化回归系数）介于 0.8—0.96 之间，24 个测量指标的误差值均为正数，且达到 0.05 的显著水平，变异量标准误估计值很小，介于 0.017—0.04 之间，协方差间标准化估计值的相关系数小于 1。说明图 4-3 所示的因子结构通过了验证，即中小学视角分析出的师范生专业能力 4 个维度的划分和测量是有效的。基于此，整理得到基于中小学实证调查的师范生专业能力结构及构成要素，如表 4-10 所示。

表4-10　基于中小学实证调查的师范生专业能力结构及其构成要素

维度	构成要素
教师精神	职业道德、教育情怀、仁爱之心
知识结构	学科专业知识、中小学学科课程标准与教材、我国教育法规和政策、我国基础教育改革动态、自然/人文/社会科学知识和地方文化知识、学生与班级管理知识、学生学习与教学策略知识、学生心理辅导知识
教书育人能力	教学设计技能、教学观察与思辨能力、教学组织与实施能力、班主任技能、了解学生特点和照顾个体差异能力
通用能力	书写能力、语言表达能力、灵活应变能力、团队协作能力、人格魅力、身体素质、心理调节能力、情绪自控能力

表4-10表明，基于中小学实证调查分析得出的师范生专业能力结构有4个维度。在表4-10中，可以看出如下几个问题：

第一，教师精神是第一位的，是师范生专业能力结构的灵魂。教师精神包括职业道德、教育情怀和仁爱之心3个构成要素。通过访谈发现，80%受访校长特别提到了教师精神的重要性。正如某高中副校长所说：

"道德修养是第一位的。我认为，对工作的敬业程度，职业道德方面、情感方面，对教师职业的热爱，为人处世方面，对青年人的关爱、对学生的热爱，对教育教学的投入力度，还有热情程度较为重要。师范生就是有一些学业欠缺没有关系，还是职业道德应该要重要一些。"

仁爱之心是教师工作的灵魂，体现为真诚地尊重学生、充分理解学生、宽容地关怀学生等等。以仁爱之心施展教育魅力，才能开启学生的心灵，促进学生的成长进步。某初中校长认为：

"对初中老师来讲，只要你认真、有爱心、有责任心，你就能成为一个好老师，在别人眼里或大家心里肯定就是一个比较好的老师，或完全就是个好老师，实际上现在大多数年轻教师责任心这一块都达不到。"

值得注意的是，在访谈过程中，多位学校管理者都对当前师范生职业道德的表现不太满意。有位高中学校副校长坦言：

"现在的师范生与我们那个年代的师范生差距太大了，首先对职业的热爱和情怀的差距就不止一星半点。"

还有一位初中学校校长对此也深有同感，他说：

"我觉得现在的娃娃好像和以前的不太一样，可能在敬业程度上，总是有一些欠缺。以前我们对教师这个职业是特别热衷的。以前我们在工作中，真的恨不得 24 小时都能扎在学校里，但是现在的孩子，他们还是关注自己多一些。出现这些情况，可能与社会发展、观念变化和家庭教育都有一定关系。"

出现这种差异，首先与地方院校缺乏系统的、规范的职业道德教育有一定关系。目前，各地方院校大都开有《思想道德修养与法律基础》课程。这是一门思想性与政治性较强的课程，但它并不是专门的职业道德教育课程。其次，当前师范生职业道德存在的问题，还可能与独生子女教育不当有关。现在大多数师范生都是独生子女，独生子女从小缺少集体生活经历，缺乏集体荣誉感。另外，父母过分溺爱导致子女缺乏独立自主生活能力和人际交往能力，他们以自我为中心，随心所欲，对职业选择的坚定性不强，对职业道德规范的认识更是浅薄。

第二，知识结构和通用能力是师范生未来从事教学工作的基本条件。值得注意的是，中小学将"人格魅力"这个要素列入"通用能力"中，可见中小学认为这是每个师范生应该具备的基本能力。在访谈过程中，发现有 90% 的受访师生对教师人格魅力比较重视。某高中学生和某初中生分别表达了同样的看法：

"比较注重老师的人格魅力，长得好看（帅），有气质，幽默风趣，有一种无形而强大的气场，能让人信赖。"

至于小学生，也同样看重教师（师范生）的人格魅力。某小学生说：

"幽默风趣，和蔼可亲，可以和学生可以打成一片，更多地鼓励我们，肯定我们。"

受访中小学生的言谈，说明了人格魅力对师范生能力培养的重要影响。

第三，教书育人能力是教师职业区别于其他职业的根本所在，也是中小学非常重视的能力。教书育人能力中的班主任技能也是当前中小学比较注重的能力之一。通常情况下，新入职教师都需要当班主任，尤其是在农村地区和偏远地区，这种情况更为普遍。因此，师范生要具备一定的班主任技能。如某受访校长坦言：

"我们的老师首先要能把学生管好，不出意外，让学生能坐在学校里上课，是最重要的，当然在这个过程中，教学质量也非常重要。"

可见，中小学需要的师范生专业能力结构是以教师精神为灵魂，知识结构和通用能力为基础，教书育人能力为根本的多维结构。

第二节　地方院校师范生专业能力结构：供给侧分析

本部分从供给侧主体——地方院校培养的视角出发，基于甘肃 9 所地方院校 148 份师范类专业人才培养方案，对师范生专业能力的结构进行客观系统分析，探究人才培养方案定位的师范生专业能力结构特点。基于甘肃 9 所地方院校实证调查数据，对师范生专业能力结构进行主观系统分析，探究地方院校认知的师范生专业能力结构特点。最终得到地方院校师范专业人才培养方案定位和师生认知的师范生专业能力结构，为建构供需整合的师范生专业能力结构奠定基础。

一、供给侧师范生专业能力结构——基于人才培养方案文本分析

地方院校是我国教师教育体系中的重要组成部分，是为服务地方发展而培养和造就高素质中小学教师的摇篮。在人才供给与需求中，作为人才供给方的地方院校，是师范生专业能力培养不可或缺的重要主体。地方院校师范专业根据学校特色和自身定位，面向地方社会经济发展需要及中小学校需求，因地制宜地制定人才培养方案，通过系统教育和培训，向基础教育输送高素质中小学教师。人才培养方案是对人才培养的培养目标与规格、内容与方法、条件与保障等培养过程和方式的描述和设计。因此，从人才培养方案中可以明晰院校对学生培养的目标和规格，获取师范生专业能力供给端的形成要素。

本部分通过对甘肃 9 所地方院校 148 份师范类专业人才培养方案的文本分析（附录八），探索并厘清供给侧视角的师范生专业能力结构及其构成要素。

（一）基于人才培养方案的词频分析

本研究采用质性数据分析软件 NVivo12.0，建立基于人才培养方案的师范生专业能力结构研究项目。首先导入整理加工后的人才培养方案文本资料。然后通过查询-词频功能，选择长度 2 字及以上、最常出现的前 20 个词语进行统计分析，得到词频统计列表（见表 4-11）和词语云（见图 4-4）。

表 4-11　基于人才培养方案的词频统计列表

序号	单词	长度	计数	加权百分比（%）	序号	单词	长度	计数	加权百分比（%）
1	教育	2	1375	4.54	11	基础	2	435	1.53
2	能力	2	1058	3.73	12	工作	2	526	1.45
3	基本	2	679	2.40	13	发展	2	391	1.35
4	教学	2	640	2.26	14	科学	2	346	1.22
5	知识	2	622	2.19	15	方法	2	382	1.15
6	研究	2	544	1.92	16	运用	2	669	1.10
7	专业	2	604	1.92	17	良好	2	271	0.96
8	实践	2	774	1.85	18	技能	2	253	0.89
9	学科	2	666	1.75	19	了解	2	287	0.86
10	理论	2	453	1.60	11	素质	2	236	0.83

图4-4　基于人才培养方案的词语云

　　由表4-11和图4-4可见，人才培养方案中出现频次最高的前20个词语依次是：教育、能力、基本、教学、知识、研究、专业、实践、学科、理论、基础、工作、发展、科学、方法、运用、良好、技能、了解、素质。这在一定程度上反映了各地方院校师范专业对人才培养的主要目标和要求，即以"教育"为核心，突出"能力"本位的培养模式，培养的目标是面向基础教育改革与发展的需要，培养具有学科专业知识与教育教学知识，具备基本教学工作能力、研究能力和实践能力，还具有多学科领域基本知识的中小学教师；注重"教学""知识""专业""研究""实践"等方面的知识、能力和综合素质的培养。此外，一些地方院校在当前创新创业教育理念的指引下，较为注重师范生"职业技能"的培养，还有一些注重师范生"良好素质"的提升。

　　总的来看，地方院校对师范生的培养目标是：立足本土需求，强调"知识、能力、素质等综合协调发展"，培养专业型人才和应用型人才。正如某位大学教师所说：

　　"总体上，我们高校呢，还是重视学生德智体美全面发展的，当然近年来我们也很注重培养学生的实践能力。"

（二）基于文本分析法的供给侧师范生专业能力结构研究

采用文本分析法，基于人才培养方案文本信息，进一步对供给侧——地方院校培养的师范生专业能力结构进行研究，尝试建构基于院校培养的师范生专业能力结构模型。

由于同一专业大类人才培养方案的内容和结构有一定相似性，因此本研究随机选择了三分之二的人才培养方案文本资料（100 份）进行编码分析和模型建构，另外三分之一的人才培养方案文本资料（48 份）则用于理论饱和度检验。接下来，首先将整理后的人才培养方案文本数据导入到 NVivo12.0 分析软件，然后进行编码、聚类分析和可视化分析。

1. 文本预处理

本研究针对师范专业人才培养方案，进行逐字逐句的仔细分析，尽量使用人才培养方案中的原话作为标签，发掘初始概念，以减少研究者个人的偏见、定见或影响，同时制作分析备忘录。结果共得到 731 条原始语句及相应的初始概念。

在编码过程中，除了常见的"职业道德""教育情怀""专业知识""专业能力""沟通与合作""教学组织与实施能力""实践能力""反思能力""语言表达能力""专业发展""学业评价能力"等研究文献中经常使用的"概念"，本研究还发现了很多高校使用的"本土概念"，比如"德智体美全面发展""专业能力""综合能力""为地方经济建设和社会发展服务"等。这在一定程度上体现了师范教育的地方特色，体现德育为先、树人为本，注重"通专结合、德能并举、知行合一"的全面培养。

由于初始概念的数量较为庞杂且存在一定程度的交叉，有必要进一步对获得的初始概念进行范畴化，对应每个范畴，分别按重复频次选 3 次及以上的原始资料表述及相应的初始概念，对频次统计排序，如表 4-12 所示。

表 4–12 开放式编码的范畴频次统计（培养方案）

范畴	参考点频次	范畴	参考点频次
高素质	86	教学研究能力	14
学科专业知识	79	了解学生的特点和照顾个体差异的能力	14
教学组织与实施能力	55	熟练运用外语的能力	14
综合能力	47	教育学和教学法知识	13
专业能力	35	教育教学研究方法	10
应用能力	34	创新精神与创新能力	9
职业道德	32	教学实践能力	9
自然、人文、社会科学知识和地方文化知识	24	学生心理辅导知识	8
终身学习能力	22	中小学学科课程标准与教材	8
教育情怀	19	反思能力	8
运用教育技术手段的能力	18	语言表达能力	8
班主任技能	17	解决实际问题的能力	7
国内外基础教育改革发展的趋势和前沿动态	16	学生学习与教学策略知识	6
沟通与合作	16	中小学教学方法	6
身心素质	16	书写能力	6
职业理想信念	16	学生评价方法	5
我国教育政策和法规	15	专业前沿知识	4
有仁爱之心	15	先进教育理念	3
教学设计技能	14	职业生涯规划能力	3

从表4-12可见，目前甘肃地方院校在师范生培养过程中，积极响应国家战略、现代化建设及社会经济发展的需要，秉持"厚基础、宽口径"的人才培养理念，努力培养高素质、专业化的中小学教师。在人才培养过程中，这些院校关注较多的还有学科专业知识、教学组织与实施能力、专业能力、职业道德、自然/人文/社会科学知识和地方文化知识、教育情怀、运用教育技术手段的能力。相对地，很多院校对解决问题的能力、语言表达能力、实践能力、书写能力等通用技能和专业前沿知识、职业生涯规划能力、先进教育理念等新知识、新理念、新方法的培养关注度不高。例如书写能力，某受访师范学院教师坦言：

"现在是网络时代了，大学教师和孩子们大都借助多媒体、电脑、平板等多种电子设备进行教和学，不像以前老牌地方院校，开设专门的书法课程，现在这些课程开设较少，关键还是重视程度不够的问题。"

此外，一些与教师教学有关的技能，如学生评价方法、中小学教学方法的掌握、教学反思能力、学生心理辅导知识的掌握、中小学学科课程标准与教材的熟悉等，绝大多数高校对其的关注也远远不足。这将不利于师范生未来开展教育教学工作。正如某受访大学教师所言：

"咱们的师范生根本不了解中小学的教材，对教育部颁布的课程标准涉猎也很少。教师授课过程中，很少会采用中小学案例进行授课。一些方法类的课程开设也不多，像一些评价方法和教学方法，我们的学生基本都不太懂。"

以上这些专业能力是当前中小学教师教学过程中必备的能力。或许应该可以预见，欠缺这些必备素质和能力的师范生，毕业后在教学工作岗位上可能会遇到一些不必要的困难和麻烦。

2. 聚类及可视化分析

为更为客观地提炼与归纳不同数量众多的范畴，以探索不同范畴在概念层次上的逻辑次序和相互关系，本研究借助NVivo12.0探索-聚类分析功能，对所编译节点进行聚类分析。根据Pearson相关系数计算结果，将相关性较大的节点聚到一起，结果如图4-5所示。

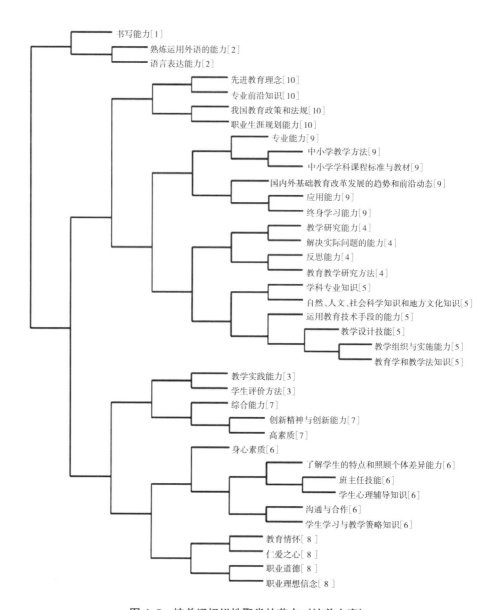

图 4-5 按单词相似性聚类的节点（培养方案）

基于以上图 4-5 聚类结果，本研究对范畴间关系进行深入分析、归纳和提炼，大致形成以下七个类属，分别为：

第一类是教师精神，包括职业道德、职业理想信念、教育情怀、有仁爱之心。职业理想信念、职业道德，是教师的精髓；教育情怀和仁爱之心，是教师的灵魂。

第二类是知识结构，包括学科专业知识、自然/人文/社会科学知识和地方文化知识、中小学学科课程标准与教材、中小学教学方法，构成了个体专业知识结构的核心。此外，我国教育政策和法规、专业前沿知识、先进教育理念、国内外基础教育改革发展的趋势和前沿动态等的掌握，形成了个体知识结构的外延层面。

第三类是教学能力，包括学科专业能力、实践能力、学生评价方法、教学设计技能、教学组织与实施能力、教育学和教学法知识、运用教育技术手段的能力，是个体专业领域的核心技能。

第四类是综合育人能力，包括学生学习与教学策略知识、了解学生的特点和照顾个体差异的能力、班主任技能、身心素质、学生心理辅导知识，是个体从事教学工作的关键能力。

第五类是教学发展能力，包括职业生涯规划能力、解决教学问题的能力、教学研究能力、教育教学研究方法、反思能力、终身学习能力。提高职业生涯规划能力，树立终身学习理念，是师范生专业能力持续发展的动力。掌握教育教学研究方法，解决实际教学问题，并进行教学反思，能实现有效教学。培养教学研究能力是师范生专业能力的关键组成部分。

第六类是通用能力，包括语言表达能力、书写能力、熟练运用外语的能力、沟通与合作能力，是个体能力体系的重要构成部分。

第七类是综合发展能力，是将师范生培养成为具有综合能力、应用能力、创新精神与创新能力的高素质、应用型和专业型人才。

基于人才培养方案，通过以上聚类分析，本部分建构出一个系统的师范生专业能力结构理论构架，称之为"人才培养方案定位的师范生专业能力结构模型"。如下表 4-13 所示。

表 4-13　基于人才培养方案的师范生专业能力结构及其构成要素

维度	要素
教师精神	职业理想信念、职业道德、教育情怀、仁爱之心
知识结构	学科专业知识、自然/人文/社会科学知识和地方文化知识、中小学学科课程标准与教材、中小学教学方法、我国教育政策和法规、专业前沿知识、先进教育理念、国内外基础教育改革发展的趋势和前沿动态
通用能力	语言表达能力、书写能力、熟练运用外语的能力、沟通与合作能力
教学能力	专业能力、实践能力、学生评价方法、教学设计技能、教学组织与实施能力、教育学和教学法知识的掌握、运用教育技术手段的能力
综合育人能力	学生学习与教学策略知识的掌握、了解学生的特点和照顾个体差异的能力、班主任技能、身心素质、学生心理辅导知识的掌握
教学发展能力	职业生涯规划能力、解决教学问题的能力、教学研究能力、教育教学研究方法、反思能力、终身学习能力
综合发展能力	应用能力、高素质、综合能力、创新精神与创新能力

表 4-13 显示，人才培养方案定位的师范生专业能力结构由 7 个部分组成，分别是教师精神、知识结构、通用能力、教学能力、综合育人、专业发展能力、综合发展能力，共包含 38 个构成要素。其中，教师精神是师范生专业能力的灵魂；知识结构、通用技能是师范生专业能力的基础；教学技能和综合育人能力是师范生专业能力的关键；教学发展和综合发展是师范生专业能力持续发展的内在驱动力。

从院校人才培养的视角看，各地方院校主要是从师德、知识、通用能力、教学能力、综合育人能力和个人发展等方面对师范生专业能力进行培养。个人发展方面分为教学发展和综合化发展，表明地方院校既主张师范生专业化培养，又重视师范生综合化发展。

（三）理论饱和度检验

本研究将三分之一的人才培养方案文本资料（48 份）用于理论饱和度检验。与之前的编码及范畴的提炼相对照，并没有出现新的概念及范畴。对于构成师范生专业能力结构的主范畴——7 个维度（教师精神、知识结构、通用能力、教学能力、综合育人能力、教学发展能力、综合发展能力），没有发现形成新的重要从属范畴和关系，各主范畴之外也没有发现新的范畴。由此可以认为，本研究建立的供给侧师范生专业能力结构在理论上是饱和的。

考虑到不同类型的培养院校在师范生专业能力培养目标上的差异，本研究分别进行了专科、本科和研究生培养单位对师范生专业能力构成的比较分析。结果发现，不管哪种类型的培养单位，对于专业知识、专业技能、实践能力、综合素养、发展能力等方面都表现出高度一致。

二、供给侧师范生专业能力结构——基于地方院校调查

本研究根据教师专业发展理论和师范生专业能力结构的研究综述，海选出师范生专业能力的 34 个构成要素（见表 2-2）。在此 34 种能力基础上编制《供给侧：师范生专业能力结构调查问卷（教师专用)》（见附录三）和《供给侧：师范生专业能力结构调查问卷（师范生专用)》（见附录四），对甘肃 9 所地方院校教务管理者、师范类专业任课教师以及师范毕业生进行问卷调查，得到地方院校对师范生专业能力结构的重要性评价数据。

地方院校的调研分两次进行，第一次调查收集到的 948 份教师问卷数据作为测试组数据，用于探索性因子分析；第二次调查收集到的 2265 份师范生问卷数据作为验证组数据，用于验证性因子分析，验证相关测度题项的合理性。两组数据不重复。

（一）探索性因子分析

为判定样本数据是否适合做因子分析，通过 KMO 值和 Bartlett's 球体检验，结果如表 4-14 所示。

表 4-14　探索性因子分析样本的 KMO 和 Bartlett's 球体检验（测试组）

KMO 和巴特利特检验		
KMO 取样适切性量数		0.965
Bartlett's 的特球形度检验	近似卡方	12953.26
	自由度	351
	显著性	0.000

表 4-14 显示，测试样本的 KMO 值为 0.965，说明变量间的关系极佳。Bartlett's 球形检验卡方值为 12953.26（df 值为 351），显著性水平 P=0.000<0.05，说明在 0.05 的显著性水平上，所有变量的相关矩阵有共同因素存在，变量间非常适合做因子分析。随后对测试组数据进行因子探索、因子旋转、因子命名。

通过多次探索因子分析，删除"学生与班级管理知识""学习与教学策略知识""学生心理辅导知识""教学研究能力""自信心""人格魅力""书写能力"7 个题项，最终抽取 4 个因子，得到主因子特征值及百分比（具体见表 4-15）和主因子旋转成分矩阵及负荷系数（具体见表 4-16）。各个题项的因子都符合因子提取标准。

表 4-15　总方差解释（测试组）

成分	初始特征值			旋转载荷平方和		
	总计	方差（%）	累计（%）	总计	方差（%）	累计（%）
1	15.406	57.061	57.061	7.844	29.054	29.054
2	2.190	8.112	65.173	4.508	16.695	45.749
3	1.214	4.495	69.668	4.035	14.943	60.692
4	1.067	3.953	73.621	3.491	12.930	73.622

表 4-15 显示，共抽取到 4 个公因子，4 个因子的累积解释变量为73.62%，说明 4 个因子对研究问题的解释力度为 73.62%。

表 4-16　测试组师范生专业能力探索性因子分析结果（N=948）

能力特征	1	2	3	4
教育信念			0.882	
教育情怀			0.894	
职业道德			0.883	
仁爱之心			0.861	
学科专业知识		0.636		
中小学学科课程标准与教材		0.652		
教育学和教学法知识		0.743		
我国教育法规和政策		0.742		
我国基础教育改革动态		0.725		
自然、人文、社会科学知识和地方文化知识		0.650		
教学设计技能	0.706			
教学观察与思辨能力	0.726			
教学组织与实施能力	0.763			
学生评价方法	0.747			
反思能力	0.672			
运用教育技术手段的能力	0.775			
中小学教学方法	0.768			
班级管理工作（班主任技能）	0.717			
了解学生特点和照顾个体差异能力	0.691			
沟通技能	0.620			
语言表达能力	0.586			
灵活应变能力	0.662			
团队协作能力	0.588			
责任感				0.623
身体素质				0.755
心理调节能力				0.790
情绪自控能力				0.733

从表 4-16 可见，测试组分析得出 4 个有效公因子：第一主因子命名为"技能结构"，涉及教学能力、育人能力和通用能力，包含 13 个题项；第二主因子命名为"知识结构"，涉及学科知识和条件性知识，包含 6 个题项；第三主因子命名为"教师精神"，包含 4 个题项；第四主因子命名为"身心素质"，包含 4 个题项。

（二）信度检验

为检验探索性因子分析删除部分变量后量表结构的稳定性与可靠性，对验证组的师范生专业能力问卷进行相关性分析和信度检验，结果如表 4-17 所示。

表 4-17　样本的信度检验（N=2265）

维度	能力特征	题项-总计相关系数（CICT）	Cronbach's α
教师精神	教育信念（Q1_1）	0.679**	0.960
	教育情怀（Q1_2）	0.690**	
	职业道德（Q1_3）	0.690**	
	仁爱之心（Q1_4）	0.695**	
知识结构	学科专业知识（Q2_1）	0.685**	0.909
	中小学学科课程标准与教材（Q2_2）	0.721**	
	教育学和教学法知识（Q2_3）	0.738**	
	我国教育法规和政策（Q2_4）	0.718**	
	我国基础教育改革动态（Q2_5）	0.738**	
	自然、人文、社会科学知识和地方文化知识（Q2_6）	0.755**	
技能结构	教学设计技能（Q3_1）	0.785**	0.960
	教学观察与思辨能力（Q3_2）	0.805**	
	教学组织与实施能力（Q3_3）	0.825**	
	学生评价方法（Q3_4）	0.828**	
	反思能力（Q3_5）	0.723**	

续表

维度	能力特征	题项-总计相关系数（CICT）	Cronbach's α
技能结构	运用教育技术手段的能力（Q3_6）	0.794**	0.960
	中小学教学方法（Q3_7）	0.768**	
	班主任技能（Q3_9）	0.776**	
	了解学生特点和照顾个体差异能力（Q3_10）	0.772**	
	沟通技能（Q3_11）	0.689**	
	语言表达能力（Q3_13）	0.748**	
	灵活应变能力（Q3_14）	0.761**	
	团队协作能力（Q3_15）	0.750**	
身心素质	责任感（Q4_8）	0.798**	0.922
	身体素质（Q4_9）	0.738**	
	心理调节能力（Q4_10）	0.774**	
	情绪自控能力（Q4_11）	0.752**	

（注：★代表 $p<.05$，★★代表 $p<.01$，★★★代表 $p<.001$）

表4-17显示，所有维度的克隆巴赫系数（Cronbach's α）大于0.9，问卷的整体克隆巴赫系数（Cronbach's）为0.972，说明变量测度的一致性非常好。

（三）验证性因子分析

在以上分析的基础上，对验证组的师范生专业能力问卷4个维度进行验证性因子分析，其测量模型分析结果如表4-18和图4-6所示。

表4-18　测量模型的拟合指标（N=2265）

模型	χ^2值的 p 值	GFI	CFI	TLI	NFI	RMSEA
建议值	>0.05	>0.9	>0.9	>0.9	>0.9	<0.08
验证组模型检验值	0.000	0.903	0.973	0.970	0.950	0.049

表 4-18 显示，验证组的师范生专业能力测量模型的拟合指数基本达到适配标准，说明因子与指标之间的关系通过了数据检验，各指标能较好地反映因子信息，基于地方院校调查建构的师范生专业能力结构的模型拟合效果较好。

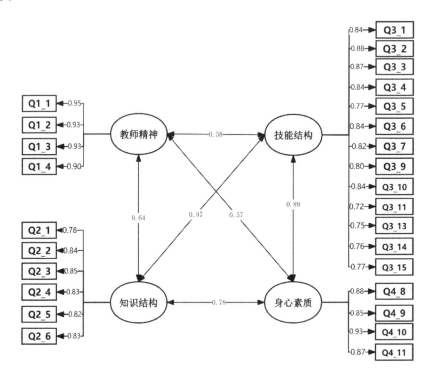

图 4-6 验证组的师范生专业能力验证性因子分析标准化路径图（N=2265）

图 4-6 所示的因子结构通过了验证，即地方院校分析出的师范生专业能力 4 个维度的划分和测量是有效的。在此基础上，整理可得出地方院校实证调查的师范生专业能力结构及其构成要素，如下表 4-19 所示。

表 4-19　基于地方院校实证调查的师范生专业能力结构及其构成要素

维度	构成要素
教师精神	教育信念、教育情怀、职业道德、仁爱之心
知识结构	学科专业知识、中小学学科课程标准与教材、教育学和教学法知识、我国教育法规和政策、我国基础教育改革动态、自然/人文/社会科学知识和地方文化知识
技能结构	教学设计技能、教学观察与思辨能力、教学组织与实施能力、学生评价方法、反思能力、运用教育技术手段的能力、中小学教学方法、班主任技能、了解学生特点和照顾个体差异能力、沟通技能、语言表达能力、灵活应变能力、团队协作能力
身心素质	责任感、身体素质、心理调节能力、情绪自控能力

表 4-19 表明，通过探索性因子分析和验证性因子分析，建构了基于地方院校实证调查的供给侧师范生专业能力结构雏形，即供给侧师范生专业能力由德、知、能三大体系构成。这种供给侧师范生专业能力结构，是可以通过师德的修养、知识的学习和能力的训练而形成的，能够满足中小学教学需求，实现个体可持续发展，实现自身价值的综合能力，具有较强的社会环境适应性和适度的灵活性。其中，"知识"表明个体学到了什么，在哪些领域具有扎实的基础；"能力"体现个体能做什么，在哪些方面能力表现较为突出；"师德"则反映个体经过知识的内化、能力的积淀，其思想和行为会具体表现的怎么样。

在德、知、能三大体系中，"师德"居于首要的地位。正如某师范大学教务管理人员说的：

"重师德、兴师范，是谱写新时代师资队伍建设新篇章的重要举措。加强师德师风建设，振兴师范教育。具体而言，德为第一，次则学术，培养德才兼备、知行合一的新时代师范生。"

良好的身心素质，是中小学校评估师范生专业能力的内在条件。我国大学生包括师范生的身心素质总体状态是良好的，但一部分学生仍存在些许心理问题。例如：根据 2019 年上海 9 所高校近两万 00 后大学生心理健康调查发现，7.9%的大学生接受过心理咨询与治疗，1.5%的大学生被医院确诊患有心理疾病。[①]因此，心理健康教育也是师范教育的重要内容。通过透视甘肃 9 所地方院校师范专业培养方案发现，几乎所有师范专业对师范生具备良好的身心素质、心理学理论素养与学校心理健康教育都有一定的规定与要求。这是值得加以肯定的。

第三节　师范生专业能力供需两侧的结构差异与整合研究

供需不同主体对师范生专业能力结构的认知各不相同，本部分通过比较与分析供给侧和需求侧分析得出的师范生专业能力结构，明晰师范生专业能力结构的供需差异。在此基础上，阐述师范生专业能力要素整合的重要性，最终建构一个供需整合的师范生专业能力结构。

一、需求侧与供给侧师范生专业能力结构差异分析

前文从国家政策文本、地方院校人才培养方案和中小学、地方院校实证调查数据，分别分析得出需求侧与供给侧师范生专业能力结构。笔者在此基础上，通过比较需求侧——政策文本分析 vs 中小学实证调查和供给侧——地方院校师范专业人才培养方案分析 vs 地方院校实证调查，以及供需两侧师范生专业能力结构的差异，找出差异要素，为建构供需整合的能力结构奠定基础。

（一）需求侧师范生专业能力结构差异分析

为了解需求侧——国家要求和中小学实际需要的能力结构差异，笔者通过对国家政策文本分析得出的师范生专业能力结构（见表4-3）和中小学实

---

① 马川."00后"大学生心理健康水平的实证研究——基于近两万名 2018 级大一学生的数据分析[J].思想理论教育,2019,(03):95—99.

证调查数据分析得出的师范生专业能力结构（见表4-10）进行比较与分析，结果如图4-7所示。

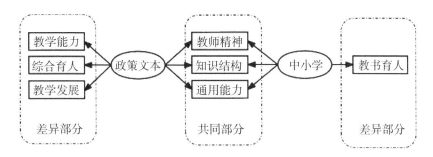

图4-7　基于政策文本和中小学调查的师范生专业能力结构的比较示意图

从图4-7可见，基于国家政策文本分析出的能力结构有6个维度；基于中小学实证调查数据分析出的能力结构有4个维度。国家和中小学双方在以下能力结构上是一致的：教师精神、知识结构和通用能力。教师精神是教师的灵魂，是教师行为表现的内在驱动力。高尚的师德、良好的教师精神，能潜移默化地影响学生的品德养成。知识结构是教师从事教学工作的基本条件。知识传授、文化传承是教师的根本任务，这就要求教师要有专业、高深而广博的知识结构。广大教师要拥有扎实的学识是习近平总书记多次强调的内容。通用能力是师范生胜任教师工作岗位所需具备的基本能力。

不同的是，相对于中小学校，国家政策文本涉及的能力较为具体，分别有教学能力、综合育人能力和教学发展能力等。而在实际教学过程中，中小学聚焦教书育人能力，将政策文本分析出的教学能力与综合育人能力的相关构成要素结合在一起，形成教书育人能力。中小学对"教学发展能力"并未特别提及，并非中小学不重视该能力。根据富勒、卡茨、伯顿、王秋绒、刘捷等人关于教师专业发展阶段理论的论述可知，师范生培养阶段是教师专业发展的第一阶段。师范教育学习阶段，重在学习，获取知识，形成完备的知识结构，将教学知识应用于教学实践。师范生进入教师工作岗位，成为一名新手教师，在其阶段关注的是自己是否能胜任教师岗位和课堂控制，自己能否在新的岗位中存活下来。教学发展能力通常要等到师范生度过新手教师阶段（或生存阶段）以后才会比较注重，大概是师范生入职后的第 3~5 年。有位受访高中校长的访谈内容，也印证了这一点。

"我们需要的新老师首先就是能上得了讲台，能把一节课完完整整地讲下来，并且能让学生听得懂；另外就是做好班主任工作，管好学生，这是一个新手教师首先要做到的事情。"

（二）供给侧师范生专业能力结构差异分析

为了解供给侧——地方院校师范专业人才培养顶层设计与地方院校师生认知的能力结构差异，笔者通过对人才培养方案分析得出的师范生专业能力结构（见表 4-13）和地方院校实证调查数据分析得出的师范生专业能力结构（见表 4-19）进行比较与分析，得到结果如下图 4-8 所示。

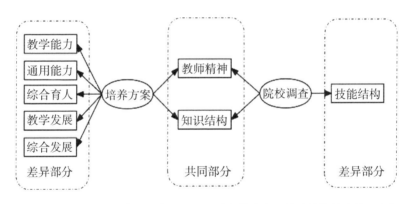

图 4-8　基于培养方案和地方院校调查的师范生专业能力结构的比较示意图

从图 4-8 可见，基于人才培养方案分析出的能力结构包括 7 个维度；基于甘肃 9 所地方院校调查分析出的能力结构包括 4 个维度。培养方案和地方院校在结构上是一致的：教师精神、知识结构。这两点与国家政策的要求和中小学发展的需要不谋而合。

与地方院校师生认知不同的是，人才培养方案体现的人才培养目的明确而具体。人才培养方案中较为注重师范生"教学能力、综合育人能力、通用能力、专业发展能力、综合发展能力"等方面能力的培养。人才培养方案提及的能力素质培养有两层含义：一是学生综合素质的培养，二是教师职业能力（如教学能力和综合育人能力）的培养。但在实际培养过程中，师生将"教学能力、综合育人能力、通用能力、专业发展能力、综合发展"这些能力合并为"技能结构"。另外，师生较为注重综合素质和通用能力（如沟通技能、灵活应变能力）的培养。而"学生学习与教学策略知识、学生与班级管理知识、了解学生的特点和照顾个体差异的能力、学生心理辅导知识、教学研究能力"等被排除在模型之外，弱化了综合育人能力和专业发展能力。这将不利于师范生对未来教学对象的了解，将来可能无法顺利地开展学生管理工作和教学工作。

（三）师范生专业能力供需两侧的结构差异分析

为了解师范生专业能力供需两侧的结构异同，笔者从需求侧与供给侧两个层面进行比较与分析，结果如下图4-9所示。

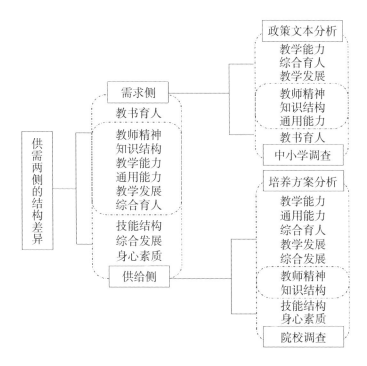

图4-9　师范生专业能力供需两侧结构差异的比较示意图

　　从图 4-9 可见，供需双方在以下能力结构方面是一致的：教师精神、知识结构、教学能力、综合育人能力、通用能力、教学发展能力。

　　总体上来说，供需双方的不同之处在于：

　　在需求视域下，对师范生专业能力的要求是以"教书育人"为主，注重教学、实践，更倾向于教学技能、综合育人以及专业发展；在供给视域下，对师范专业能力的要求主要以"综合能力"为本，以成才、发展为导向，更倾向于知识、能力和素质综合协调发展，更注重普适性能力的培养。

　　具体来看，供需双方的不同之处在于：

　　第一，虽然双方都提及知识结构的重要性，但是其中的构成要素有较大的差异，分别体现了供需的侧重点。需求侧——中小学强调师范生育人知识的养成（如学生与班级管理知识、学生学习与教学策略知识、学生心理辅导知识）。而供给侧——地方院校师生认知的知识结构缺乏这一部分，地方院校重视专业前沿知识、教育学和教学法的培养，关注的知识面更广，能力更全面，倾向于培养全面发展的能力。

　　第二，个体持续发展方面，供需双方都比较注重，只是发展方向有些不一致，需求侧注重以"教书育人"为本，要求的能力素质更加具体、更加职业化，而且更注重教师专业发展，注重个人形象气质，以人格魅力和学识魅力来感染学生，对学生形成潜移默化的影响。而供给侧重高素质、应用型和专业型相结合的多功能型人才培养。

　　第三，通用能力方面，供给侧注重培养实践能力、专业能力、外语能力等普适性能力，而需求侧更重视教学实践能力、教学专业能力，对外语能力并不十分注重（除英语学科外）。另外，通用能力中需求侧强调"书写能力"的掌握，而供给侧的师生评价将该能力剔除出能力结构模型之外。"书写能力"是教学技能的基本功，地方院校应给予足够的重视。正如某初中李校长所言：

　　"俗话说：字如其人。书法是一个人素质的具体体现。一手端正、潇洒的字可以看出你的胸襟、你的精神风貌，因而也会深受学生喜爱。随着教育信息技术的快速发展，师范生写好'三字'的热情在降低。我们希望高校能重视学生的钢笔字、毛笔字、粉笔字等基本功，并加强书法训练。"

第四，"身心素质"是供需认知差异较为显著的维度。供给侧将"通用能力"中的"身心素质"要素提炼出来，单独设置一个维度，突出地方院校师生对良好身心素质的重视。

访谈中某师专教师提及本校关于师范生良好"心理素质"养成教育的做法，她说：

"我校非常重视师范生心理健康教育，并为学生配备专门的心理咨询教师，建立学生心理档案，及时了解学生心理动态。"

第五，供给侧——地方院校将中小学需要的"教书育人能力"与"通用能力"合并为"技能结构"，这将会弱化师范生对教师教学能力和育人能力的重视程度，不利于师范生在这两方面素养的养成。

第六，供给侧认知的技能结构中，增加了"反思能力"和"教育技术能力"的内容。这反映出在师范生培养过程中供给侧较为注重提升反思能力、运用教育技术的能力。对于"反思能力"的重要性和必要性，一位受访大学教师的言论，代表了供给侧的认识和主张：

"教学反思是对教学活动过程进行的再思考、再认识，总结经验教训，从而提高教学水平。教学反思是提升教师教学实践能力和实现有效教学的关键。教育上有成就的大家对其一直非常重视。"

至于对"教育技术能力"的重要性和必要性的认识，某学院教师的言论也很有代表性，反映了供给侧贯彻落实教育部《教育信息化 2.0 行动计划》的决心：

"2018 年教育部印发《教育信息化 2.0 行动计划》，明确强调从提升学生信息技术应用能力向提升信息技术素养转变，加快推进教育信息化技术的普及，实现教育现代化，建设教育强国。这要求师范生不仅要利用技术，更要学会采用信息技术与信息素养合作，将教育技术嵌入学习系统中去。"

上述分析可知，各个视角对师范生专业能力结构认知存在一定差异。导致这些差异的关键在于高等教育劳动力市场供求链条传动系统不够灵活。高等教育的生产属性与企业有明显不同：高等教育劳动力市场供需时间周期较长，需求侧的人才需求反馈到供给侧，供给侧培养需要 3~4 年的周期，再反馈到劳动力市场中，接受中小学校的检验。较长的培养周期难以根据社会发展和需求变化适时调整，一定程度上导致供需脱节。当供需配合不够紧密时，就会出现供需差异。

通过比较分析还发现，地方院校多数师范专业人才培养方案基本上是按照国家对师范生专业能力的结构要求来制定的，但实际培养出来的师范生所应具有的专业能力结构与社会需要仍存在一定差距。除高等教育劳动力市场供求链条传动系统客观规律外，答案也许就在培养实施过程中。因此下文围绕这个问题，开展地方院校师范生专业能力的影响因素研究，试图找出师范教育中存在的主要问题，寻求师范教育改革与发展的着力点和突破口，加强供需衔接，培养社会和中小学需要的未来教师。

综合而言，供需两侧对教师精神、知识结构的认知高度一致，主要不同在于对能力结构的划分各有侧重。

二、需求侧与供给侧师范生专业能力结构整合分析

前面分析可知，供需 4 个向度对师范生专业能力的认知不尽相同，为弥合供需之间的鸿沟，有必要探寻供需整合的师范生专业能力结构，为师范教育更好地回应社会对优质教师的需求提供参考与借鉴。人才培养各具个性，各院校或师范专业可以制定与实施个性化人才培养方案，但这种个性应建立在标准规范基础之上，而非脱离标准的个性。①这个"标准"即为本研究寻求的供需整合、理论与实证相结合的师范生专业能力结构。

（一）师范生专业能力供需结构整合的必要性

首先，供给侧的运行方式滞后于需求侧的发展步伐。当前经济新常态带动了许多新兴行业、新型业态的涌现和发展，经济结构转型升级，所需的知

---

① 周晓静,何菁菁.我国师范类专业认证:从理念到实践[J].江苏高教,2020,(2):72—77.

识结构、能力、素质等不断出现新的要求和变化。而高校人才培养方案以及所教专业知识结构在一定程度上滞后于社会发展需求，往往造成毕业生"学非所用、学不能致用"的尴尬境地，导致目前高校人才供给质量与现实需求之间的差距进一步拉大。这就需要高等教育打破原有运行方式，建立起更充分的与需求侧对接、更具竞争力的发展路径，实现劳动力素质的加速升级，从而实现提速跨越。①

其次，高等教育大众化导致师范生就业市场整体供大于求，导致师范生"就业难"和基础教育"招好教师难"的现象并存。造成这种矛盾的主要原因是劳动力市场供需结构不匹配。这种结构供需不匹配更多地体现在质量结构的供需不匹配。因此，师范教育供给侧改革，不能忽视社会和中小学校的需求。

最后，人民群众对教育需求的转变，对优质教育和优质教师的向往与追求，对培养和造就一流教师提出了更高要求。这就需要师范生积极适应当前的社会发展需要，认清形势，从自身出发，不断扩大自己的知识储备，提高个人素养，摒弃浮躁、好高骛远的学习心态，要能够合理、灵活地规划自己的职业发展路径，适应快速变化的社会及教育改革发展的需求。

实际上，人才供需双方是一种相互影响、相互促进、相互作用的动态关系。高等教育大众化背景下就业形势的变化，高质量人才紧缺，高等教育内涵式发展和"双一流"建设等，对师范生人才供给的质量要求越来越高，师范生人才培养结构需要适时调整。遗憾的是，目前学界还缺乏对供需整合的师范生专业能力结构的研究。因此，探讨师范生专业能力供需双方整合非常有必要。

（二）供需两侧的师范生专业能力结构整合

师范生专业能力的建构是一个复杂的过程，不仅需要考虑教师专业的特点和师范生培养的特性，还要考虑地方发展的需求；不仅需要从人才培养目

---

① 王嘉毅,麦艳航.西部地区高等教育发展:机遇、挑战与对策[J].中国高教研究,2019,(12):49—53.

标定位出发，更需要从社会和中小学校的需求出发，将其与劳动力的供给与需求关系以及内外部环境等联系在一起，对其所处的社会和职业环境等多种视角的能力需求进行综合性的构建。唯其如此，才能得出一个系统的、全面的、具有可行性的师范生专业能力结构及其构成要素，为地方院校师范专业人才培养质量评价提供可操作的评价工具。

本部分所研究的"师范生专业能力结构"，是建立在供给侧与需求侧专业能力整合的基础之上。基于供需整合的师范生专业能力结构的构建，既要符合现实的需要，还要遵循人才培养的规律以及能力结构的形成机理。因此，本部分将对国家要求、中小学需要、地方院校师范专业人才培养方案定位和师生认知视角分析出的4个师范生专业能力结构，进行交叉与整合分析。

通过分析上述能力结构的差异发现，每个视角的结构都包含教师精神和知识结构，不同的是对能力结构的划分。朱旭东教授在教师专业发展模型中将教师专业发展的内容分为教师精神、教师知识和教师能力。①据此，我们可暂时将师范生专业能力结构按这3个维度进行划分，建立一个基于供需整合的师范生专业能力结构雏形，即由"教师精神、知识结构、能力结构"3大体系构成。但是，由于其中"能力结构"的划分太过笼统，并未凸显教师专业的特性，因此笔者将根据实际需要对能力结构进一步细分。基于供需两侧分析出的"教学能力""综合育人能力""通用能力""身心素质""教学发展能力""综合发展"和"教书育人能力"进行整合。

首先，地方院校调查分析出的"身心素质"是每个职业都需具备的基本素养，人才培养方案提出"综合发展"的目的是使培养出来的人才更具普适性，因此将"身心素质"和"综合发展"合并入"通用能力"。

其次，"教学能力"的构成要素是教师"教书"能力的具体表达，"综合育人能力"的构成要素是教师"育人"能力的具体表达。2016年习近平总书记在全国高校思想政治工作会议上明确提出，坚持教书和育人相统一，教师要时刻铭记教书育人的使命。因此可将"教学能力"和"综合育人能力"

---

① 朱旭东.论教师专业发展的理论模型建构[J].教育研究,2014,35(06):81—90.

合并为"教书育人能力"。

最后，教师的"教学发展能力"是为教育教学服务的，也属于教师职业的特殊技能，将其列入"教书育人能力"。

因此，我们最终可建构成一个供需整合的师范生专业能力结构，即由"教师精神、知识结构、教书育人能力、通用能力"4大体系构成。既体现了教师职业区别于其他职业的特殊性，也发展和保持了"高级通用技能"的共同责任和义务。

(三) 供需两侧的师范生专业能力构成要素整合

通过供需两侧的师范生专业能力结构整合分析，发展与建构出一个供需整合的师范生专业能力结构，即由"教师精神、知识结构、教书育人、通用能力"4大维度构成。明晰了供需整合的师范生专业能力结构之后，需要确定结构每个维度所包含的构成要素，由此形成系统的专业能力结构。在结构整合过程中发现，供需两侧分析得出的结构及其构成要素中有交叉的因素，为此，下面将对供需两侧的能力构成要素进行整合分析。

1. 基于政策文本和人才培养方案的要素整合分析

首先将基于供给侧——人才培养方案的项目分析结果与基于需求侧——政策文本的项目分析结果进行合并，对两侧的师范生专业能力结构的构成要素进行整合。

在参考以往文献的基础上，把供给侧和需求侧师范生专业能力构成要素中两个项目分析结果参考点较少的、意思相近的初始范畴及概念进行合并，重新提炼新范畴。具体而言：

(1) 合并编码的情况：将人才培养方案中的熟练运用外语的能力与语言表达能力合并；将专业前沿知识与先进教育理念合并；将学科专业知识与中小学学科课程标准与教材合并；将创新精神与创新能力合并。

(2) 重新提炼的情况：参考靳莹和王爱玲[①]关于"拓展能力"的归纳，将

---

① 靳莹,王爱玲.新世纪教师能力体系探析[J].教育理论与实践,2000,(04):41—44.

掌握教育教学研究方法、教学研究能力、专业能力发展、高素质、应用能力、专业能力与终身学习的能力、职业生涯规划能力等合并提炼归纳为"拓展能力";参考单文经①关于教师知识中一般教育专业知识的分类,将教育学和教学法知识、学生心理辅导知识、学生学习与教学策略知识、中小学教学方法等归纳为"一般教育专业知识";参考靳莹和王爱玲②关于"组织管理能力"的分类,将教学设计技能、教学组织与实施能力、学业评价能力、教学实践能力、专业能力与课堂教学活动的有关组织管理能力,合并归纳为"教学组织管理能力"。经查询专业能力的原始编码发现,它是关于教育教学的专业能力,因此也一并列入教学组织管理能力中。参照供需两侧文本分析发现,"班主任技能"与"识别了解学生的特点"的原始编码内容,可统一列入"综合育人"模块,因此本研究将它们合并命名为"综合育人能力"。

整合后的范畴共有 23 个(见表 4-20),按照频次排序分别是:一般教育专业知识、国内外基础教育改革发展动态、我国教育政策和法规、先进的教育理念、学科专业知识、综合性知识、反思能力、沟通与合作、教育技术手段运用的能力、解决实际问题的能力、身心素质、书写能力、语言表达能力、班主任技能、创新能力、拓展能力、教学组织管理能力、责任感、师德、职业理想信念、仁爱之心、人格魅力、教育情怀。

上述 23 个范畴中,责任感、个人魅力仅来源于政策文本和中小学校的需要,保留这两项指标是因为个人魅力是个性特质的体现。这就要求地方院校在人才培养过程中,不能把地方院校当成"加工厂",把培养过程当成"流水线",把学生当成"商品",而要求地方院校要注重学生个性化发展,培养极具人格魅力的师范生。

---

① 转引自朱旭东.教师专业发展理论研究[M].北京:北京师范大学出版社,2013:67.
② 靳莹,王爱玲.新世纪教师能力体系探析[J].教育理论与实践,2000,(04):41—44.

表 4-20　基于供需整合的师范生专业能力构成要素整合范畴

序号	名称	核心概念	材料来源	参考频次
1	学科专业知识	学科专业知识、中小学学科课程标准与教材	政策文本＆人才培养方案	114
2	一般教育专业知识	教育学和教学法知识、学生心理辅导知识、学生学习与教学策略知识、中小学教学方法	政策文本＆人才培养方案	62
3	我国教育政策和法规	熟悉教育法规、了解有关学生的法律法规	政策文本＆人才培养方案	18
4	国内外基础教育改革发展动态	国家基础教育改革发展、了解国内外学科教育改革发展动态	政策文本＆人才培养方案	23
5	先进的教育理念	先进的教育理念、专业前沿知识	政策文本＆人才培养方案	9
6	综合性知识	自然/人文/社会科学知识/地方文化知识、人文素养、综合知识结构	政策文本＆人才培养方案	37
7	教学组织管理能力	教学设计技能、教学组织与实施能力、学生评价方法、教学实践能力、专业能力	政策文本＆人才培养方案	113
8	综合育人能力	综合育人、班主任技能、识别与了解学生的特点	政策文本＆人才培养方案	66
9	教育技术手段运用的能力	掌握现代教育技术与方法、信息处理能力、计算机操作	政策文本＆人才培养方案	26
10	拓展能力	教育教学研究方法、教学研究能力、应用能力、发展专业能力、职业生涯规划能力、综合能力与终身学习的能力、高素质	政策文本＆人才培养方案	147
11	反思能力	反思方法与技能、学会反思	政策文本＆人才培养方案	18
12	沟通与合作	沟通能力、团队合作能力、团队合作精神	政策文本＆人才培养方案	38
13	解决实际问题的能力	解决实际问题的能力、解决教育教学问题、学会分析问题	政策文本＆人才培养方案	13
14	书写能力	书面语言、书写技能、范书	政策文本＆人才培养方案	9
15	语言表达能力	熟练运用外语的能力、语言表达能力	政策文本＆人才培养方案	26

续表

序号	名称	核心概念	材料来源	参考频次
16	创新能力	创新精神与创新能力、创新能力	政策文本 & 人才培养方案	38
17	责任感	责任心、责任感	政策文本	7
18	师德	思想道德素养、职业道德、教师职业道德、为人师表、践行师德	政策文本 & 人才培养方案	74
19	职业理想信念	专业理想、职业理想、有信念、职业理想信念	政策文本 & 人才培养方案	29
20	仁爱之心	关爱学生、爱心、细心、耐心、仁爱之心	政策文本 & 人才培养方案	22
21	教育情怀	教育情怀、积极情感、深厚教育情怀	政策文本 & 人才培养方案	32
22	人格魅力	人格魅力、学识魅力	政策文本	6
23	身心素质	身体素质、心理素质	政策文本 & 人才培养方案	20

利用 NVivo12.0 的探索–聚类分析功能，按照节点之间的相似性将以上范畴进行聚类，得到如下聚类结果（见图 4–10）。

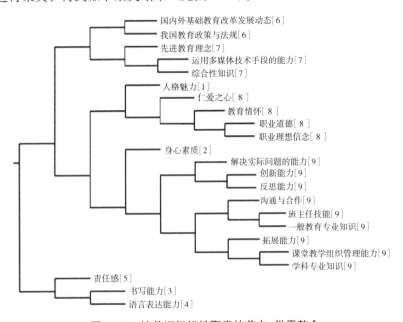

图 4–10　按单词相似性聚类的节点–供需整合

根据图中相似性聚类情况，并结合高等教育大众化对师范生专业能力提出的新需求，对专业能力结构要素进行进一步的整合与归类，共归纳形成以下 4 个主范畴，分别为：教师精神、知识结构、教书育人能力、通用能力。各结构及构成要素，如表 4-21 所示。

表 4-21　基于供需整合的师范生专业能力结构及其构成要素

结构	要素
教师精神	职业道德、职业理想信念、责任感、仁爱之心、教育情怀
知识结构	学科专业知识、一般教育专业知识、我国教育政策和法规、国内外基础教育改革发展动态、先进的教育理念、综合性知识
教书育人能力	教学组织管理能力、综合育人、教育技术手段运用的能力、个性化拓展能力、反思能力、创新能力
通用能力	人格魅力、身心素质、沟通与合作、解决实际问题的能力、书写能力、语言表达能力

从表 4-21 可知，供需整合视角的师范生专业能力结构关系为：师范生专业能力结构由教师精神、知识结构、教书育人能力、通用能力构成。其中，教师精神是师范生专业能力结构的精髓与灵魂，包括 5 个构成要素；知识结构是师范生专业能力结构的基础条件，包括 6 个构成要素；教书育人能力是教师的根本职能，是师范生专业能力结构的关键要素，是教师职业区别于其他职业的关键所在，包括 6 个构成要素；通用能力是师范生专业能力结构的重要组成部分，是师范生提高教学效果的重要要素，包括 6 个构成要素。

2. 融合中小学校和地方院校调查的师范生专业能力要素整合分析

在上述文本聚类分析得出的能力结构及构成要素的基础上，结合前面对中小学与地方院校调查得出的师范生专业能力结构及其构成要素的研究，本研究将对专业能力构成要素进行进一步的整合分析。

由于文本整合出的教学组织管理能力、一般教育专业知识和拓展能力无法直接作为观测变量进行调查，因此将这 3 个能力的构成要素细分后与供需两侧调查的结果进行整合，最终得到的结果如下表 4-22 所示。

表 4–22   供需整合的师范生专业能力结构的构成要素及其来源

结构	要素	材料来源
教师精神	职业道德（Q1_1）	政策文本 & 培养方案 & 供需实证调查
	职业理想信念（Q1_2）	政策文本 & 培养方案
	教育情怀（Q1_3）	政策文本 & 培养方案 & 需求侧调查
	仁爱之心（Q1_4）	政策文本 & 培养方案 & 需求侧调查
	责任感（Q1_5）	政策文本 & 供给侧调查
知识结构	学科专业知识（Q2_1）	政策文本 & 培养方案 & 供需实证调查
	学科课程标准与教材（Q2_2）	政策文本 & 培养方案 & 供需实证调查
	教育学和教学法知识（Q2_3）	政策文本 & 培养方案 & 供给侧调查
	学生与班级管理知识（Q2_4）	政策文本 & 培养方案 & 供需实证调查
	学生学习与教学策略知识（Q2_5）	政策文本 & 培养方案 & 需求侧调查
	学生心理辅导知识（Q2_6）	政策文本 & 培养方案 & 供需实证调查
	我国教育政策和法规（Q2_7）	政策文本 & 培养方案 & 供需实证调查
	我国基础教育改革发展与前沿动态（Q2_8）	政策文本 & 培养方案 & 供需实证调查
	国外基础教育改革发展与前沿动态（Q2_9）	政策文本 & 培养方案
	综合性知识（Q2_10）	政策文本 & 培养方案 & 供需实证调查
	先进教育理念（Q2_11）	政策文本 & 培养方案
教书育人能力	教学设计技能（Q3_1）	政策文本 & 供需实证调查
	教学观察与思辨能力（Q3_2）	供需实证调查
	教学组织与实施能力（Q3_3）	政策文本 & 培养方案 & 供需实证调查
	学生评价方法（Q3_4）	政策文本 & 培养方案 & 供需实证调查
	运用教育技术手段的能力（Q3_5）	政策文本 & 培养方案
	职业生涯规划能力（Q3_6）	政策文本
	教学研究能力（Q3_7）	政策文本 & 培养方案
	终身学习能力（Q3_8）	政策文本 & 培养方案
	反思能力（Q3_9）	政策文本 & 培养方案 & 供给侧调查
	创新能力（Q3_10）	政策文本 & 培养方案
	班主任技能（Q3_11）	政策文本 & 培养方案 & 供需实证调查
	了解学生特点和照顾个性差异能力（Q3_12）	政策文本 & 培养方案 & 供需实证调查

续表

结构	要素	材料来源
通用能力	人格魅力（Q4_1）	政策文本 & 需求侧调查
	身体素质（Q4_2）	政策文本 & 培养方案 & 供需实证调查
	心理调节能力（Q4_3）	供需实证调查
	情绪自控能力（Q4_4）	供需实证调查
	沟通技能（Q4_5）	培养方案 & 供给侧调查
	团队协作能力（Q4_6）	供需实证调查
	书写能力（Q4_7）	政策文本 & 培养方案 & 需求侧调查
	语言表达能力（Q4_8）	政策文本 & 培养方案 & 供需实证调查
	解决实际问题的能力（Q4_9）	政策文本 & 培养方案

三、供需整合视角下师范生专业能力结构验证与解析

在供需整合建构的师范生专业能力结构理论构想的基础上（见表 4-22），编制《供给侧：师范生培养现状调查问卷（师范生专用）》（见附录五）第五部分"师范生专业能力结构现状"内容与题项，针对师范类专业毕业班学生进行调查，并验证供需整合建构的师范生专业能力结构理论构想是科学合理的。基于供需整合的师范生专业能力结构及构成要素，假定该结构每个指标变量都与某个因子匹配，存在一定主观臆断。为保证研究的科学性、准确性、客观性和完整性，对供需整合的能力结构进行实证数据拟合，全方位地验证供需整合的师范生专业能力结构及其构成要素的划分是科学的、合理的。

（一）供需整合视角下师范生专业能力结构的验证

通过对回收的师范生数据进行题项–总计相关系数和信度分析，结果如表 4-23 所示。

表 4-23 师范生专业能力结构的相关系数和信度分析（供需整合）

维度	能力特征	题项-总计相关系数（CICT）	Cronbach's α
教师精神	职业道德（Q1_1）	.694**	.940
	职业理想信念（Q1_2）	.677**	
	教育情怀（Q1_3）	.674**	
	仁爱之心（Q1_4）	.686**	
	责任感（Q1_5）	.694**	
知识结构	学科专业知识（Q2_1）	.675**	.958
	学科课程标准与教材（Q2_2）	.657**	
	教育学和教学法知识（Q2_3）	.674**	
	学生与班级管理知识（Q2_4）	.731**	
	学生学习与教学策略知识（Q2_5）	.703**	
	学生心理辅导知识（Q2_6）	.677**	
	我国教育政策和法规（Q2_7）	.657**	
	我国基础教育改革发展与前沿动态（Q2_8）	.662**	
	国外基础教育改革发展与前沿动态（Q2_9）	.637**	
	综合性知识（Q2_10）	.662**	
	先进教育理念（Q2_11）	.697**	
教书育人能力	教学设计技能（Q3_1）	.794**	.970
	教学观察与思辨能力（Q3_2）	.774**	
	教学组织与实施能力（Q3_3）	.799**	
	学生评价方法（Q3_4）	.803**	
	运用教育技术手段的能力（Q3_5）	.790**	
	职业生涯规划能力（Q3_6）	.784**	
	教学研究能力（Q3_7）	.744**	

续表

维度	能力特征	题项–总计相关系数（CICT）	Cronbach's α
教书育人能力	终身学习能力（Q3_8）	.749**	0.970
	反思能力（Q3_9）	.764**	
	创新能力（Q3_10）	.804**	
	班主任技能（Q3_11）	.769**	
	了解学生特点和照顾个体差异能力（Q3_12）	.791**	
通用能力	人格魅力（Q4_1）	.724**	.943
	身体素质（Q4_2）	.689**	
	心理调节能力（Q4_3）	.705**	
	情绪自控能力（Q4_4）	.709**	
	沟通技能（Q4_5）	.735**	
	团队协作能力（Q4_6）	.710**	
	书写能力（Q4_7）	.665**	
	语言表达能力（Q4_8）	.688**	
	解决实际问题的能力（Q4_9）	.702**	

（注：* 代表 $p<.05$，** 代表 $p<.01$，*** 代表 $p<.001$）

表 4-23 显示，所有题项的"题项–总计相关系数（CICT）"均大于 0.637，所有维度的 Cronbach's α 系数大于 0.9，问卷的整体 Cronbach's 系数为 0.966，说明变量测度的一致性良好。

利用 AMOS21.0 软件对样本数据进行师范生专业能力结构的验证性因子分析。按照供需整合的师范生专业能力结构，绘制初始模型，导入样本数据，采用一般最小化平方法，选择标准化系数的方式进行样本数据估计，运行 AMOS21.0 软件，得到师范生专业能力结构模型验证性因子分析路径图（图 4-11）和测量模型的拟合指标（表 4-24）。

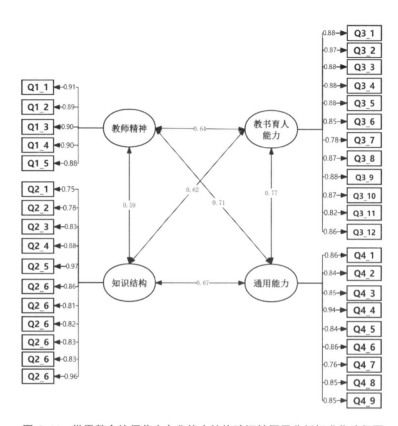

图 4-11　供需整合的师范生专业能力结构验证性因子分析标准化路径图

表 4-24　测量模型的拟合指标（供需整合）

模型	χ^2 值的 p 值	CFI	TLI	GFI	NFI	RMSEA
建议值	>0.05	>0.9	>0.9	>0.9	>0.9	<0.08
验证组模型检验值	0.000	0.973	0.970	0.914	0.960	0.042

表 4-24 显示，供需整合的师范生专业能力结构测量模型的拟合指数基本达到适配标准，说明因子与指标之间的关系通过了数据检验，各指标能较好地反应因子信息。结构验证分析结果表明，因子负荷值（标准化回归系数）介于 0.5—0.94 之间，37 个测量指标的误差值均为正数，且达到 0.05 的显著水平，变异量标准误估计值很小，介于 0.017—0.04 之间，协方差间标准化估计值的相关系数小于 1，说明供需整合的专业能力结构通过了验证，也就是说

本研究分析出的师范生专业能力结构 4 个维度的划分和测量是科学、有效的。

综上所述，本研究采用实证数据进一步考察理论设想的、供需整合的师范生专业能力因子间的具体结构关系和因子结构的科学性和稳定性，结果表明：师范生专业能力结构因子间有较为显著的相关关系（见图 4-11）。师范生专业能力结构共有 4 个因子，分别为教师精神、知识结构、教书育人能力、通用能力，每个结构因子均有相应的测量指标。由此构成供给与需求相整合、理论与实践相结合的师范生专业能力结构，该结构无论是内容上还是结构上，都较为科学合理。

（二）供需整合视角下师范生专业能力结构及其构成要素解析

基于以上分析，本研究建构和发展出一个供需整合的师范生专业能力结构，可称之为"师范生专业能力结构供需整合模型"。如图 4-12 所示。

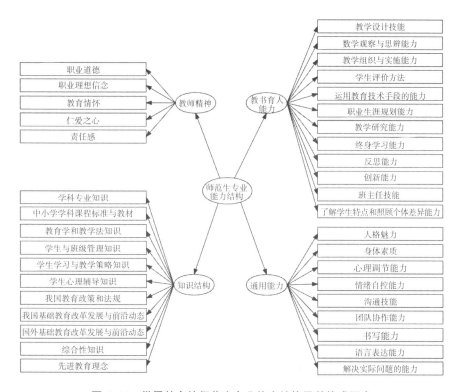

图 4-12　供需整合的师范生专业能力结构及其构成要素

图 4-12 显示，供需整合的师范生专业能力结构共有 4 个维度，分别为教师精神、知识结构、教书育人能力和通用能力，共包含 37 个构成要素。

"知识和能力"是外在表现，很容易了解与测量，也比较容易通过培训来改变和发展。而"教师精神"是内在的、难以测量的部分，往往不太容易受到外界的影响而发生改变，但对人的行为与表现起着关键作用。具体解析如下：

"知识与能力"，包括知识结构、教书育人能力和通用能力。知识结构主要包括 11 个要素，即包括学科专业知识、学科课程标准与教材、教育学和教学法知识、学生与班级管理知识、学生学习与教学策略知识、学生心理辅导知识、我国教育政策和法规、国内外基础教育改革发展动态、先进的教育理念、综合性知识。知识尤其是学科专业有关知识和一般教育专业知识的掌握，是师范生未来从教的基础条件。

教师育人的能力，主要包括 12 个要素，即教学设计技能、教学观察与思辨能力、教学组织与实施能力、学生评价方法、班主任技能、了解学生特点和照顾个体差异能力、教育技术手段运用的能力、教学研究能力、反思能力、创新能力、职业生涯规划能力、终身学习能力。这里的"能力"与其他行业工作所需能力有显著的不同，师范生作为未来的教师，教书育人是根本职能，也是师范生专业能力结构的关键要素。

通用能力，主要包括 9 个要素，即身心素质、沟通与合作、解决实际问题的能力、书写能力、语言表达能力、人格魅力，等等，这是师范生专业能力结构的基本要素，是师范生未来从教的基本要求。

"教师精神"，主要包括 5 个要素，即职业道德、职业理想信念、教育情怀、仁爱之心、责任感。"德才兼备，以德为先"，师德是一名教师的精髓，有仁爱之心、有教育情怀，是一名教师的灵魂。

总体而言，该师范生专业能力结构模型是一个整合的供需两侧分析框架，既体现了个体内在素养能力要素，又囊括了供需两侧外部要素，还彰显了教师职业的特性。这些内部和外部专业能力要素之间相互联系、相互作用，共同促进师范生专业能力结构整体体系的形成。

综上所述，从供需整合视角进行师范生专业能力结构的建构，是符合时代需求、助力师范生未来从教且更高质量教书育人的重要举措。因此，需要供需双方紧密配合、协同工作，共同推进师范生专业能力结构的全面、动态化建构，同时也需要师范生主体自发主动地适应需求的变化、积极围绕未来职业发展所需的专业能力进行自我教育和提升。

本章小结

中小学校作为劳动力市场的需求方，根据实际发展的需要和办好人民满意的教育的诉求，向人才供给方提出新的用人需求，对师范生的要求也随之不断提高。

基于政策文本的词频分析，结果显示：中小学校对师范毕业生要求是以"教书育人"为本，强调综合育人能力，促进学生全面发展，注重教学能力，包括教学基本技能、教学设计、教学组织与实施能力、教学评价能力、教学研究能力。此外，还较为看重师范毕业生具有"实践"能力，能够快速地适应新教师角色，胜任教师工作岗位。

在此基础上，本研究运用文本分析方法，以国家政策文本为研究文本进行挖掘分析，构建了基于国家要求的师范生专业能力结构。该结构主要是由"教师精神-知识结构-教学能力-综合育人能力-通用能力-教学发展能力"6个部分构成（见表4-3），共包括34个构成要素。其中，教师精神是师范生专业能力的灵魂；知识结构是师范生专业能力的基础条件；教学能力、综合育人能力、通用能力是师范生专业能力的关键因素；教学发展能力是师范生专业能力的内在要求。

基于中小学实证调查数据，本研究通过探索性因子分析和验证性因子分析，得到中小学需要的师范生专业能力结构及其构成要素（见表4-10）。该结构包括4个部分，即教师精神、知识结构、教书育人能力、通用能力，共有24个构成要素。

在人才市场中，作为师范人才供给方的地方院校，是培养师范生专业能力的主要场所。从地方院校师范类专业人才培养方案中，可以看出地方院校对师范生培养的目标、规格和侧重点。从人才培养方案的毕业要求、培养目标中可以获取师范生专业能力供给端的结构。

从供给侧视角出发，对地方院校师范类专业人才培养方案的词频分析，结果显示，各地方院校师范专业以"教育"为核心，突出"能力"本位的培养模式，培养的目标是面向地方中小学教育改革与发展需要，培养具有学科专业知识与教育教学知识，具备基本教学工作能力、研究能力和实践能力，还具有多学科领域基本知识与基本能力的中小学教师，注重"教学""知识""专业""研究""实践"等方面的知识、能力和综合素质的培养。

在此基础上，本研究运用文本分析方法，以甘肃 9 所地方院校 148 份师范专业人才培养方案为研究文本进行深入分析，构建了基于地方院校（供给侧）的师范生专业能力结构（见表 4-13），即由教师精神、知识结构、教学能力、综合育人能力、通用能力、教学发展能力、综合发展能力 7 个部分组成，共包含 38 个构成要素。教师精神是师范生专业能力的灵魂；知识结构、通用技能是师范生专业能力的基础；教学能力和综合育人能力是师范生专业能力的关键；教学发展和综合发展是师范生专业能力形成与发展的内在驱动力。另外，基于甘肃 9 所地方院校调查数据，通过探索性因子分析和验证性因子分析，建构了供给侧视角下的师范生专业能力结构，即"教师精神-知识结构-技能结构-身心素质"结构（见表 4-19），共包括 27 个构成要素。

基于需求侧——国家政策文本和中小学实证调查数据分析出的师范生专业能力结构，基于供给侧——人才培养方案和地方院校实证调查数据分析出的师范生专业能力结构，进行需求侧——政策文本 vs 中小学实证调查和供给侧——高校人才培养方案 vs 高校实证调查两组能力结构比较与分析，本研究发现：供需两侧建构的师范生专业能力结构各有不同，但也存在共同要素，基本都是按照师德、知识、技能这 3 个主要部分建构的。除共同要素（教师精神和知识结构）外，存在的明显差异有：

第一组需求侧比较中，相对于中小学，国家政策文本涉及的能力较为具体，分别有教学能力、综合育人能力和教学发展能力；而在实际教学过程中，中小学聚焦教书育人能力，将政策文本的教学能力与综合育人能力的相关构成要素结合在一起，形成教书育人能力。

第二组供给侧比较中，人才培养方案制定中较为注重师范生"教学能力、综合育人能力、通用能力、专业发展能力、综合发展能力"的培养。人才培养方案提及的能力素质培养有两层含义，一是学生综合素质的培养，二是教师职业能力素养（如教学能力和综合育人能力）的培养。但在实际培养过程中，较为注重综合素养和通用能力（例如沟通技能、灵活应变能力）的培养。

更进一步，通过供需两侧的能力结构综合比较与分析，发现供需双方在以下能力结构方面是一致的：教师精神、知识结构、教学能力、综合育人能力、通用能力、教学发展能力。不同的是，需求视域下，对师范生专业能力的要求是以"教书育人"为主，注重教学、实践，更倾向于教学技能、综合育人以及专业发展；供给视域下，对师范专业能力的要求主要以"综合能力"为本，以成才、发展为导向，更倾向于知识、能力和素质综合协调发展，更为注重普适性能力的培养。

最后，本研究将国家政策文本、中小学实证调查、师范专业人才培养方案和地方院校实证调查4个向度结构及构成要素进行整合与验证，最终建构和发展出一个供需整合、理论与实证相结合的师范生专业能力结构。该结构共有4个维度，分别为教师精神、知识结构、教书育人和通用能力，共有37个构成要素。"教师精神"是一名教师的精髓和灵魂；"教书育人能力"是师范生未来从教的必要条件，也是师范生专业能力结构的关键要素；"知识结构、通用能力"则是师范生未来从教的基本条件。该结构无论是内容上还是结构上，都较为科学合理。

第五章 地方院校师范生专业能力的影响因素分析

　　找准师范教育中存在的问题，既是师范教育研究者和践行者的重要任务，也是弥合供需鸿沟的有效途径。在解析供给侧与需求侧视角的师范生专业能力结构过程中，我们发现，师范生专业能力的培养，既有地方院校的投入，也有国家和中小学校的参与，当然培养的主体——师范生也深入其中。这些相关利益主体之间与师范生专业能力结构优化有何影响关系是本章讨论的核心问题。

　　供需各主体对师范生专业能力结构的需要和认知既有共性也存在显著差异。本文秉持求同存异的观点和立场，探寻与建构供需整合的师范生专业能力结构。在此基础上，本章运用结构方程模型解析相关利益主体内部结构要素之间的关系，以及这些利益主体与师范生专业能力提升的影响关系，以期找准提升师范教育质量的关键点和发力点。以便更好地联合供需各方主体之力，加强供需衔接，建立多方联动参与的师范教育运行长效机制，推动师范教育改革与发展，整体提升地方院校师范生专业能力，服务地方基础教育发展。

第一节　结构方程模型

　　结构方程模型是一种通过变量协方差矩阵来分析变量间关系的计量研究技术。它能实现三个目的：一是估计模型中的观测变量、潜在变量；二是估计变量的测量误差；三是验证测量的信度与效度。[1]结构方程模型包含测量模型和结构模型，测量模型反映的是观测变量与潜在变量的线性关系，结构模型反映的是潜在变量之间的因果关系。测量模型和结构模型方程式如下所示：

$$y=\lambda\eta+\varepsilon \tag{5-1}$$

$$x=\lambda\xi+\delta \tag{5-2}$$

$$y=\gamma\zeta+\beta\eta+\zeta \tag{5-3}$$

式（5-1）是内生变量方程，式（5-2）是外生变量方程。其中 y 是内生变量，x 是外生显变量，η 是内生隐变量，ξ 是外生隐变量，λ 为回归类型，ε 和 δ 分别是 y 和 x 的测量误差。式（5-3）中，η 是向量类型，γ 是回归类型，ξ 是向量类型，β 是回归类型。该方程显示的是内生隐变量 η 和外生隐变量 ξ 之间通过系数矩阵 β 和 γ 及结构方程的误差项 ζ 联系起来。

结构方程分析步骤大致分为初始模型设定、模型参数估计、模型评价、模型修正和模型诠释。[2]本研究据此采用 Spss21.0 和 AMOS21.0 统计分析软件，考察和分析地方院校师范生专业能力结构与供需两侧中社会、地方院校和师范生等影响因素以及不同影响因素之间的作用关系。

第二节　研究假设与变量描述

师范生专业能力培养是一个极其复杂的过程。地方院校既要注重内部机制、结构的调整，又要关注外部环境的变化。基于供需两侧整合的师范生专业能力结构可知，师范生专业能力结构包括教师精神、知识结构、教书育人能力、通用能力等。而且，众所周知，知识与技能最直接的获得方式是课程、教学、师资力量、实践实习等。然而，有一些因素如社会因素（包括国家与中小学）和师范生个体因素等等，也同样对师范生专业能力的培养存在一定的影响。结合相关成果，现提出以下研究假设：

---

[1]　吴明隆.结构方程模型——AMOS 的操作与应用[M].重庆:重庆大学出版社,2010:3.
[2]　吴明隆.结构方程模型——AMOS 的操作与应用[M].重庆:重庆大学出版社,2010:115.

　　假设一：师范生个体因素对其专业能力提升有显著正向影响。师范生个体因素包括自我效能感、学习投入和群体互助。师范生作为未来之师，其自我教学效能感是影响其未来教师职业适应性的重要特质。班杜拉（A.Bandura）最早提出自我效能感的概念，伍尔福克（A.E.Woolfolk）和霍伊（W.K.Hoy）根据班杜拉的理论，认为教师个人教学效能感是教师对自己影响学生学习行为和学习成绩的能力的主观判断与其实际教学效果密切相关。[1]朱旭东教授曾提出教师专业发展的理论模型，明确了学习社群和班级互动是教师专业发展不可或缺的因素。[2]库恩（G.D.Kuh）明确提出：学习投入有两层含义：一是指大学对有效教育实践的支持，二是指学生在各项有效教育活动中所投入的精力与时间。[3]弗雷德里克斯（J.A.Fredricks）等人把学习投入分为认知参与、行为参与和情感投入三种类型。[4]学习投入对师范生学业收获有显著影响作用。阿斯汀（A.W.Astin）的"参与理论"（student involvement）有力地证明：学生在学校开展的各项活动中参与度越高，越能获得更好的学业成就。[5]杨立军和韩晓玲研究发现，行为投入、情感投入以及认知投入对教育收获有正向影响作用。[6]龚放和吕林海对南京大学和加州大学伯克利分校调查发现：师生互动、同伴互助对学习学业成就有重要影响。[7]根据荀渊观点可知：教育的价值不仅是通过课堂中的教师的教与学生的学来体现，还在师生、生生的互动、交流中获得。[8]由上述已有研究成果可知，师范生的学习投入、自

① Woolfolk A.E.，Hoy W.K. Prospective Teacher'Sense of Efficacy and Beliefs about Control[J].Journal of Education Psychology，1990，82(1)：81—91.

② 朱旭东.论教师专业发展的理论模型建构[J].教育研究，2014，35(06)：81—90.

③ Kuh G.D.Assessing What Really Matters to Student Learning Change Inside the National Survey of Student Engagement[J].Change，2001，33(3)：10—17.

④ Fredricks J.A.，Blumenfeld P.C.，Paris A.H. School Engagement：Potential of the Concept，State of the Evidence[J].Review of Educational Research，2004，74(1)：59—109.

⑤ Austin A. Achieving Education Excellence：A Critical Assessment of Priorities and Practices in Higher Education[M].San Francisco：Josey-Bass Publishers，1985：58—59.

⑥ 杨立军，韩晓玲. 基于NSSE-CHINA问卷的大学生学习投入结构研究[J].复旦教育论坛，2014，(3)：83—90.

⑦ 龚放，吕林海.中美研究型大学本科生学习参与差异的研究——基于南京大学和加州大学伯克利分校的问卷调查[J].高等教育研究，2012，(9)：90—100.

⑧ 荀渊.高等教育全球化的愿景：从无边界教育到无边界学习[J].电化教育研究，2019，40(05)：32—39.

我效能感以及师生互动、同伴互助是促使师范生专业能力提升的重要影响要
素。

假设二：地方院校对师范生专业能力提升有显著正向影响。人才培养是
高等教育的重要职能之一。朱旭东认为，学校文化是教师专业发展的运行条
件。[1]师范教育旨在培养具有高级专业知识、娴熟教学技能、达到专业标准的
未来教师，以教师专业化来实现教学专业化，确保基础教育对未来教师的需
要。地方院校文化是师范生专业发展的重要文化环境，师范生受到地方院校
文化影响，会产生不同的学习路径、专业选择路径，从而影响其专业发展。

假设三：社会对师范生专业能力提升有显著正向影响。人在社会化过程
中，由于社会发展的环境不同，其受影响的文化环境也不同，从而形成了个
体发展的文化路径。克拉克·克尔的"巨型大学"论表明，高校"正被号召去
教育数量空前的学生，去响应国家机构的日益扩大的要求，将自己的活动与
工业前所未有地融合在一起，去适应并重新开辟新的学术潮流"。[2]这些都表
明了高校与社会的"无缝对接"。社会与师范院校基于共同利益，当利益一体
化后既为师范生专业能力的发展提供有利环境，又为师范生专业能力的发展
提供了多方面的支持与资源。同时，社会公众对教师职业的支持、尊重和认
可，是师范生坚定选择教师职业的"强心剂"。可见，树立师范生对教师职业
认同感是培养一批批下得去、留得住、干得好的中小学教师的关键。因此，
国家制度政策、中小学校和社会认可度等外在环境建设对师范生专业能力发
展有重要影响。

假设四：师范生主观能动性的发挥与地方院校、社会等呈正相关。唯物
辩证法认为，外因是事物变化发展的条件。在个体的发展过程中，要正确对
待外因的重要作用。高校是传授知识、塑造灵魂的圣地。地方院校提供的各
种资源越充分，越有助于师范生主观能动性的发挥，从而提升个体综合素养。
莱基（B.Lakey）和斯科博里亚（A.Scoboria）认为，个体积极情感、行为、特

---

[1]　朱旭东.论教师专业发展的理论模型建构[J].教育研究,2014,35(06):81—90.
[2]　[美]克拉克·克尔.大学之用[M].高铦等,译.北京:北京大学出版社,2008:50.

质与社会支持高度相关。①因此，地方院校和社会支持能显著影响师范生主观能动性的发挥。

假设五：地方院校的人才培养与社会支持呈正相关。社会因素包括政策支持、中小学支持、社会机构以及社会认可度。德国生物学家德贝里提出"共生理论"，是指不同种属生物以某种物质联系共同生活在一起。②有学者认为，国家制度规定了教师专业发展层次的制度路径。③在国家和地方制度政策的引导下，学校自主制定发展规划、人才培养和组织管理。④依此可见，一方面国家通过影响学校发展规划等政策制定，从而对人才培养产生影响；另一方面，政府和地方院校要提供人才培养所需的相应配套措施，组织学生开展课堂教学、社会实践等，为师范生成为未来合格教师打下坚实基础。社会需求始终是推动高等教育发展的重要动力之一。19世纪中叶，在社会经济发展的推动下，英美国家增加社会服务作为大学的第三项职能，与人才培养、科学研究一起形成大学的三大职能。⑤现代师范教育作为高等教育中的"一员"，不仅是一种教育实体，更是一种复杂的社会体系和社会性事业。社会变迁会对师范教育产生巨大影响，特别是教育制度、教育目标和教育观念等的变化都是社会变迁的结果。⑥在当代社会，社会经济结构的变迁，促使产业结构、就业结构发生了重大变化，从而引发了人民群众对优质教育和优质教师的迫切需求。中小学支持也是影响师范教育质量的因素之一。美国PDS和英国PGCE职前培养项目关于中小学与师范教育合作培养优质师资的成功经验，证明中小学支持与地方院校师范生培养质量高度相关。

总的来说，师范生个体、地方院校、社会与师范生专业能力提升具有的显著相关性是有一定理论基础的。笔者认为师范生专业能力结构是一个复杂

① Lakey B., Scoboria A. The Relative Contribution of Trait and Social Influences to the Links among Perceived Social Support, Affect, and Self-esteem[J].Journal of Personality,2005,73(2):361—388.
② 程肇基.地方高校与区域经济共生发展的理论探索[J].教师教育研究,2013,25(05):6—10.
③ 朱旭东.论教师专业发展的理论模型建构[J].教育研究,2014,35(06):81—90.
④ 楚江亭.学校发展规划:内涵、特征及模式转变[J].教育研究,2008,(2):81—87.
⑤ 王处辉.高等教育社会学[M].北京:高等教育出版社,2009:187.
⑥ 马和民.新编教育社会学[M].上海:华东师范大学出版社,2002:279.

的动态结构，专业能力发展的形成不仅受到师范生个体学习投入、自我效能感和群体互动等内在因素的影响，还受到外部环境（地方院校和社会）的协同影响，这些因素共同决定了师范生专业能力发展。

　　基于以上研究假设，本研究构建出师范生专业能力培养影响因素模型，探讨内因（师范生）和外因（地方院校和社会）对师范生专业能力培养的影响作用以及影响因素之间的相互作用关系。如图 5-1 所示。

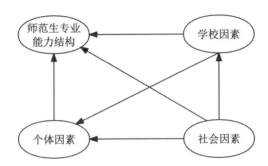

图 5-1　师范生专业能力的影响因素模型图

本文涉及的结构方程模型潜在变量和观测变量如表 5-1 所示。

表 5-1　变量统计

潜在变量	观测变量	最小值	最大值	均值	标准差
专业能力结构（F）	教师精神（F1）	1.00	5.00	3.62	0.629
	知识结构（F2）	1.00	5.00	3.49	0.645
	教书育人能力（F3）	1.00	5.00	3.38	0.621
	通用能力（F4）	1.00	5.00	3.54	0.603
个体因素（G）	自我效能感（G1）	1.00	5.00	3.48	0.638
	学习投入（G2）	1.00	5.00	3.07	0.664
	群体互动（G3）	1.00	5.00	3.58	0.580
学校因素（V）	课程与教学（V1）	1.00	5.00	3.65	0.472
	教学实践技能（V2）	1.00	5.00	3.12	0.733
	教育实习见习（V3）	1.00	5.00	2.83	0.836

续表

潜在变量	观测变量	最小值	最大值	均值	标准差
学校因素（V）	管理制度与办学条件（V4）	1.00	5.00	3.60	0.524
	服务保障（V5）	1.00	5.00	3.47	0.649
	师资水平（V6）	1.00	5.00	3.80	0.729
	课外活动（V7）	1.00	5.00	3.25	0.729
社会因素（S）	政策支持（S1）	1.00	5.00	3.58	0.734
	中小学支持（S2）	1.00	5.00	3.49	0.761
	培训机构支持（S3）	1.00	5.00	3.64	0.734
	社会认可度（S4）	1.00	5.00	3.58	0.734

图 5-1 和表 5-1 显示，结构方程模型共有 4 个潜在变量，依次分别为师范生专业能力（F）、学校因素（V）、社会因素（S）和师范生个体因素（G）；观测变量有 18 个，分别为：教师精神（F1）、知识结构（F2）、教书育人能力（F3）、通用能力（F4）、自我效能感（G1）、学习投入（G2）、群体互动（G3）、课程与教学（V1）、教学实践技能（V2）、教育实习见习（V3）、管理制度与办学条件（V4）、服务保障（V5）、师资水平（V6）、课外活动（V7）、政策支持（S1）、中小学支持（S2）、培训机构支持（S3）、社会认可度（S4）。所有观测变量的数据均来源于《供给侧：师范生培养过程现状调查问卷（师范生专用)》，该问卷正式实施调查前，已通过小样本测试，问卷的整体克隆巴赫系数（Cronbach's）为 0.976，问卷信效度均良好。

第三节　正态性检验与相关性检验

在结构方程模型（简称 SEM）中，最常使用的估计模型方法是极大似然估计法（maximum likelihood estimation，简称 ML）和一般最小化平方方法（generalized least squares，简称 GLS）。其中，极大似然估计法是目前应用最广泛的 SEM 适配函数估计法。极大似然估计法对样本数据的要求是：大样本，数据服从多变量正态分布，测量指标变量呈现线性关系。当样本数据是大样本，但不服从多变量正态分布时，最好采用一般最小化平方法（GLS）。[①]基于此，笔者采用Spss21.0软件K-S检验和相关分析，对样本数据进行正态分布检验和相关性检验，结果如表5-2所示。

表 5-2　正态分布检验和相关性检验（1）N=2265

变量	F1	F2	F3	F4	G1	G2	G3	V1	V2
均值	3.62	3.49	3.38	3.54	3.48	3.07	3.58	3.65	3.12
标准差	0.629	0.645	0.621	0.603	0.638	0.664	0.580	0.472	0.733
Z	7.831	6.106	6.698	5.936	7.095	7.49	5.141	8.073	6.754
P	0.000	0.000	0.000	0.000	0.000	0.002	0.000	0.000	0.000
F1	1	0.551**	0.627**	0.668**	0.691**	0.753**	0.231**	0.577**	0.429**
F2		1	0.607**	0.591**	0.604**	0.554**	0.298**	0.682**	0.457**
F3			1	0.746**	0.631**	0.628**	0.236**	0.572**	0.467**
F4				1	0.698**	0.716**	0.223**	0.592**	0.461**
G1					1	0.818**	0.352**	0.548**	0.414**
G2						1	0.317**	0.615**	0.446**
G3							1	0.134**	0.031
V1								1	0.546**
V2									1

---

① 吴明隆.结构方程模型——AMOS 的操作与应用[M].重庆:重庆大学出版社,2010:2,24.

表 5-2　正态分布检验和相关性检验（2）N=2265

变量	V3	V4	V5	V6	V7	S1	S2	S3	S4
均值	2.83	3.60	3.47	3.80	3.25	3.58	3.49	3.64	3.58
标准差	0.836	0.524	0.649	0.729	0.729	0.734	0.761	0.734	0.734
Z	1.899	5.12	4.767	2.791	4.933	12.003	12.807	12.585	12.954
P	0.001	0.000	0.000	0.000	0.000	0.000	0.000	0.000	0.000
V3	1	0.289**	0.241**	0.229**	0.231**	0.165**	0.174**	0.160**	0.150**
V4		1	0.759**	0.796**	0.516**	0.608**	0.606**	0.617**	0.513**
V5			1	0.620**	0.620**	0.622	0.640**	0.649**	0.555**
V6				1	0.366**	0.518**	0.506**	0.525**	0.426**
V7					1	0.396**	0.408**	0.430**	0.387**
S1						1	0.802**	0.827**	0.649**
S2							1	0.807**	0.676**
S3								1	0.696**
S4									1

（注：★代表 $p<.05$，★★代表 $p<.01$，★★★代表 $p<.001$，F1-F4 代表教师精神、知识结构、教书育人、通用能力；G1-G3 代表自我效能感、学习投入、群体互动；V1-V7 代表课程与教学、教学实践技能、教育实习见习、管理制度与办学条件、服务保障、师资水平、课外活动；S1-S4 代表政策支持、中小学支持、培训机构支持、社会认可度）

表 5-2 显示，在 0.05 的显著水平上，样本数据所有的变量之间存在显著相关，但不服从正态分布，说明样本数据符合结构方程模型分析的基本假定和一般最小化平方法（GLS）参数估计的前提假定，本研究可以采用结构方程模型分析方法和 GLS 进行模型估计。

第四节　结果与分析

根据获得的调查数据，运用结构方程模型分析方法对地方院校师范生专业能力影响因素进行分析。

一、初始结构方程模型

采用 Amos21.0 软件绘制地方院校师范生专业能力发展影响因素的初始结构方程模型路径图（见图 5-2），其中椭圆代表潜在变量，矩形框代表观测变量，圆圈代表误差项。初始模型中共有 4 个潜在变量和 18 个观测变量。其中，社会因素（S）属于外生变量，分别对应政策支持（S1）、中小学支持（S2）、培训机构支持（S3）、社会认可度（S4）4 个外生显变量。师范生个体因素（G）、学校因素（V）和师范生专业能力（F）属于内生潜在变量，分别对应知识结构（F1）等 14 个内生显变量。在模型中，外生变量不受其他变量影响，相当于"自变量"。内生变量受其他变量的影响，相当于"因变量"。模型中还存在 e1-4 和 e9-22 共 18 个显变量和 e5-8 潜在变量的残差变量。

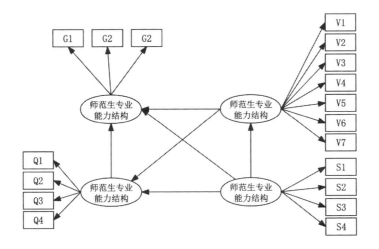

图 5-2　地方院校师范生专业能力影响因素的初始结构方程模型路径图

二、测量模型的路径系数

本研究是关于地方院校师范生专业能力与影响因素的验证性研究。根据理论假设的各观测变量与潜在变量之间的关系进行验证，以验证各观测变量能有效反映潜在变量。验证性因子分析结果如表 5–3 和表 5–4 所示。

表 5–3　测量模型的拟合指标

模型	χ^2 值的 p 值	CFI	TLI	GFI	AGFI	RMSEA
建议值	>0.05	>0.9	>0.9	>0.9	>0.9	<0.08
影响因素模型检验值	0.000	0.995	0.943	0.944	0.914	0.068
专业能力结构模型检验值	0.000	0.972	0.969	0.909	0.900	0.046

表 5–3 显示，地方院校师范生专业能力影响因素模型和能力结构模型的拟合指数都达到了适配标准，说明各观测变量与潜在变量的关系已通过样本数据的检验，各观测变量能较好地反映潜在变量信息。

表 5–4　测量模型的路径系数

项目			估计值	p 值
师范生专业能力结构	→→	教师精神	0.842	0.000
		知识结构	0.783	0.000
		教书育人能力	0.856	0.000
		通用能力	0.787	0.000
影响因素	个体因素 →→	自我效能感	0.890	0.000
		学习投入	0.948	0.000
		群体互动	0.370	0.001
	学校因素（供）→→	课程与教学	0.924	0.000
		教学实践技能	0.884	0.000
		教育实习见习	0.850	0.000
		管理制度与办学条件	0.328	0.001
		服务保障	0.624	0.000
		师资水平	0.826	0.000
		课外活动	0.731	0.000
	社会因素（需）→→	政策支持	0.898	0.000
		中小学支持	0.912	0.000
		培训机构支持	0.884	0.000
		社会认可度	0.746	0.000

（注：★ 代表 p<.05，★★ 代表 p<.01，★★★ 代表 p<.001）

　　表 5-4 可见，在专业能力结构层面，4 个维度与师范生专业能力之间的估计值都大于 0.5，且具有显著性，其中"教书育人"（E=0.856）能力对师范生专业能力提升的贡献最大。在影响因素层面，师范生个体因素的 3 个维度与师范生专业能力之间的估计值都大于 0.3，且具有显著性，其中学习投入（E=0.948）对师范生发挥主观能力影响最大。其次是自我效能感（E=0.89）。地方院校因素的 7 个维度与师范生专业能力之间的估计值都大于 0.3，且具有显著性，课程与教学（E=0.924）、教学实践技能（E=0.884）、教育实习见习（E=0.85）对地方院校提升师范生专业能力的影响最大。社会因素的 4 个维度与师范生专业能力之间的估计值都大于 0.5，且具有显著性，中小学支持（E=0.912）对社会促进师范生专业能力提高影响最大，其次是国家政策支持（E=0.898）。

三、结构模型的路径系数

　　按照理论模型的因果关系路径图（图 5-2），运用 AMOS21.0 统计软件，首先，"违反估计"检验结果表明，结构模型和观测模型没有出现负误差方差，各标准化系数均小于 0.95，协方差间标准化估计值的相关系数小于 1，说明测量模型没有出现"违犯估计"现象（"违反估计"检验，是评估模型拟合度之前必须先做的检验，用以检验估计系数超出可接受的范围。出现违反估计的项目有：误差方差为负数；协方差间标准化估计值的相关系数大于 1；标准化系数小于 0.98[1]）。随后进行结构方程分析，经模型估计、模型评价、模型修正得到：模型检验与拟合指标结果（见表 5-5），结构方程模型图（见图 5-3）和非标准化系数路径（见表 5-5）。

---

　　① 吴明隆.结构方程模型——AMOS 的操作与应用[M].重庆：重庆大学出版社,2010:38.

表 5–5　结构模型的拟合指标

模型	χ^2 值的 p 值	CFI	TLI	GFI	AGFI	RMSEA
建议值	>0.05	>0.9	>0.9	>0.9	>0.9	<0.08
检验值	0.000	0.970	0.964	0.927	0.906	0.052

表 5–5 显示，结构模型的绝对适配度指数和增值适配度指数达到拟合指标，说明该模型拟合效果较好，不需要再进行模型修正。

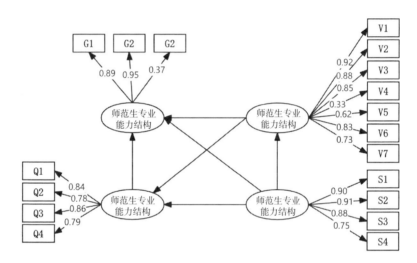

图 5–3　地方院校师范生专业能力影响因素的结构方程模型（标准化系数）

表 5–6　地方院校师范生专业能力影响因素的估计值（非标准化系数）

	Estimate	S.E.	C.R.	P
专业能力 ← 个体因素	0.435	0.024	17.981	.000
专业能力 ← 学校因素	0.398	0.039	10.263	.000
专业能力 ← 社会因素	0.104	0.017	6.119	.001
个体因素 ← 学校因素	0.863	0.040	25.154	.000
个体因素 ← 社会因素	0.141	0.025	9.895	.000
学校因素 ← 社会因素	0.602	0.016	40.34	.000

从图 5-3 和表 5-6 模型路径系数及显著性可以看到，师范生、院校和社会对师范生专业能力培养有显著直接相关关系（p<0.001），验证了前面提出的理论假设：师范生个体因素显著影响其专业能力提升，外部环境（地方院校和社会）显著影响师范生专业能力提升。地方院校（E=0.86）、社会支持（E=0.14）显著影响师范生个体主观能动性的发挥。社会支持（E=0.6）显著影响地方院校人才培养成效。其中，"地方院校"（E=0.4）、"师范生"（E=0.43）对师范生专业能力提高的影响作用最大；"社会"（E=0.1）对师范生专业能力提升的影响作用最小。由此可见，"师范生个体"和"地方院校"是师范生专业能力提升的关键影响因素。优先发展师范教育，加大对地方院校的支持力度，能有效提升师范生培养质量。地方院校（E=0.86）对师范生主观能动性发挥影响作用最大。因此，地方院校充分调动师范生的学习主动性，激发师范生的学习内驱力，能有效触发师范生对教师职业的向往与追求，努力成为一名合格甚至优秀的人民教师。

此外，要提高政府和中小学协同培养的作用，鼓励政府和中小学积极参与师范生培养，明确政府、中小学在师范生培养过程中的责任与义务，建立稳定协调、合作共赢的协同培养机制。

四、总体符合度的测量

《普通高等学校师范类专业认证实施办法（暂行）》明确指出：要"不断提升师范类专业人才培养质量，为培养造就高素质、专业化、创新型教师队伍提供有力支撑。"[①]通过结构模型找出师范生专业能力关键影响因素后，利用调查数据计算出地方院校师范生专业能力结构和各影响因素的符合度及其均值，了解当前师范生专业能力结构及培养现状。具体步骤如下：首先，计算 18 个观测变量的均值，将各观测变量均值除以 5 再乘以 100，得到各观测

---

① 教育部.教育部关于印发《普通高等学校师范类专业认证实施办法（暂行）》的通知［EB/OL］.（2017-11-06）. http://www.moe.gov.cn/srcsite/A10/s7011/201711/t20171106_318535.htm.

变量的符合度。第二，按照测量模型的验证结果，将各观测变量与二阶潜在变量对应归类，并对每个二阶潜在变量中包含的观测变量的均值和符合度进行加权平均，得到二阶潜在变量的均值和符合度。最后，对二阶潜在变量进行加权平均，得到地方院校师范生专业能力结构及其影响因素的符合度及其均值，如表 5-7 所示。

表 5-7　师范生专业能力及其符合度因素的潜在变量和观测变量的符合度和均值

一阶潜在变量			二阶潜在变量			观测变量		
	总体符合度/%	均值/分	因子	符合度/%	均值/分	因子	符合度/%	均值/分
能力结构	70.17	3.51				教师精神	72.45	3.62
						知识结构	69.76	3.49
						教书育人能力	67.69	3.38
						通用能力	70.79	3.54
影响因素	68.91	3.45	个体因素	67.51	3.38	自我效能感	69.61	3.48
						学习投入	61.32	3.07
						群体互动	71.59	3.58
			学校因素	67.77	3.39	课程与教学	73.03	3.65
						教学实践技能	62.49	3.12
						教育实习见习	56.54	2.83
						管理制度与办学条件	72.05	3.60
						服务保障	69.38	3.47
						师资水平	75.97	3.80
						课外活动	64.93	3.25
			社会因素	71.45	3.57	政策支持	71.60	3.58
						中小学校支持	69.80	3.49
						培训机构支持	72.80	3.64
						社会认可度	71.60	3.58

表 5-7 显示，从师范生专业能力结构一阶潜在变量上看，其均值为 3.51 分，未达到较高（4 分）的分值线。这说明地方院校师范生专业能力水平整体一般，地方院校还须不断提升师范生专业培养能力。从师范生专业能力影响因素一阶潜在变量上看，其均值为 3.45 分，未达到较高（4 分）的分值线。这说明促进地方院校师范生专业能力培养的措施还要加大力度。

从二阶潜在变量看，师范生专业能力的影响因素有师范生个体因素、地方院校因素和社会因素，师范生个体因素的均值为 3.38 分，地方院校因素的均值为 3.39 分，社会均值为 3.57，师范生的均值与地方院校的均值都不高，未达到较高（4 分）的分值线。这表明：

第一，师范生的主观能动性发挥不足，学习主动性和学习投入不够，群体互动不畅。导致此问题的原因是多方面的，首先，近年来，师范生生源质量大不如前，在 20 世纪 90 年代末，教师职业备受青睐，许多优秀的学子争相报考师范类专业，立志成为一名受人敬仰的人民教师。然而，随着新一轮科技革命的到来，IT、电子科技、人工智能、通信科技等行业蓬勃发展，与之对应的专业领域的人才需求急剧增长，且收入颇丰，极大地吸引了众多优秀学子。许多报考师范类专业的学生表示，之所以选择师范专业，是因为分数高不成低不就或是教师职业稳定，再或是没有其他更好的选择，最终无奈选择报考师范类专业。而且不少师范生的从教意愿并不坚定。样本院校中，40% 的学生反映"想过毕业后不当教师"，认为"教师社会地位低""收入低""责任重""自身不具备充分的知识和技能，感到难以胜任""工作满足不了个人发展需要"等。师范生对教师行业兴趣不高，对师范专业缺乏信任感，将会导致师范生在学习过程中主动性不高，甚至出现学习倦怠。另外，从社会氛围上看，由于一些教师职业道德观念淡化，不能为人师表，在社会上造成了一些负面的影响，对营造尊师重教的氛围带来冲击。近年来，还频频出现学生殴打教师的事件，教师工作出现"风险性"。受社会因素的影响，一部分师范生的教师职业认同不稳定。对教师职业认同的偏差，会导致其学习兴趣、动机和反思意识受到消极影响，"被动"学习成为普遍现象。因此，地方院校在激发学生的学习内驱力、引导学生从盲目的"被动学"转向理智的"我要学"方面，还需要进一步加强。这就要求社会和高校不能架空师范生去培养其专业能力，也就是说在师范生专业能力培养过程中，不能忽视师范生的主观能动性。师范生本身是促进其专业能力发展的内因，社会和高校是培养师范生专业能力的外因，外因通过内因才能起作用，两者良性互动，才能有效提升师范生专业能力。

第二，地方院校各项措施在实施过程中还未达到理想水平，地方院校师范教育发展动力不足。地方院校在师范生培养过程中发挥的潜力有待进一步挖掘。"要求很美好，现实很骨感"。要实现高等教育内涵式发展，建设一流师范大学和一流师范专业以及培养一流教师，需要足额的教育经费投入。西部地区地方院校国家财政支持力度小，办学经费严重短缺，加之很多学校债务累累，所谓"巧妇难为无米之炊，经费不足导致学校"各方面发展被严重掣肘，影响着师范生专业能力的培养。有学者呼吁："巨额的债务已成为制约地方高校健康发展的重要因素，个别学校甚至资不抵债，破产隐患凸显……由于投资不足与教育规模的急剧扩大，西部地区高校基础设施滞后的问题更加突出。"①这已成为地方院校师范教育实施改革与创新的"绊脚石"。可见，地方院校的办学经费是制约其内涵式发展的关键要素。虽然相关措施非常强调师范生的内驱力，但忽视了与其配套的环境外推力。可见，要促进师范生专业能力培养，除了要激发师范生的内驱力，最重要的是加强地方院校建设与发展。

从观测变量看，在"地方院校"影响因素中，"课程与教学""管理制度与办学条件""师资水平"和"服务保障"评分均未达到较高（4分）的分值线。说明师范生对地方院校相关资源配置评价一般。"课程与教学"是师范教育的核心与灵魂，直接决定高校办学目标的实现程度。课程与教学是师范生形成高尚职业道德，建立坚定的职业理想信念，建立系统的知识结构，提升教书育人和通用能力的主要抓手。积极推进课程设置与中小学需要对接，

---

① 马元方.西部新建地方师范院校办学定位探析[J].教育研究,2007,(09):86—89.

并施以多种类型的教学方法，既有助于深化师范生对所学内容的理解，还有助于培养师范生的实践能力和自主学习能力，更有助于师范生积累更多这方面的专业素养，为将来从教工作奠定多样化教学方式的基础。服务育人和促进学生发展既是传统意义上高校管理服务部门的职责所在，更是师范院校师范生思想、生活和心理教育的重要工作内容。管理制度与办学条件是师范生专业能力培养过程中的重要制度保证与支撑。管理制度和办学条件是指在师范生培养过程中起着支撑作用的一系列有关课程修读、教学管理、教师指导、学籍管理、师范生激励制度，以及教师资源、图书馆资源、实验室资源、教学实践资源等条件。①完善的管理制度与办学条件可以使师范生根据自己的需要和特点，选择不同的提升途径，实现德、智、体、美、劳全面发展。

在"地方院校"影响因素中还发现，教育实习见习的均值仅为 2.56 分，说明师范生对教育实习见习满意度较低，教育实习见习是师范生培养的短板。进一步分析可见，语言技巧、板书技能、演示技能等是教师入职前应具备的基本技能。这些技能主要通过实训、见习、实习获得。见习是通过学校体验、教学观摩、课堂参与等专题性见习形式，加强师范生对基础教育现状的了解。教育实习是师范生的教师职业准备最重要的阶段，这是每位新手教师必经阶段，是师范生将理论与实际相联系的环节，保证一定量的教育实习时间对提高师范生教学技能有很大帮助。

为什么师范生对教育实习见习满意度较低？调查发现，关于教育实践和实习的计划与安排，各院校的安排各有不同，但问题不少。在过去，各个师范院校、各个专业根据自身实际情况，设定时间长短。有些学校的教育实习以集中安排为主，分散实习为辅。有些学校每年都安排部分学生支教，例如新疆支教、本省的临夏和甘南地区的支教等，这些都为学生提供了教育实习和实践的机会和平台。但是，教育实习见习的安排和实施仍然存在不少问题。有位受访师范院校教师指出："经费不足是制约教育实习实践成效的主要原

---

① 丁钢.中国高等师范学校师范生培养状况调查与政策分析报告[M].上海:华东师范大学出版社,2014:142.

因之一。另外，因中小学教学事务较为繁忙或某些客观因素，并不是所有实习的师范生都能有机会进入中小学课堂中。"这位教师所指出的问题，可能就是学生对教育实习见习满意度较低的重要原因，值得从供给侧高度重视并加以解决。

此外，"教学实践技能和课外活动"的分值也相对较低，说明地方院校对教学实践技能和课外活动的安排、指导还存在不足之处。课外活动是课堂教学之外的有学校组织指导或校外教育机关组织指导的，是学生发展的第二课堂，是对课堂教学的扩充和拓展。参与或组织课外活动对学生各方面的发展和成长的影响是显而易见的，特别是对师范生职业道德情感、个人身心素养、人格魅力等的养成具有重要意义。对于师范生培养而言，这些是课程和实践平台养成的知识和技能之外的能力，是构成教师专业能力的重要组成部分。

从观测变量中还发现，师范生专业能力结构中，教书育人的均值为 3.38分，评价得分最低，可见，教书育人能力是师范生专业能力的薄弱部分。社会因素中，中小学校的支持力度相对较弱，可见中小学参与师范生培养的主动性不高。在结构方程模型中，社会因素中的中小学支持是提升师范生专业能力的关键影响因素之一。美国 PDS 和英国 PGCE 职前培养项目以实践经验证明与中小学深度合作是缩小供需差异的有效路径之一。因此，推动中小学校主动协同地方院校师范教育综合改革是强师之策和战略之举。

本章小结

本部分在供需整合的师范生专业能力理论结构基础上，编制《师范生专业能力培养现状调查问卷（师范生专用)》，通过实证调查和结构方程模型分析，得出以下结论：

第一，师范生专业能力的影响因素有师范生个体因素、地方院校因素和社会因素。其中，师范生个体因素由自我效能感、学习投入和群体互助等组成。地方院校因素由课程与教学、教学实践技能、教育实习见习、管理制度与办学条件、服务保障、师资水平、课外活动等构成。社会因素由中央地方政策支持、中小学校支持、培训机构支持和社会认可度等构成。第二, "社会"因素对师范生专业能力提升的影响作用最小,中小学支持、国家政策支持对社会促进师范生专业能力提高影响作用较大。第三, "师范生"和"地方院校"因素是师范生专业能力提升的关键影响因素。第四,教书育人能力是师范生专业能力结构中最重要的能力。第五,师范生自我效能感、学习投入对其主观能动性的发挥影响作用较大。第六,课程与教学、教学实践技能、教育实习见习对地方院校提升师范生专业能力的影响作用较大,是师范生专业能力提升的主要抓手。

另外发现,师范生培养过程中存在以下几点不足:第一,地方院校师范教育发展动力不足。第二,师范生的主观能动性发挥不足,学习主动性和学习投入不够,群体互动不畅。第三,中小学参与师范生培养的主动性不高。第四,师范生专业能力结构整体不高,教书育人能力是师范生专业能力结构的薄弱部分。第五,教育实习见习是师范生培养的短板,地方院校还须大力提升师范生专业培养的能力。

第六章　结论与建议

　　本研究基于供需两侧的视角，以量化的研究方法为主，质性的研究方法为辅，探索和建构了一个整合的、优化的师范生专业能力结构模型。在此基础上编制问卷，进行师范生专业能力培养影响因素的实证调查，深入剖析供需两侧在师范生培养过程中发挥的作用及存在的问题，以便针对影响因素，试图探寻加强供需衔接的解决方案，整体提升师范生专业能力。

第一节　研究结论

　　本研究以师范生专业能力结构为切入点，围绕供给侧与需求侧，采用文本分析法、调查法、因子分析法对地方院校师范生专业能力结构进行研究；运用结构方程模型对地方院校师范生专业能力培养的影响因素进行研究，得到以下结论：

一、供需不同视角下的师范生专业能力结构存在显著差异

　　从需求侧看，基于国家政策文本的词频分析发现：国家对师范生的要求是以"教书育人"为本，强调综合育人能力，促进学生全面发展，注重教学能力，包括教学基本技能、教学设计、教学组织与实施能力、教学评价能力、教学研究能力。较为看重师范生的"实践"能力，以及是否能够快速地适应

新教师角色，胜任教师工作岗位。通过聚类分析，得到国家要求的师范生专业能力结构，即由"教师精神–知识结构–教学能力–综合育人能力–通用能力–教学发展能力"6个部分构成。基于中小学的实证调查数据，分析出中小学需要的专业能力结构，即由"教师精神、知识结构、教书育人能力、通用能力"4个部分构成。

　　从供给侧看，基于地方院校师范专业人才培养方案的词频分析结果显示：各地方院校师范专业以"教育"为核心，突出"能力"本位的培养模式，面向地方中小学教育改革与发展需要，培养具有学科专业知识与教育教学知识，具备基本教学工作能力、研究能力和实践能力，还具有多学科领域基本知识与基本能力的中小学教师，注重"教学""知识""专业""研究""实践"等方面的知识、能力和综合素质的培养。通过聚类分析，得到人才培养方案定位的师范生专业能力结构，即由"教师精神、知识结构、通用能力、教学能力、综合育人能力、教学发展能力、综合发展能力"7个部分组成。基于地方院校的实证调查数据，分析得出地方院校师生认知的师范生专业能力结构，即"教师精神–知识结构–技能结构–身心素质"四因子结构。

　　基于以上供需两侧4个向度析出的专业能力结构，分别对需求侧——政策文本 vs 中小学实证调查和供给侧——人才培养方案 vs 高校实证调查2组能力结构进行比较与分析，发现：供需两侧4个向度建构的师范生专业能力结构各有不同，存在的明显差异有：

　　第一组需求侧内部比较中，相对于中小学，国家政策文本涉及的能力较为具体，分别有教学能力、综合育人能力和教学发展能力。而在实际教学过程中，中小学聚焦教书育人能力，将政策文本的教学能力与综合育人能力的相关构成要素结合在一起，形成教书育人能力。

　　第二组供给侧内部比较中，人才培养方案制定中较为注重师范生"教学能力、综合育人能力、通用能力、专业发展能力、综合发展能力"等方面能力的培养，人才培养方案提及的能力素质培养有两层含义，一是学生综合素养的培养；二是教师职业能力（如教学能力和综合育人能力）的培养。但实际培养过程中，较为注重综合素质和通用能力（例如沟通技能、灵活应变能力）的培养。

最后通过供需两侧能力结构比较与分析发现：供需双方在以下能力结构方面是一致的：教师精神、知识结构、教学能力、综合育人能力、通用能力、教学发展能力。不同的是，需求视域下，对师范生专业能力的要求是以"教书育人"为主，注重教学、实践，更倾向于教学技能、综合育人能力以及专业发展；供给视域下，对师范生专业能力的要求主要以"综合能力"为本，以成才、发展为导向，更倾向于知识、能力和素质综合、协调、持续发展，更为注重普适性能力的培养。

由于高等教育劳动力市场供求链条传动系统自身规律的客观限制，加之地方院校发展规模、条件、资源不同，导致人才培养质量也参差不齐。另外，师范生对教师行业兴趣不高，学习内在驱力不足，造成师范生对国家要求和中小学需要的能力结构认知存在主客观的差异。因此，供需之间存在一定差异是正常的。地方院校师范教育须以需求为导向，做好评估与预测，抓住机遇，适度调整人才培养规划与设计，强化人才培养的超前眼光、超前意识和超前战略，积极应对时代发展对人才需求的变化。

二、综合考量各方视角，建构出供需整合、理论与实证相结合的师范生专业能力结构

当前经济新常态带动了许多新兴行业、新型业态的涌现和发展，经济结构转型升级，所需的知识结构、能力、素质等也出现了新的变化和要求。人民群众对教育需求的转变，对优质教育和优质教师的向往与追求，对培养和造就一流教师提出了更高的要求，这就要求供给侧改革不能忽视社会和中小学校的需求。现代师范教育作为高等教育中的"一员"，不仅是一种教育实体，更是一种复杂的社会体系和社会性事业。①师范教育要面向区域经济发展

---

① 马和民.新编教育社会学[M].上海：华东师范大学出版社，2002：279.

的需要，培养和输送一批批优秀人才。

人才供需双方是一种相互影响、相互促进、相互作用的动态关系。综合考量各方视角，寻求各方认知的一致性，构建整合的地方院校师范生专业能力结构，是缩小供给与需求的差异，弥合理论与实践鸿沟的有效路径。本研究基于供需两侧 4 个向度分析出的 4 个师范生专业能力结构，对 4 个专业能力结构和构成要素进行合并、删除、归纳和整合，最终得到一个供需整合、理论与实证相结合而形成的师范生专业能力四因子结构模型，即由"教师精神-知识结构-教书育人能力-通用能力"构成，共包含 37 个构成要素。其中，"教师精神"是一名教师的精髓和灵魂；"教书育人能力"是师范生未来从教的必要条件，也是师范生专业能力结构的关键要素；"知识结构和通用能力"则是师范生未来从教的基本条件。该结构无论从内容上还是从结构上看，都较为科学合理，可为师范生培养质量评价提供可操作性的评价工具。

三、多元主体共同影响师范生专业能力的发展

师范生专业能力培养是一个复杂而系统的工程，不可避免地受到国家政策、社会需求、中小学需要和师范生自身等多方面因素的影响和制约。随着人民群众对公平而有质量的教师需求的增长，推进师范教育的改革与发展，提高教师培养质量越来越离不开政府、地方院校、社会和中小学的"大协同"。研究表明，影响师范生专业能力培养质量的因素有：师范生自身（供）、地方院校（供）、社会（需）3 个因素。其中：师范生因素由自我效能感、学习投入和群体互助等组成。地方院校因素由课程与教学、教学实践技能、教育实习见习、管理制度与办学条件、服务保障、师资水平、课外活动等构成。社会因素由中央地方政策支持、中小学校支持、培训机构支持和社会认可度等构成。在这 3 个主体因素中，"师范生"和"地方院校"因素是师范生专业能力提升的关键影响因素。"社会"因素对师范生专业能力提升的影响较小，但中小学、国家政策支持对社会促进师范生专业能力提高影响较大。在"师范生"因素中，师范生自我效能感、学习投入对其主观能动性的发挥影响

作用较大。在"地方院校"因素中，课程与教学、教学实践技能、教育实习见习对提升师范生专业能力的影响较大，是师范生专业能力提升的主渠道。

在明确影响师范生专业能力培养质量的 3 个因素之后，研究发现，这 3 个因素发挥的作用在目前还存在以下几点不足：

第一，地方院校师范教育发展动力不足。

上文提到，"地方院校"因素是师范生专业能力提升的主渠道。师范生培养过程中，社会、地方院校和师范生共同发挥能动作用。在社会需求导向下，地方院校各项措施在实施过程中还未达到理想水平，地方院校师范教育发展动力不足。克拉克·克尔曾说，高校必须创造面向学生的"自身法则"和"历史"的环境，"在机构周围架构的保护和稳固之中，师范生才能发挥创造能力"[①]。

因此，地方院校师范专业要正视自身发展动力不足的问题，对师范生所设置的培养目标、课程设置和教学实践要符合新时代经济与社会发展的需要，并根据不同时期、不同主体、不同情景的变化及时进行调整与完善。

第二，师范生主观能动性的发挥不足，学习主动性和学习投入不够。

上文提到，"师范生"因素是师范生专业能力提升的关键影响因素。从结构方程模型分析发现，在培养过程中，师范生的主观能动性发挥不足，学习主动性和学习投入不够，群体互动不畅。这就要求社会和地方院校不能忽视调动和发挥师范生的主观能动性。师范生本身是师范生专业能力培养的内因，社会和地方院校是师范生专业能力培养的外因，外因通过内因才能起作用，两者良性互动，才能有效提升师范生专业能力。师范生专业能力的养成，内因（师范生）和外因（环境）的共同影响作用缺一不可。但不管是内因还是外因，都要发挥其最大功效，要着力彰显师范院校的教学特征。地方院校和社会的发展机制是刚性的，师范生要么"被动"学，要么"主动"学，是柔性的。这就造成了发展机制很美好，而实际情况并不乐观的现象。也就是

---

① ［美］克拉克·克尔.大学之用［M］.高铦等，译.北京：北京大学出版社，2008：50.

说，要让师范生广泛参与到大学教学培养过程中，内外因才能发挥其影响力。曾有学者坦言："在教学实践过程中，学者并不仅仅是理论到实践，而且是从实践返回到理论。越来越多的证据表明，形成一种理论的最好方法就是应用这种理论。"①因此，要成为实践者，成就未来之师，就应构建"师范生为本，院校为主，社会为重"的培养模式。要"亦刚亦柔"完美演绎，借助学校和社会外推力，充分激活师范生内驱力，让师范生学会主动学习，主动参与到教学的全过程，学习教学理论知识和实践知识。通过学习，师范生才能将所学到的理论知识和实践知识内化为专业素养并运用到中小学实践教学活动中，从盲目的"被动学"转向理智的"我要学"，从被机制推着走和跟着走转向独立走。

第三，中小学参与师范生培养的主动性不高。

中小学作为"社会"因素的组成部分，其对师范生专业能力提升的影响也不容忽视。结构方程模型研究表明，"中小学支持"是社会因素中评分最低的一项，说明中小学参与师范生培养的主动性不高，中小学缺乏与师范生培养方主动合作与对话。中小学校作为人才需求方，也是用人单位，是劳动力市场中不可或缺的主体之一。如果中小学被排除到人才培养活动之外，将导致培养出的学生能力结构与中小学需要的教师素养差距更大。因此中小学要积极主动参与地方院校的教师培养，一方面可以将自身对人才结构的需要传递到地方院校，另一方面协同地方院校更好地培养出符合地方中小学发展需要的中小学教师，为教育振兴提供人才支撑。

第四，师范生"教书育人"能力不足。

从结构方程模型分析发现，地方院校师范生专业能力整体不高，能力结构中"教书育人"的得分均值最低，是师范生专业能力的薄弱部分。"教书育人"能力是国家和中小学最注重的能力，也是供需认知差异中最显著的部分。从教师专业发展阶段理论来看，师范教育阶段是教师职业生涯的起始阶

---

① ［美］欧内特·博耶.关于美国教育改革的演讲［M］.涂艳国，方彤，译.北京:教育科学出版社，2002:78.

段，在此阶段主要关注的是知识的积累和教师专业能力的提升，为师范生过渡成为一名新手教师奠定基础。教书育人乃教师最重要的使命，师范生"教书育人"能力的不足极大地影响着其未来的教育教学工作。

第五，教育实习见习是师范生培养的短板。

研究表明，教育实习见习是师范生专业能力提升的关键环节。而在地方院校培养过程中，教育实习见习的均值仅 2.56 分，说明师范生对教育实习见习满意度较低。教学技能训练和教育实习是师范生将理论与实际相联系的重要环节，是提升教书育人能力的关键所在。《师范类专业认证实施办法（暂行）》和《全面深化师资队伍建设意见》都对师范类专业的教学技能训练、教育实习见习基地、实习见习时间有了明确要求，这就要求地方院校创新实践教育环节，推进中小学与地方院校协同育人，重点建设一批师范教育基地，搭建好供需衔接的"立交桥"。

第二节　对策建议

从上述实证数据可以看出：师范生培养中，地方院校与中小学之间衔接不够，供需双方之间存在能力结构认知差异。此外，师范生专业能力培养，除了师范生主体因素外，地方院校、政府、中小学校和社会的参与缺一不可。本文针对目前师范生专业能力供需认知错位的现实及培养中存在的问题，立足供给侧（地方院校）和需求侧（国家、社会和中小学校）以及师范生本人的主客观状况，提出以下建议。

一、地方院校需建立适应供需关系的师范生专业能力培养策略

新时期经济的高质量发展、产业结构的转型升级、科技创新的突飞猛进、社会分工的趋向精细，对高等教育人才培养提出了新要求、新任务。高等教育只有抓住机遇、超前布局，及时更新教育理念，创新培养模式、统筹培养资源，才能适应时代发展对各类人才的现实需求，有效解决人才供需不平衡、

不充分的问题。一流的人才需要一流的教育，一流的教育需要一流的师资，教师队伍素质的高低在教育中起着关键作用。地方院校作为培养高质量师范人才的主体，需要从高水平师资需求与供给两端发力，多方发力，统筹资源、多措并举、共同促进师范生专业能力发展，实现师范人才"供需平衡的理想状态"。从现阶段来看，高等教育劳动力质量供需错位、劳动力供求关系联动不够灵活等问题不同程度地存在。从劳动力需求角度看，中小学校需求以"教书育人"为本，注重教师的一线教学实践能力，倾向于对专业技能、综合育人以及个性特质的考量。从人才供给角度看，地方院校培养以"能力"为本，注重以成才发展为导向，倾向于知识、能力和综合素养的协调发展。而现行的师范教育体系"重理论，轻实践"的偏向依然存在，加之发展动力不足、课程设置滞后、教学实践体系不完善、人才培养周期长，导致师范生的有效供给不足。为解决上述师范生供需错位问题，地方院校应联合供需多元主体之力、统筹多种资源建立协同共治的人才培养新机制，创新衔接供需关系的师范生培养模式，制定适应供需关系的人才培养方案，具体措施如下：

（一）构建供需多元主体协同共治的师范教育新机制

治理现代化的理念已渗透到政治、经济、社会和教育发展的各个领域，为不同领域的快速发展提供了理论指导和思想智慧。本文实证研究表明，国家和中小学校所需教师的专业能力结构与供给方的培养存在一定错位。这种"错位"的存在，导致目前地方院校的师范教育面临诸多问题，如师范生培养过程缺乏与中小学的对话与合作；教师培养目标与中小学需要不匹配；课程开设与基础教育脱节严重；教学内容、教学方式无法对接教师专业素养，等等。这种"错位"及其产生的问题，应当说与地方院校贯彻落实师范教育治理现代化的理念有着重要的关系。现在，师范教育领域关注较多的是新师范、兴师范以及如何提升师范教育质量供给，其实师范教育中涉及的需求方（教育行政部门、社会公众、中小学校）和供给方（高校和师范生）等，在治理现代化过程中都围绕师范生专业素养问题的探索与实践，都有加强师范生师德塑造和提升师范生教书育人能力。当前，聚焦师范生专业能力发展，治理现代化对其健康、稳定和有序发展提出了新理念和新思路。通过地方院校师范教育治理现代化，将有效凝聚和整合学校内部的力量、统筹和调度各类资源，推动学校内涵式发展，同时妥善处理大学与外部力量的关系，在获取更大支持、吸纳更多力量的同时保持大学自身发展的稳定性，增强办学定力。①在治理现代化视域下，发挥供需多元主体之力，统筹多种资源，探索协同参与的师范人才培养方式，对盘活高校高效运行机制，提升师范教育精准化、现代化和科学化有重要意义。

第一，地方院校师范教育应当实现内部治理和外部治理相结合。由大学治理结构主体范畴可知，地方院校师范教育内部治理结构的主体由学校党委书记、校长、各级行政管理人员、专任教师、师范生等构成。师范教育外部治理结构的主体由政府、中小学校、社会组织等外部利益相关者构成。这些利益相关者通过政策支持、经费支持、评估评价、实践资源支持等多种方式参与人才培养。因此，地方院校必须认识到，政府行政主管部门、中小学校、社会组织是支持师范教育发展的重要力量，都应该吸引他们积极参与到师范生培养工作中来。也就是说，地方院校师范教育要实现内部治理和外部治理相结合，最终构建政府行政主管部门、中小学校、社会组织、高校和师范生"五位一体"动态交互的师范教育治理的多元主体协同培养模式。

第二，制定适应供需协同培养的工作制度和平台。大学制度既涉及学校的内部关系如学校与教师、学校与学生、学校与院系等诸多关系；也涉及学校的外部关系，如大学与政府的关系、与社会的关系。②师范院校应为供需多元主体共同参与人才培养新机制提供相应的工作制度和参与平台，即建立所有参与主体平等的参与师范生培养全过程的协商机制，充分考虑大学内外部各个参与主体的意见和诉求，真正有效地实现协同共治。

第三，在师范生人才培养过程中重视应用大数据协同共治。建立大数据

---

① 邱水平.中国特色现代大学治理的若干重要问题探析［J］.北京大学教育评论,2020,18(01):120—133.
② 卢晓中.高等教育质量发展的五大趋势[J].大学教育科学,2019,(05):6—9.

实施教学质量保障监控与评价机制，既可以实现诸多培养主体对各主要教学环节的质量实施全程监控与常态化评价，也能对培养目标的达成度进行全方位的校内外定期评价，从而推动师范生培养质量的持续改进和提高。

第四，加快人才培养利益相关方的权力分配，并明确各自应承担的培养责任，同时为参与主体提供相应的人力、物力和经费支持。例如，在高校管理经费划拨中，理应考虑学生群体和社会组织的管理工作需求，为其提供必要的管理费用。[①]

总之，多元主体协同培养模式具备极强的包容性和开放性，既强调分工也强调合作与协商，发挥供需多元主体合力，共策共力，以协作的治理技术推动师范教育走向现代化的目标。

（二）建立多元化的师范生培养模式

进入新时代以来，我国教师教育已经向综合教学型和学科研究型教师转变发展，"3+1"本科通用型模式、"3+3""4+2"的教育硕士研究生综合教学型模式和"4+3"的学科研究型教师教育模式等多元化教师培养模式在各师范院校逐步推进。[②]为迎合公众对培养"优质教师"的迫切需要，提高师范教育质量，不少师范院校还逐步实施如华东师范大学的"4+N+2.5"本硕一体卓越教师培养模式、东北师范大学的"本硕一体·全科·融通"卓越小学教师培养模式、天津师范大学的"3+1+2"本硕一体化卓越教师培养模式等。因此，地方院校应结合本省、市、自治区的实际需要和本校的教育教学实际，积极借鉴目前多元化教师培养模式的经验，分类施策，逐步建成"立交桥"式的衔接供需关系的培养模式群。

以甘肃为例，甘肃是一个多民族欠发达省份，教育发展比较滞后，优质教师资源相对不足。为促进教育公平，振兴乡村教育，维护民族地区社会稳

---

① 徐顾强,王文彬.合作治理视域下的高校治理现代化研究[J].中国电化教育,2018,(09):81—86.
② 宋志章,曲铁华.卓越教师培养计划2.0的现实挑战与应对策略[J].中国高等教育,2019,(07):44—46.

定和发展，甘肃地方院校需对卓越中小学教师培养进行积极探索，全力培养卓越中小学教师，以优化师资供给结构，培养具有教育情怀、学识扎实、专业基础突出、教书育人能力良好，能胜任中小学教育教学的高素质专业化创新型的中小学教师。为把这个目标落到实处，笔者认为，地方院校要建立多元化的师范生培养模式，目前可考虑推行的模式有 4 种，现分述如下：

1. 建构本科卓越中小学教师培养模式

本科卓越中小学教师的培养，以培养具有通用教育教学理论和扎实学科背景的通用型教师为目标。可采用三段式培养模式：

第一阶段（大一），通过高考招生择优录取并进行无差别成员培养。在这一阶段，首先，组建课程群，按照大类无差别化培养，该阶段进入教育学院，主要学习通识类课程、教育教学理论课程，同时接受教育实践训练。其次，入学之初便开始安排师德教育和教师专业教育，从而建立师范生专业信任感和专业兴趣。再次，每学期安排到中小学进行为期 1 周的教育见习，让师范生切实感受真实的课堂教学环境，深化其对未来教师工作的认识。最后，对不适合从事教师工作的学生，可实行转专业的淘汰制度。

第二阶段（大二至大三）进行学科分流，按照学生个人申请和学院审核两个流程，将师范生分流到未来所教学科对应的院系，学习专业知识和技能，夯实专业基础。

第三阶段（大四）安排教育实习和毕业论文设计与撰写。大四第一学年，安排为期一学期的教育实习，教育实习在中小学完成，练就师范生教书育人的能力。大四第二学年，完成毕业论文相关工作，毕业时获得教师教育专业学士学位和教师资格证书。

2. 建构本硕一体化卓越中小学教师的培养模式

本硕一体化卓越中小学教师的培养，以培养具有扎实学科背景、综合教学型和学科研究型的教师为目标。可采用四阶式培养模式（即"2+2+3"学术研究型教师教育模式、"2+2+2"或"3+1+2"教育硕士培养模式）。以"3+1+2"本硕一体化培养模式为例，"3"代表本科前三年（大一至大三），主要由相关师范专业负责实施，以理论学习为主；"1"代表本科第四年（大四），由相关师范专业和教师教育学院负责实施，以实践教学为主；"2"代表教育硕士阶段的两年，由教师教育学院和教育硕士培养点负责实施，中小学协同培养，以研究实践为主。

3. 建构全科型小学卓越教师的培养模式

甘肃省农业区域辽阔、地形复杂、贫困地区面积大、少数民族文化特点鲜明，边远贫困地区乡村小学引进优秀教师难，并且受规模限制，乡村小学"小班化""包班制"教学模式普遍存在，因此对教师的最大能力要求就是"一专多能"。即是服务乡村教育发展，地方院校师范教育要推出本地区乡村小学教师本土化培养模式，对招收的初等教育或小学教育专业实行全科培养。本科学历一般应招收高中毕业生，学制4年，一二年级全面学习，三年级开始通过专业方向分流模块课程确定学生自身的学科专业发展方向。同时开设较为全面系统的教师教育类课程。专科学历招收初中毕业生，学制为5年（即"2+3"培养，前2年接受高中文化知识和中等职业技术教育，后3年接受专科教育。专科教育阶段第一二年实行全科培养，即要求学生选择1~2门基础课程模块课程+1门主攻方向课程进行学习。专科教育阶段第三年进行主攻方向课程专业分流）。在培养过程中，通过打破院系和专业壁垒，实行跨院系、跨学科、跨专业修习课程和专业训练等各种专业活动设计与安排，同时设置一定比例的乡土知识和乡村文化方面的课程，使人才培养从综合化走向精细化，又通过精细化来逐步支撑综合化。为加强教师的专业技能训练，把"三笔字"和普通话等教学技能训练课程贯穿中小学全科卓越教师培养全过程。为提高跨学科的教学能力，到二年级时要求开展说课和讲课活动，并且尝试开展主题式的跨学科教学训练。为提高研究及管理能力，采用"自主、合作、探究"教学模式，要求学生通过论文写作来研究农村小学、农村教育、农村儿童，从而培养学生的研究能力。

4. 构建地方特色的教师专业发展学校模式

加强供需关系衔接培养师范生的另外一个渠道，可通过联合供需之力，汇集多种资源，构建地方特色的教师专业发展学校，推进师范教育转型升级，提高师资供给质量。国外关于师范生供需协同培养探索与实践和师范教育转型的实践，已经取得令世界瞩目的成功经验，为各国师范教育改革与发展提供了参考。例如：美国的"教师专业发展学校（Professional Development Schools，简称 PDS）"培养模式和英国的（Postgraduate Certificate in Education，简称 PGCE）职前教育项目。PDS 弥合了大学教师培养和中小学需求之间的鸿沟，有效解决了美国教师教育发展的困境。[1]国内也有一些师范大学参考国外的 PDS 培养模式，创办了中国特色的教师发展学校并取得一定成效，比如：首都师范大学创办的教师发展学校（TeachersDevelopment School）和上海师范大学开设的教师专业发展学校（TeachersProfessionalDevelopment School）。因此，地方院校可借鉴美国教师专业发展学校（PDS），借鉴国内一些师范院校实施的"USG"三位一体协同育人模式的成功经验，充分利用本地资源，建立师范教育培训基地或"USG"合作联盟；组建由政府人员、经验丰富的中小学教师、中小学管理者、大学教师、研究生和本科师范生组成的合作团队，强调团队成员平等与合作的关系，明确各自的责任与义务，从而建成符合地方院校师范教育发展需要的 PDS、TDS 或 TPD 师范教育模式。

（三）制定适应供需关系的师范专业人才培养方案

对于不具备推行卓越教师培养模式的师范专业和建立教师发展学校的高校，可以以需求为导向，加大对人才培养方案的改革，以及教法与学法的改革力度。社会需求是高校人才培养的第一导向。作为师范人才供给侧的地方院校，首要任务就是要主动适应社会发展需要，满足中小学校需求和基础教育改革与发展的新要求，发挥好人才培养特色与优势，让高质量师范人才的供给侧和需求侧有效对接，实现劳动力素质的加速升级和劳动力价值的最大提升。本研究建构的供需两侧视角下师范生专业能力结构，可以为师范教育供给侧改革与发展提供可参考的解决方案。建构供需两侧的师范生专业能力结构的基本思路是要求地方院校与中小学校、社会之间深度合作、密切配合，

---

① 程茹.美国教师教育协同创新模式及其中国化改造[J].高等教育研究,2014,35(05):97—106.

以专业能力培养和提升为导向，努力做到在培养目标上与用人标准对接，在课程设置上与中小学校需求对接，在教育实习上与用人要求对接。具体做法如下：

1. 明晰办学定位与培养目标

地方院校要将人才培养目标建立在社会和中小学对师范毕业生的需求及用人标准之上，以培养和提升师范生专业能力为导向，全面提升师范生培养质量。目前存在的现实问题主要是基础教育不断改革与发展，地方院校却对此关注不够，反应较慢。随着基础教育改革的不断深化、基础教育工作的创新发展，地方院校必须因势而变、因势利导，在凸显传统特色师范优势的基础上守正创新，把师范专业做大做强做精，才能在高等教育改革发展进程中更好地体现其功能和价值。通过对甘肃9所样本地方院校办学定位的话语分析发现：1所学校定位为高水平大学；4所学校定位为地方性、应用型大学，服务地方需要；4所地方院校定位不清晰。样本地方院校中，有3所地方院校校名"去掉"了"师范"二字，但仍承担着师范生培养的重要任务。一些地方院校在转型过程中，处在"高不成、低不就"的境地，既想完全综合化，向应用型转变，但资源和能力有限，又不愿也不能丢掉师范的传统，但对综合化、应用型的追求远远大于对师范的坚守。[①]众所周知，大学办学定位的变化会直接影响大学的人才培养、科学研究、师资队伍和文化精神相应的转变。地方院校办学定位是走应用型、综合化好？还是坚持行业性、师范性好？这是一个重要问题。胡德海先生曾说过："教育工作是一刻也不能失却自身的主体性的，但主体性又必须建立在推动社会进步的价值取向上。"[②]大学要在社会功用导向下坚持"自我"。国际知名教育学者许美德教授曾经提出，中国"师范大学"最能够反映中国儒家的传统，教育本身就应该是重要的一个领域。中国应该坚守"师范"模式，这不是否认全球研究型大学，而是鼓励多

---

① 赵明仁. 新时代中国特色师范教育体系的内涵解读 [J]. 华东师范大学学报（教育科学版），2018,36(04):32—34.

② 范鹏.陇上学人文存:胡德海卷[M].兰州:甘肃人民出版社,2014:211.

元化，多几个模式，至少应该坚守"师范"模式，甚至将其置于领导地位。[①]在师范教育综合化发展还是专门化发展的博弈中，作为师范教育主导者和高等师范教育学人应回归师范教育"初心"，彰显师范教育"本色"，增强办学定力。

瞄准需求，明晰办学定位，反向设计人才培养目标。"人才培养目标"是人才培养的基本标准，是学生经过系统的教育或培训而达到的某种状态，体现了素质和能力等专业能力结构的综合要求。[②]即使不同类型地方院校人才培养目标各有不同，但在基础教育发展中面对的师范类人才所应具备的专业能力结构的需求应是大致相同的。各高校应结合学校自身的特点及优势，以时代需求作为大背景，通过深入研究区域经济社会发展特点和规律以及中小学校对师范生专业能力结构的要求，明确自身人才培养的优势和重点，设计符合时代发展需求的人才培养目标，"各安其位、各司其职"，在激烈的高等教育竞争中、在社会对高素质师范人才的需求中站稳脚跟、力争一流。

2. 合理设计课程体系与教学方式

研究表明，课程与教学是师范生专业能力提升的主要抓手。地方院校的课程设置、调整与优化一定要综合考量社会需求及中小学用人标准，紧跟社会经济环境的变化和基础教育改革与发展的动态，主动适应经济社会发展带来的人才需求变化特别是中小学所需师资需求的变化。要以社会需求及中小学校用人标准为导向，将专业能力结构需求嵌入通识课程、专业知识课程中，创新课程教学机制，为师范生专业能力结构的建构奠定坚实的基础。这也是师范生专业能力培养工作的重中之重。

首先，夯实通识教育基础。通识教育为大学生基本知识技能学习和基础人格教育提供了有效的平台和途径。通识教育一方面为学生提供人文、社会科学、自然科学、信息技术应用、外语及多元文化等知识的学习资源，为学生传授广博的综合性知识。另一方面，通识教育还有利于师范生"师德"的

---

① 许美德,陈艳霞,王洪才.文明对话与世界一流大学建设[J].重庆高教研究,2018,6(05):3—19.
② 王峰,黄忠东.澳大利亚不同类型高校办学定位及课程体系比较[J].现代教育管理,2013,(2):125—128.

养成。根据实证调查研究可知，师德是当前国家和中小学最为重视的师范生专业素养之一。通过分析甘肃9所地方院校的通识教育课程发现，思想道德修养类课程是通识教育类课程的重要组成部分，高校可依托通识教育类课程，把握师范生成长特点，遵循师德教育规律，设置"养成源"师德课程，为学生师德养成提供课程基础，帮助师范生"输入与内化"师德，并精准"滴灌"在未来的育人沃土中。为保证通识教育课程的教学效果，高校可依托信息化建设、精品文献库开发、精品案例库开发、教学大纲制定、严格课程考核、落实完全学分制以及跨专业、跨学科、跨学院、跨层次选课等方式，把通识教育有效贯通到高素质师范人才培养的全过程。

其次，提升专业课程教学质量。专业教育为学生在某一特定领域建构起专业的知识和技能提供了有效平台和途径。高校要将基于专业背景的专业能力及教书育人能力嵌入专业课程教学体系，并提供额外的支持和发展，以加强理论学习同工作实践之间的联系。地方院校还有必要提高现行课程体系中实践教学的比重，改革实践教学课程的教学模式和课程形式。此外，地方院校还可参照英美等国高校专业能力培养的普遍做法，邀请有一线教学经验的优秀教师参与到课程计划的制定、课程设计、课题开发与实施中，有效地培养学生的专业能力。再者，地方院校还可以鼓励师范专业的任课教师定期到中小学观摩与学习，或者通过师范生教育实习带队方式，让任课教师与师范生一起到中小学体验教学。任课教师通过零距离接触中小学教育教学场景和真实的课堂教学活动，明晰中小学各学科教材和基础教育改革发展的动态，了解中小学教师是如何进行教学设计、教学实施与管理、学生学业评价以及应对与处理各种突发教学问题，以便更好地把握当前基础教育的现状和中小学对未来教师专业能力结构的需要。只有如此，专业课教师才能及时更新教学理念，培养师范生的终身学习能力、反思能力、实践教学和教学研究能力，提升专业教育质量，培养出能适应基础教育发展需要的未来教师。

最后，注重创新课程的开发与实施。在当前教育改革与发展的背景下，注重创新课程的开发与实施是推动教育质量提升的重要途径，尤其对于师范生的培养至关重要。首先，地方院校应当建立适应新时期教学需求的课程体系。将基础学科知识与实际教学相结合，确保师范生掌握综合素质教育和教学实践所需的技能。例如，设立"课程设计与实施""教育技术应用"等课程，围绕学生中心的教学理念展开，培养师范生的创新意识和能力。第二，建立产教融合的合作机制至关重要。地方院校应与中小学和教育园区、培训机构等建立多层次、多形式的合作关系，通过共同开发教学资源、组织教学研讨和实践活动，使师范生在真实的教学环境中锻炼能力。此类合作不仅可以为师范生提供实践机会，还能让学校了解基础教育的最新需求，及时调整和优化课程内容。第三，倡导多样化的教学方法，在课程实施中引入"任务驱动法""项目教学法""案例教学法"等教学策略。这些方法强调学习的主动性与参与感，鼓励师范生在实际操作中进行探索和创新。例如，可以设计基于项目的学习活动，如"设计一堂课"，让师范生在教学设计中实践所学知识，提升其教学能力和创新思维。第四，借助社会资源，引入企业、科研机构的支持，推动课程和教学方法的不断创新，培养师范生适应社会发展的能力。

3. 抓好实践教学

研究表明，教育实践和教育实习见习是师范生专业能力提升的关键路径，教书育人能力是师范生专业能力结构中最重要的能力。在实际培养过程中，教育实践和教育实习见习是地方院校师范生培养的短板。

地方院校应深入系统地调研和分析市场需求，关注社会及中小学对新入职教师岗位胜任力的要求，据此制定人才培养方案和教育实习、实践课程学时学分，有的放矢地进行各项技能训练。实习被认为是提高毕业生能力最有用的体验式学习活动，[1]也是弥合教育和就业需求之间差距的有效方法。[2]实践证明，在实习过程中提供的实习计划较为重要，成功的实习经历能有效增强学生在岗位中的适应性，而平庸的实习计划却会摧毁学生的职业梦想。[3]因

---

[1] HuijunYang,Cheung C,HaiyanSong.Enhancing the Learning and Employability of Hospitality Graduates in China[J].Journal of Hospitality Leisure Sport&Tourism Education,2016,19(11):85—96.

[2] Sapp D.A.,Zhang Qin. Trends in Industry Supervisors'Feedback on Business Communication Internships [J].Business Communication Quarterly,2009,72(3):274—288.

[3] Zopiatis A.,Theocharous A.L.Revisiting Hospitality Internship Practices:A Holistic Investigation[J]. Journal of Hospitality Leisure Sport&Tourism Education,2013,13(3):33—46.

此，地方院校应充分利用好实践教学环节，主动联系区域内中小学，根据两者发展的共同取向，建立良好的"产学研"合作教育模式，即把学习分为三个阶段：

第一阶段主要是校内培养，即借助学生社团，建立"学习共同体"，根据师范生的兴趣特长，成立"书法协会""诵读协会"，加强"三字一话"技能的培训；成立"创新创业兴趣小组""教具制作兴趣小组"，强化创新能力和动手能力培养；成立小学各学科教材教法活动小组，增强学生对教师职业的认知和认同。

第二阶段主要是以中小学培养为主，即师范生"识岗、试岗、顶岗"全部在实践基地小学完成，使师范生在直面小学实际中积累教学经验。为达成这一目的，学校规定在第二至第五学期分别设置为期两周的"实践教学周"，第六学期为顶岗实习时间。也就是说，学校从师范生入学开始就为每个人提供见习、实习基地，引导学生三年内不间断地观摩、参与，研究小学教学，长期进行现场实践，使师范生在实践中提升教学技能、增长教学智慧。

第三阶段是回校，对之前的教学实践进行总结，对实践中遇到的问题进行理论探究，为个体专业发展奠定基础。由此形成学习—实践—再学习、双向参与的教育模式。[①]通过课内实践和课外实践相结合，践行师范生创新实践教学计划，推动课内实践和课外实践良性互动，加强实践环节的指导与监管，建构校内校外一体化实践教学模式的长效机制，以满足师范生实践教学的需要，真正促进师范生教师职业技能的实效性训练，强化师范生教书育人能力的养成，增强师范生职前岗位适应性。

二、有效激发师范生的学习内在驱动力

师范生内在驱动力在人才培养过程中的作用也是不可忽视的。前文实证研究结果表明，师范生自身是其专业能力提升的关键影响因素。现实中，师

① 姚启和.90 年代中国教育改革大潮丛书.高等教育卷[M].北京:北京师范大学出版社,2002:168.

范生主观能动性的发挥不足，学习主动性和学习投入不够。师范生群体在人才培养中的主体地位不可忽视。雅斯贝尔斯提出："高校是一个由学生与学者组成的，共同致力于追求真理事业的共同体。"①大学既有学科认知领域的思想碰撞与情感方面的精神对话，又有人际层面的双向的师生交流与多维度的生生交流。因此，地方院校可为师范生提供多样化、便捷性的生生交流、师生互动渠道和平台，以提高师范生人际交往能力和学习主动性。地方院校如何遵循师范生身心发展特点，激发师范生从被动接受向主动学习的转变呢？

（一）建立师范生专业信任感

建立专业信任感是激发师范生学习热情的根本。访谈中发现，一些师范生从教意愿并不坚定，对教师职业并不是真正的了解，报考这个专业时有较大的盲目性，有些甚至是没有其他专业可选择而被迫读了师范专业。这些现象影响了相当一部分师范生入学后的学习积极性。

信任感是一个复杂的心理概念。现实生活中信任感的产生是理性考察和强烈情感的结合。培养师范生对所学专业的信任感是提高其学习主动性和投入度的关键。为了实现这一目标，应从多个方面着手。

1. 帮助学生了解师范专业的背景与特点

了解师范专业的背景、学科特色、教学计划、就业方向及发展前景是树立师范生专业信任感的基础。一是了解专业背景与学科特色。学校应开设关于师范专业的导论课程，包括教育学、心理学、教学法等内容，让学生全面了解教育领域的发展历史、理论基础及其实际应用。教师可以邀请相关领域的专家分享他们的研究成果和观点，帮助学生认识到自己所学专业的重要性与广泛性。二是了解就业方向与发展前景。学校可以举办就业指导讲座，邀请校友和行业专家分享他们在职业发展过程中的经历与建议。分析不同行业背景下的教师角色，让师范生认识到教师职业的多样性，不同类型学校和机构对教师的需求，从而增强对未来职业生涯的憧憬。

---

① ［德］卡尔·雅斯贝尔斯.大学之理念[M].邱立波,译.上海:上海人民出版社,2007:231.

2. 帮助学生形成稳定的专业思想

一旦师范生对师范专业的背景和特点有了清晰的认识，接下来是帮助他们建立对教师职业的热爱和信任感。一是树立教师职业的神圣使命感。教师职业是一项神圣的职业，承载着教育的责任与使命。通过课堂教学、专题讨论及实践活动，引导师范生探讨教育对个体与社会的影响，让他们理解自己未来作为教师的责任与贡献。通过感性与理性结合的方式，增强师范生对教育事业的热爱与信仰。二是建立情感共鸣。加强与已在教育行业工作的教师的互动，通过校内外的访谈、听课等方式，让师范生感受到教师工作的魅力与挑战。鼓励师范生参与到教育志愿活动、社区辅导等活动中，通过实际参与加深对教师职业的情感认同，激发他们对未来职业生活的美好憧憬。三是培养学习习惯与主动性。在课程设置中，设计一些与职业生涯相关的学习活动，例如撰写个人职业生涯规划。通过这样的活动，帮助师范生思考与设计自己的学习路径，鼓励他们在学习中主动探求知识，逐渐培养起对专业学习的自信和热情。

3. 提供系统的职业发展指导

职业发展指导是帮助师范生建立对未来教师职业信任的重要环节。一是职业生涯规划课程。开设职业生涯规划课程，指导师范生制定短期与长期的职业发展目标。课程可涵盖自我评估、职业选择、简历撰写与面试技巧等内容，让学生对未来有明确的方向感与目标感。二是行业专家讲座与经验分享。定期邀请在教育领域取得成就的校友和专家进行主题讲座，分享他们的职业经历与发展路径。这类讲座不仅能提供师范生实践经验的借鉴，还能让他们了解到不同行业和岗位的工作特点，扩大视野，增强他们对教育事业的认识。三是提供实习与实践机会。与学校、教育机构及其他相关部门建立联系，争取为师范生提供实习机会，让他们在实践中积累经验，提升就业竞争力。参加实习能让学生真实地感受到教学的复杂性与成就感，加深对教师职业的理解与信念。

4. 设置心理健康支持机制

心理健康支持机制是帮助师范生应对学习压力、增强信任感的重要保障。

一是定期心理健康教育。定期举办心理健康教育讲座，帮助师范生识别自我情绪与心理状态，培养良好的心理素质。通过心理专家的指导，师范生可以学习有效的时间管理、压力调节技巧，提升自我调节能力。二是心理咨询服务。学校应设立心理咨询中心，提供专业的心理咨询服务。定期进行心理测评，及时发现有心理困扰的学生，并给予相应的支持和帮助。通过专业咨询，让师范生从内心深处建立对自身能力和专业选择的信任。三是建立支持性社区。鼓励师范生参加各类学习及心理支持小组，通过互助活动，共同分享学习中的困难与经验。支持性社区的建立有助于缓解压力，增强团体归属感，提升学生的心理素质和信任感。

（二）培养师范生的专业兴趣

培养专业兴趣是激发师范生学习动力的源泉。兴趣是行为的一种原动力。对专业的兴趣，可激发出对所学专业的专业情感，并自觉地克服学习过程中的各种困难。为提高师范生的专业兴趣，可采取以下措施：

1. 引入兴趣导向的课程设计

课程设计是影响师范生学习兴趣的重要因素。通过创建与师范生个人兴趣和教育领域发展相关的课程，可以有效激发他们的学习积极性。一是设置与教育实际紧密结合的选修课程。在课程设置中，应增加教育心理学、现代教育技术、教育政策分析等新兴热门课程。既让学生了解教育改革的趋势，还能让学生直接接触到教育领域最前沿的理论与实践。二是增加线上学习资源。提供丰富的在线课程和资源，鼓励学生自主学习。学校可以与知名在线教育平台合作，提供与教学相关的 MOOC 课程，让师范生能够根据自己的兴趣灵活选择课程，增加学习的自主性。三是应用项目式学习。课程设计应增加项目式学习内容，让学生围绕真实的教育问题进行研究。这种学习方法可以激励学生积极参与，将理论知识应用于实践中，并通过解决实际问题来提升他们的兴趣。四是邀请实践者进行课程讲授。邀请在教育行业内工作的专业人士或成功的教师来讲授课程，分享他们的实践经验。一手的实践经验可以激发学生的职业兴趣，使他们对未来的教育工作充满期待。

2. 开展课外活动与实践项目

课外活动和实践项目是培养师范生专业兴趣的重要途径，通过丰富的实践经历，可以增强他们对教育事业的热爱。一是组织教育志愿服务活动。定期组织学生参与各类教育志愿服务，如支教、社区教育活动、文化宣传等，让学生在实际教学中锻炼能力，并感受到教育带来的成就感和快乐。二是举办教学研讨会与论坛。开展学术研讨会、主题论坛和经验分享会，邀请师范生分享他们的实习体会和教育研究成果。通过集体讨论和思维碰撞，激发师范生对教育问题的热情。三是安排参观实习学校。组织师范生参观并体验不同类型的学校，如城市学校、乡村学校、国际学校等，了解各自的教学特点和管理模式。这种直观的体验将给师范生带来新的启发和思考。四是开展团队合作项目。通过小组合作形式开展实践项目，使师范生在合作中学习。在共同的目标下，他们能够互相激励，分享不同的观点，从而提高学习的积极性。

3. 设置激励机制

激励机制可以有效提高师范生的竞争意识和学习动机，促进其专业兴趣的发展。一是设立奖项与荣誉。学校可以设立"优秀实践奖""创新教学设计奖""学术研究奖励"等，鼓励师范生在课程和活动中积极表现，以此激励学生持续改进和创新。二是组织学术竞赛。开展与教育相关的学术竞赛，比如教学设计大赛、教育技术竞赛等，激励学生在比赛中展现自己的才华与能力。通过竞争，使师范生感受到学习的乐趣和成就感。三是设置可获得实习或就业机会的激励。将特别优秀的师范生与教育机构进行对接，提供更多实习或工作机会，让他们在学习中看到实际的职业发展前景，从而增强学习动力。四是通过展示活动推广优秀成果。定期举办"学生作品展示会"，让师范生进行自我展示，分享他们在实践中取得的成果。这种成就感的展示将激励更多的师范生投注更多的热情于自身的学习与实践。

4. 提供多样的导师机制

引入多样化的导师机制可以帮助师范生在专业学习中获得更多支持，激发他们的学习动机。一是建立师生一对一的指导关系。通过一对一辅导，让师范生在学习和实践中能得到专业教师的及时指导。教师可以根据师范生的兴趣和需求提供个性化的学习支持。二是设立导师团体。组成由多位教师组成的导师团队，涵盖不同的教育领域、研究方向和教学风格。这样，师范生可以根据自身兴趣选择合适的教师进行学习与交流，提升体验的多样性和有效性。三是进行定期的师生交流活动。定期举办师生座谈会和讨论班，为师范生提供表达自己学习上的困惑和想法的机会。通过深入的交流，帮助他们更好地理解专业知识，提升对专业的兴趣。四是配备学生研究项目的指导教师。鼓励教师担任学生自主研究项目的指导教师，引导学生在研究过程中探索和创新。这不仅能够提升师范生的研究兴趣，也有助于培养其批判性思维能力。

5. 加大对社会热点问题的关注

关注社会热点教育问题能够激发师范生对教育的热情和思考。一是设置专题讨论课程。开设课程或讨论会，专门围绕当前的教育热点问题，如教育公平、素质教育、科技与教育结合等，引导师范生进行深入讨论和思考。二是组织社会调研活动。鼓励师范生进行社会调研，走访学校、家庭、社区等，了解不同社会群体面临的教育挑战。通过参与调研，师范生能切实感受到教育的复杂性与重要性。三是鼓励项目研究与政策倡导。支持师范生在教育政策和社会问题上进行研究，鼓励他们撰写论文、发表文章，甚至参与到教育政策的倡导与反馈中。这种方式能让他们更直接地与社会对话，激发他们的责任感和使命感。四是利用新媒体传播观点。鼓励师范生通过新媒体渠道，如博客、视频、社交平台等，发表对社会热点问题的看法与见解。这种自我表达不仅能提升他们的表达能力，还能增强对教育事业的关注与参与感。

（三）提高师范生的自主学习能力

提高师范生的自主学习能力，是激发师范生学习内驱力的关键。大学教学应让学生主动地参与到知识的获取过程中。要切实提高师范生的自主学习能力，需要教师和师范生双方的努力。

1. 推广主动学习理念

推广主动学习的理念是增强师范生自主学习能力的重要基础。一是组织自主学习小组与读书会。鼓励师范生组建自主学习小组，定期进行学习讨论和知识分享。在小组中，师范生可以互相交流学习心得，讨论学习中的困难与挑战，增强彼此的学习动力。此外，读书会可以围绕教育的相关书籍展开，培养学生的阅读兴趣和批判性思维。二是营造自主学习的校园文化。学校应通过宣传海报、校园广播、社交媒体等多种渠道，营造积极向上的学习氛围，鼓励师范生主动探索和学习。可以定期评选"自主学习之星"，表彰那些积极参与自主学习活动的师范生，激励更多的师范生参与其中。

2. 强化学习技能培训

学习技能的培训是提高师范生自主学习能力的重要手段。一是开展技能培训工作坊。学校可以定期举办关于时间管理、学习方法、学术写作和批判性思维等主题的技能培训工作坊。通过实践活动和互动讨论，帮助师范生掌握有效的学习技巧，使他们在学习过程中更加自信和主动。二是利用在线学习平台。三是提供个性化学习指导。教师可以为学生提供个性化的学习指导，帮助他们识别自己的学习风格和需求。通过一对一的辅导，教师可以为师范生量身定制学习计划，指导他们使用适合的学习策略。

3. 提供丰富的学习资源

丰富的学习资源是促进师范生自主学习的重要保障。一是建立数字化学习资源平台。学校应建立一个综合性的数字化学习资源平台，提供丰富的在线课程、电子书籍、教育视频、科研资料等。通过这种平台，师范生可以随时随地获取所需的学习资源，满足他们的自主学习需求。二是设立学习角与阅读室。在校园内设立学习角、阅读室等专门的学习空间，提供舒适的学习环境和丰富的学习材料。鼓励师范生在这些空间中自主学习，进行小组讨论和交流，增强学习的互动性。三是引入多样的学习工具。鼓励师范生使用各类学习工具和应用程序，如学习管理软件、在线笔记工具和知识管理平台，帮助他们更好地组织学习资料和信息，提高学习效率。

4. 设置自主学习计划

制定个人学习计划是增强师范生学习责任感和主动性的有效方式。一是鼓励制定个人学习计划。师范生应在学期初制定个人学习计划，包括学习目标、所需资源和时间安排。学校可以提供模板和指导，帮助学生明确学习方向和计划。二是定期回顾与评估学习计划。每学期末，师范生可以对自己的学习计划进行回顾与评估，分析学习成果与不足之处。教师可以提供反馈和改进建议，帮助学生调整学习策略，提升学习效果。三是设立学习目标与奖励机制。鼓励师范生设定短期和长期的学习目标，并在达成目标后给予适当的奖励。通过这种方式，增强他们对学习的责任感和成就感，激励他们持续努力。

提高师范生的自主学习能力是一项系统工程，需要教师与学生的共同努力。通过推广主动学习理念、强化学习技能培训、提供丰富的学习资源、设置自主学习计划等多种措施，可以有效提升师范生的自主学习能力，帮助他们在未来的教育事业中更好地成长和发展。学校应不断探索和完善这些措施，为培养出具有自主学习能力和创新精神的高素质教师奠定坚实的基础。

三、提高中小学对师范生培养的参与度

（一）建立联合培养机制

1. 建立合作机制

通过建立联合培养机制，中小学校与地方师范院校能够实现师范生的全面培养和教师队伍的专业化建设。一是签署合作协议。中小学校与地方师范院校可以通过签署正式的合作协议，明确双方在师范生培养和教师培训中的角色、责任和权利。这种协议应包括双方的合作目标、合作期限、资源共享和成果评估等具体内容，以确保合作内容的透明性和执行力。二是设立协调机构。为加强合作，两方可设立专门的协调机构或委员会，定期召开会议，讨论合作进展、解决问题，并制定进一步的合作计划。该机构可以由中小学校的校长、师范院校的教育系主任以及其他相关人员组成，定期评估合作效果，并及时进行调整。

2. 设置联合培训项目

一是开发多元化培训项目。根据师范生的实际需求和中小学教育的特点，双方可以合作开发多元化的联合培训项目。这些项目可以包括但不限于教育心理学、课堂管理、学科教学法、教育技术应用等内容，使师范生在理论知识与实践技能之间找到平衡。二是课堂实践与案例分析。联合培训项目中，可以与实际案例结合，设置课堂实践解决方案。例如，在教育心理学课程中，可以安排模拟课堂，分析师范生的行为和学习心理，以提高师范生对教育环境的敏感度。三是研究与创新实践。鼓励师范生参与有关教育理念、方法的研究项目，与在职教师共同探讨创新的教学策略。定期举办主题研讨会和学术交流活动，促进双方在教育理念、科研项目上的互动，形成浓厚的学术氛围。

（二）开展多样化的联合行动

1. 课程讲授与专业交流

一是参与课程讲授。中小学校长和优秀教师可以进入师范院校的课堂，作为客座教师，参与课程讲授。他们能够结合丰富的教学经历，分享实际案例与生动的课堂管理策略，使课程内容更加贴近教育现实。例如，在讲授课堂管理时，他们可以根据自身的实践经验，介绍有效的课堂管理技巧、应对突发事件的方法等。二是举办研讨会。定期举办由中小学校校长和在职教师承担的研讨会，探讨当前教育面临的挑战与解决方案，例如如何实施素质教育、如何处理师生关系等。通过学术交流，师范生不仅能够接触到前沿的教育理论，还能获得实践中的宝贵智慧，帮助他们形成更全面的教育观念。三是经验分享与故事讲述。在各类活动中，中小学校的教师可以通过讲述自己在教育教学过程中遇到的挑战和成功案例，帮助师范生更好地理解教育的复杂性。他们的真实故事和具体例子不仅生动、有趣，更能激励和感动师范生，增强他们对教育事业的热爱与责任感。

2. 实地考察与示范教学

实地考察和示范教学是提升师范生实践能力的重要环节，让他们在真实的教育环境中获得深刻的理解和体验。一是考察中小学教学环境。定期组织师范生前往合作中小学进行实地考察，让师范生观察和了解不同学校的教学环境、文化氛围和教育理念。通过与在职教师和学生的互动，师范生能够更全面地理解教师的日常工作和学生的学习方式，提升对教育行业的认知。二是开展特色学校访问。针对不同学段和类型的学校（如农村学校、城市学校、特色学校等），设计特定的考察项目，让师范生了解不同教育背景下的教学特点和管理模式。这种多样性的考察能够拓宽师范生的视野，使他们更具适应性和应变能力。三是示范课堂观摩。在实地考察中，引导师范生观看优秀教师的示范课。通过对典型课堂的观察，师范生可以学习到不同的教学方法和手段，分析教师如何实现教学目标，掌握课堂管理技巧。这种直接的观察方式让师范生获得了真实的教学体验，加强了理论与实践的结合。四是互动式观摩学习。在观摩过程中，实施互动式学习模式，例如进行课后讨论会，让师范生与教师就课堂中的教学技巧、学生的反应、课堂氛围等进行深入交流。通过提出问题和分享见解，师范生不仅能够更深入地理解课堂技巧，也能够锻炼自己的思考与表达能力。

（三）参与协同培训基地或联盟

1. 建立培训基地或联盟

中小学可以通过参与协同培训基地或联盟，来共同推动教师专业发展和师范生实践教育。一方面，中小学校可作为师范生的实习见习基地，为他们提供真实的教学环境和实践机会。另一方面，通过参与教育联盟，中小学教师与高校教师可以建立深度合作，互相学习、互相促进。联盟内定期研讨、培训以及学术交流，不仅能提升教师的教学能力，还能增强教师的教育理念和实践能力。在教育联盟中，还可以为师范生提供系统的实习机会，帮助他们更好地适应未来的教师角色。

2. 制定共同评估标准

评估标准的制定是保障实习质量的关键环节，有效的评估机制能促进师范生的成长与发展。一是共同制定评估标准。中小学校与高校应共同制定评估标准，对师范生的实习表现进行全面考量。标准可以涵盖课堂管理能力、学科教学知识、学生互动能力、反思与改进能力等多个维度，以确保评估的全方位和客观性。二是采取多元化的评估方式。评估应采用多元化的方法，除了常规的观摩和记录外，还可加入自我评估和同伴评估等环节。师范生可在实习结束时，对自己的实践进行反思，并与同伴交流意见，而指导教师则可提供专业的反馈，培养师范生的自我反思能力和批判性思维。三是制定定期评估与反馈机制。建立定期评估与反馈机制，以确保师范生在实习阶段持续得到指导与支持。可设置阶段性评估，以便及时了解他们的进展情况，并根据评估结果及时调整实习计划和指导策略，促进师范生的持续成长。四是建立反思机制。一方面，鼓励师范生进行自我反思。在实习结束后，引导师范生进行深度的自我反思，鼓励他们撰写个人反思报告，回顾自己的教学经历、成功之处和需要改进的方面。另一方面，建设反馈循环机制。校内教师应定期就师范生的表现进行反馈，并对师范生的反思报告给予建议，形成正向的反馈循环。

（四）协同开发课程教材

合作开发课程教材是中小学校与地方师范院校之间有效协作的重要途径。高校通常具备丰富的学术研究资源和教育理念，高校则可以将前沿教育理论与方法引入教材中。而中小学则拥有扎实的教学实践经验，中小学教师对地方教育需求和学生特点有深刻的理解。通过协同开发，双方可以充分利用各自的优势，实现资源整合，并能够最大限度地服务于学生的学习和教师的教学。例如，高校可以提供专业的理论支持和最新的教育研究成果，而中小学能够提供教学中真实的问题和需求。

联合开发课程要注重地方特色与文化。联合开发课程应从教学实践出发，应充分考虑地方文化、经济和社会发展特点，识别并集中讨论地方教育中的共通需求，开发符合当地实际的课程教材，通过结合地方历史、民俗、经济活动等元素，针对地方特色文化的课程、地方性学科知识的整合等，设计能够引发学生兴趣的学习内容，让课程既有知识性又具趣味性。例如，在语文教材中，可以加入关于地方名人、文化遗产的章节，以增强学生的学习兴趣和对家乡的认同感。

（五）开展联合课题研究

联合课题研究是一种有力的手段，不仅可以提升师范生的研究能力，还能为中小学校的教育实践带来实质性的改进。中小学校和师范院校可共同商讨并申报教育领域的相关课题。针对当前教育教学中遇到的实际问题，双方教师与师范生可以组成研究小组，确定研究主题。例如，可以研究如何有效提高学生的自主学习能力，或者探讨不同教学策略对学生学习效果的影响。在课题实施过程中，师范生参与到具体的研究活动中，包括教学实验、问卷调查、数据分析等。这些实践经验不仅丰富了师范生的研究技能，还能让他们熟悉教育研究的完整流程。此外，师范生可以借助现代技术和信息工具对数据进行处理，提升其技术应用能力。通过联合课题研究，师范生不仅能够提升自身的专业能力，还能够帮助中小学教师优化教学策略和管理方法。合作研究的过程中，教师与师范生的视角不同，各自的学科背景和实践经验将为研究带来多样化的思维方式。一旦课题研究取得成果，师范生与教师应共同撰写研究报告，分享课题的发现和成果。这为双方提供了展示研究价值的机会。

通过建立开展联合课题研究，中小学校与高校能够形成紧密的合作关系，促进教育教学理论与实践的良性互动。不仅有助于师范生的专业成长，也为中小学的教育改革与发展注入了新的活力。

四、加大政府对地方师范院校的支持力度

美国一流大学的发展经验表明，联邦政府的经费支持和联邦政府的宏观干预以及高等教育国际化是美国一流大学在世界崛起而且经久不衰的主要因素。[1]加大政府对地方师范院校的资金投入和政策倾斜支持力度，对加强地方师范院校与政府供需衔接和提高师范教育质量至关重要。

---

[1] 刘军伟.美国世界一流大学的发展历程及经验启示[J].中国高教研究,2019,(10):47—52.

（一）加大经费支持力度，实现地方师范教育内涵式发展

习近平总书记指出："必须从战略高度认识和加强教师队伍建设的重大意义"，"建设一支宏大的高素质专业化教师队伍"。[①]《国务院关于加强教师队伍建设的意见》也明确提出，优先发展师范教育，要加大对教师队伍建设的投入力度，要把教师队伍建设经费投入作为新增财政教育经费投入重点之一，切实保障教师培养的经费投入。[②]建设一流师范大学和一流师范专业以及培养一流教师，需要足额的教育经费投入。然而，研究发现，甘肃师范生专业能力与现实需求存在错位，地方院校有效供给不足，究其根本，是地方师范院校办学经费不足，政府经费支持力度有限，在一定程度上限制了地方师范院校内涵式发展。要扭转和改善地方院校师范教育办学经费不足的现状，笔者有以下建议：

一是政府要加大地方师范院校办学经费投入力度，并为地方师范院校教育经费筹措提供优惠政策，允许高校通过多种方式争取更多的资金用于学校基础建设；帮助高校化解债务，疏通贷款渠道，充分利用银行贷款，改善高校基本办学条件。

二是设定专项经费，重点扶持基本办学条件不达标的师范院校，逐步改善基本办学条件。同时监督师范院校将专项建设经费落到实处，确保人才培养、教学研究和社会服务功能稳步提高。

三是完善师范教育经费投入机制，加大经费保障，科学合理地规划与制定地方院校师范生公费教育政策，建立健全公费师范生招生、培养、就业、跟踪"四位一体"的纵向联动机制。

四是由政府提供初始资金，制定优惠政策，构建区域地方院校集群，规范引导师范类专业建设，以此更合理地配置高等教育资源，改善师范毕业生

---

① 中央人民政府.习近平出席全国教育大会并发表重要讲话［EB/OL］.(2018-09-10).http://www.gov.cn/ xinwen/2018-09/10/content_5320835.htm.
② 中央人民政府. 中共中央、国务院关于全面深化新时代教师队伍建设改革的意见［EB/OL］.（2018-01-31）. http://www.gov.cn/zhengce/2018-01/31/content_5262659.htm.

的有效供给，实现人才供给结构与社会需求的动态匹配。

（二）加大政策支持力度，振兴地方师范教育

实证研究表明，中央和地方政策支持对提升师范生专业能力有显著影响作用。为提高师范生培养质量，缓解中小学师资供需矛盾，笔者认为：

第一，按照《国务院关于加强教师队伍建设的意见》，把师范教育摆在优先发展的位置，严控地方师范院校更名为非师范院校，确保地方师范院校坚持"师范教育"主业，将符合条件的师范院校和师范专业纳入省"双一流"建设支持范围，建设一批高水平教师教育基地，创新教师培养形态，突出师范教育特色，大力振兴师范教育。

第二，大力发展专业学位和在职研究生教育。重点增加西部地区地方师范院校教育博士、教育硕士授予单位及授权点；扩大西部地区和农村地区教育博士、教育硕士招生计划，大力推动研究生层次教师培养，全面提高中小学教师培养层次和质量。

第三，以地方师范院校为基地，因地制宜地采取学费补偿、贷款代偿、免费教育、定向招生、定向培养、定期服务等多种方式，为农村学校培养更多"一专多能"教师，为基础教育改革与发展培养更多下得去、干得好、留得住的中小学教师。

第四，与地方师范院校和中小学建立权责明晰、稳定协调、合作共赢的"三位一体"协同培养机制，建立长期稳定的教育实践基地，重点扶持地方师范院校建立的教师发展学校（TDS）。实践证明，教师发展学校（TDS）是加强供需衔接协同培养优质教师的有效手段之一。政府作为TDS发展重要主体之一，要认真解决在已建立的教师专业发展学校具体实施与实践过程中逐渐暴露出"价值追求不一""政府与高校中小学合作层次较低""教育行政部门对TDS外部和宏观层面的把控不足"等问题。[1]为推动地方师范院校教师

---

[1] 黄晓,张飘洒.成绩、问题与省思:走向协同的浙江省教师发展学校建设[J].教师教育研究,2019,31(05):23—30.

发展学校有序、健康、可持续发展，首先，明确 TDS 内涵，达成政府、高校和中小学共通的价值理念。其次，教育管理部门作为 TDS 第一责任单位，应切实融入 TDS 建设工作之中，不仅加大配套经费、政策、资源的支持，也应积极参与 TDS 建设方案、运行政策的制定，协助教师发展学校标准的执行与考核，制定、完善人事保障和绩效考核制度，畅通人员流动渠道，协调高校与中小学的合作关系，为二者牵线搭桥，在中小学建设、考核、评价中出台导向性的措施和政策等。

第五，进一步增加地方师范院校教师与中小学教师联合申报各层次科研项目数量。在重大项目、教学改革项目、研究基地和卓越教师培养计划等方面向西部地区地方师范院校适度倾斜，适度增加西部青年学者项目数量，着力提升教师的教学科研水平。

第六，采用多种形式开展高校对口支援，推动地方院校师范教育师资队伍建设。鼓励部属师范大学扩大对口支援范围，提高西部地方师范院校受援比例。支援师范大学可以向相关部门申请定向培养博士、硕士研究生单列招生指标，用于受援师范院校现有师资队伍的培养。国家公派教师出国留学机会重点向西部地方师范院校倾斜，使西部地方院校教师有更多的出国进修学习培训机会，提高地方院校教师国际化专业能力。

第七，建构师范生能力培养信息系统，建立资源共享机制。信息不对称是造成师范生专业能力结构供需差异的主要原因之一。在地方政府统筹安排下，采取"互联网+教师教育"创新行动，采用人工智能、智慧学习环境等新技术与能力培养信息平台全方位融合，充分利用虚拟现实、混合现实和增强现实等，为师范生搭建提升能力培养的信息平台。平台的建立需以了解政府政策导向、当地中小学真实诉求、地方师范院校自身文化取向与资源特色为前提，体现出教师个体专业成长需求的差异性以及学校潜能的不同。建立资源共享机制，可以使师范教育的重要利益主体——政府管理部门、地方院校、中小学和师范生之间，及时、准确地进行信息传递、资源共享、实现充分而完备的生活指导、学习指导、职业生涯指导、就业创业指导、心理健康指导等，满足中小学用人需要和师范生专业成长需求。

五、营造尊师重教的社会环境

习近平总书记指出：要弘扬尊师重教的社会风尚，营造浓厚的尊师重教的社会氛围，让广大教师享有应有的社会声望，使其在教书育人岗位上作出更大贡献。[①]实证研究表明，社会支持对师范生专业精神养成和专业能力提升具有显著影响。例如，尊师重教的社会风气、公众对教师职业的认同感等。十几年前，高考成绩好的同学争相填报师范院校，立志毕业后成为人人羡慕的人民教师。当前，教师社会地位认同感较低，尊师重教的氛围不浓厚，教师工作具有"风险性"，社会舆论对教师队伍的一些负面评价等问题将导致师范生对教师职业的崇高使命产生怀疑。加之，随着新产业、新技术、新业态的快速更迭，劳动力市场人才结构的需求变化，优秀人才大量涌入高新技术产业，教师职业相对"爆冷"。因此，我们必须弘扬尊师重教之风，让教师成为人人羡慕的职业，让优秀人才争相从教，从而把握好实现教育提质的关键。

首先，展现教师时代使命。随着互联网高速发展，新技术、新业态、新模式的快速更迭，学生获取信息、知识的渠道更加多元化，学生思维更加活跃、视野更加开阔，学生的个性更加独特，对广大教师的教育智慧、教学方式、教学技巧和沟通交往能力提出了更多、更大的挑战。这就需要社会各界要全面支持、尊重和理解教师，让教师尽显其能，勇挑时代重任，为新一代学子传播丰富的知识，帮助其形成良好的行为品德，完成教师教书育人的历史使命。

其次，树立优秀教师典型。"教师是太阳底下最崇高的职业。"中华人民共和国成立70多年来，众多教师用自己的辛勤与汗水，浇灌无数祖国的花朵盛开绽放。其中不乏扎根农村教育一线和教育扶贫路上奔走不息的乡村教师，服务西部的支教教师，还有甘为人梯、默默奉献的师德楷模。深入挖掘一线

---

① 中央人民政府.习近平出席全国教育大会并发表重要讲话[EB/OL].(2018-09-10).http://www.gov.cn/xinwen/2018-09/10/content_5320835.htm.

教师典型，采用广告、电视、广播、网站等多种宣传手段，全方位、深入地宣传优师名师的先进事迹，让其发挥榜样示范作用，以榜样之力感召更多的教师力争上游，使得好教师不断涌现。①

再次，弘扬高尚师德师风。教育不仅有知识传播、文化传承的社会责任，还有思想、行为和品格的教化作用。弘扬新时代师德师风主旋律，正如教育家陶行知先生所言："捧着一颗心来，不带半根草去。"脚踏三尺讲台，心怀育人之心。遇到一个好教师是人生的幸运，一个好的教师对一个人的一生会起到十分重要的作用。利用各种专题讲座、表彰大会和电视节目等多种方式宣讲高尚师德师风的故事，让教师高尚师德精神深入人心，让莘莘学子有所受益。

最后，理解和支持教师合法、合理和适当地实施教师惩戒权。教育部发布《中小学教师实施教育惩戒规则（征求意见稿）》明确提出了教师惩戒的概念，教师惩戒权的惩戒行为、惩戒方式、惩戒程序和实施范围。②从社会的角度来说，社会要正确认识教师的教育惩戒权和惩戒行为，除了有效监督教师的教育惩戒行为，还要给予教师更多支持和理解，避免以素质教育、维护学生合法权益和保护学生身心健康为由头，站在道德制高点上，对教师职业的非理性攻击和教师名誉的玷污。

---

① 胡琳玉.营造全社会尊师重教的良好风尚[N].丽水日报,2019,09(10):04.
② 徐键.教师教育惩戒的权源、界限及其规范路径[N].中国社会科学报,2019,12(27):011.

参考文献

一、中文著（译）作类

[1] [德] 弗里德里希·恩格斯.路德维希·费尔巴哈和德国古典哲学的终结[A]//中共中央党校教材.马列著作选编[M].北京：中共中央党校出版社，2011.

[2] [德] 卡尔·雅斯贝尔斯.大学之理念[M].邱立波，译.上海：上海人民出版社，2007.

[3] [德] 卡尔·马克思.资本论（第一卷）[M].郭大力，王亚楠，译.北京：人民出版社，1975.

[4] [荷] 斯宾诺莎.伦理学[M].贺麟，译.北京：商务印书馆，1958.

[5] [加] 约翰·范德格拉夫.学术权力：七国高等教育管理体制比较[M].王承绪等，译.杭州：浙江教育出版社，2001.

[6] [美] 爱德华·希尔斯.学术的秩序：当代大学论文集[M].滕大春，滕大生，译.北京：人民教育出版社，2007.

[7] [美] 伯顿·克拉克.高等教育新论：多学科的研究[M].王承绪，译.杭州：浙江教育出版社，1988.

[8] [美] 查尔斯·霍默·哈斯金斯.大学的兴起[M].梅义征，译.上海：上海三联书店，2007.

[9] [美] 德雷克·博克.回归大学之道：对美国大学本科教育的反思与展望[M].侯定凯，梁爽，陈琼琼，译.上海：华东师范大学出版社，2008.

［10］［美］加里·S·贝克尔.人力资本［M］.梁小民，译.北京：北京大学出版社，1987.

［11］［美］克拉克·克尔.大学之用［M］.高铦等，译.北京：北京大学出版社，2008.

［12］［美］玛丽莲·科克伦-史密斯，沙伦·费曼-尼姆塞尔，约翰·麦金太尔.教师教育研究手册：变革世界中的永恒问题（第三版）［M］.范国瑞，译.上海：华东师范大学出版社，2017.

［13］［美］欧内特·博耶.关于美国教育改革的演讲［M］.涂艳国，方彤，译.北京：教育科学出版社，2002.

［14］［美］乔治·凯勒.大学战略与规划：美国高等教育的管理革命［M］.别敦荣，译.青岛：中国海洋大学出版社，2005.

［15］［美］唐纳德·肯尼迪.学术责任［M］.阎凤桥，译.北京：新华出版社，2002.

［16］［美］威尔伯特·J·麦肯齐.大学教学精要——高等院校教师的策略、研究和理论［M］.徐辉，译.杭州：浙江大学出版社，2005.

［17］［美］西奥多·W·舒尔茨.教育的经济价值［M］.曹延亭，译.吉林：吉林人民出版社，1982.

［18］［美］西奥多·W·舒尔茨.论人力资本投资［M］.吴珠华等，译.北京：北京经济学院出版社，1990.

［19］［美］约翰·杜威.民主主义与教育［M］.王承绪，译.北京：人民教育出版社，1990.

［20］［美］约翰·亨利·纽曼.大学的理想［M］.徐辉，顾建新，何曙荣，译.杭州：浙江教育出版社，2006.

［21］［美］詹姆斯·杜德斯达.21世纪的大学［M］.刘彤等，译.北京：北京大学出版社，2008.

［22］［苏联］C.JI.科斯塔年.教育经济学的对象与方法［M］.丁西成，译.北京：教育科学出版社，1981.

[23]　[英] 迈克尔·夏托克.高等教育的结构与管理[M].王义端，译.上海：华东师范大学出版社，1987.

[24]　Linda Darling-Hammond.有力的教师教育来自杰出项目的经验[M].鞠玉翠等，译.上海：华东师范大学出版社，2009.

[25]　别敦荣.高等教育管理与评价[M].青岛：中国海洋大学出版社，2009.

[26]　操太圣，卢乃桂.伙伴协作与教师赋权——教师专业发展的新视角[M].北京：教育科学出版社，2007.

[27]　陈时见.教师教育课程论[M].北京：人民教育出版社，2010.

[28]　陈向明.搭建实践与理论之桥——教师实践性知识研究[M].北京：教育科学出版社，2011.

[29]　陈学恂，中国近代教育文选[M].北京：人民教育出版社，1983.

[30]　陈永明.现代教师论[M].上海：上海教育出版社，2003.

[31]　程红兵.教师人格魅力的打造[M].长春：东北师范大学出版社，2017.

[32]　丁钢.全球化背景下的教师专业发展创新计划——新理念及其变革实践[M].北京：北京师范大学出版社，2009.

[33]　丁钢.中国高等师范学校师范生培养状况调查与政策分析报告[M].上海：华东师范大学出版社，2014.

[34]　范鹏.陇上学人文存：胡德海卷[M].兰州：甘肃人民出版社，2014.

[35]　范先佐.教育经济学[M].北京：人民教育出版社 1999.

[36]　傅道春.教师的成长与发展[M].北京：教育科学出版社，2001.

[37]　高鸿业.西方经济学[M].北京：中国经济出版社，1996.

[38]　顾明远.教育大辞典（第一卷）[M].上海：上海教育出版社，1990.

[39]　郭玉霞.质性研究资料分析 NVivo8 活用宝典[M].台北市：高等教育文化事业有限公司，2009.

[40]　郝克明.当代中国教育体系结构研究 [M].广州：广东教育出版社，2001.

［41］胡建华.高等教育学新论［M］.南京：江苏教育出版社，1995.

［42］胡艳，蔡永红.发达国家中小学教师教育［M］.海口：海南出版社，2000.

［43］胡玉龙，唐志强，王萍，等.普通心理学［M］.北京：人民教育出版社，2002.

［44］黄济，王策三.现代教育论［M］.北京：人民教育出版社，2012.

［45］黄孟源.区域教育可持续发展研究［M］.上海：复旦大学出版社，1999.

［46］蒋凯.全球化时代的高等教育：市场的挑战［M］.北京：北京大学出版社，2013.

［47］教育部教师工作司组编.教师教育课程标准（试行）解读［M］.北京：北京师范大学出版社，2013.

［48］教育部师范教育司.教师专业化的理论与实践［M］.北京：人民教育出版社，2003.

［49］靳希斌.教师教育模式研究［M］.北京：北京师范大学出版社，2009.

［50］靳希斌.教育经济学［M］.北京：人民教育出版社，2001.

［51］李秉德，李定仁.教学论［M］.北京：人民教育出版社，1991.

［52］李秉德.教育科学研究方法（第二版）［M］.北京：人民教育出版社，2001.

［53］李海芬，赵春鱼.教师职业生涯规划与设计［M］.重庆：重庆大学出版社，2014.

［54］李继樊，罗仕聪.人力经济学［M］.北京：中国经济出版社，2005.

［55］李琼.教师专业发展的知识基础：教学专长研究［M］.北京：北京师范大学出版社，2009.

［56］林崇德.教育的智慧——写给中小学教师［M］.北京：开明出版社，1999.

［57］刘捷，谢维和.栅栏内外：中国高等师范教育百年省思［M］.北京：北京师范大学出版社，2002.

[58] 刘捷.专业化：挑战 21 世纪的教师[M].北京：教育科学出版社，2002.

[59] 刘英陶.教师职业技能[M].北京：教育科学出版社，1996.

[60] 马和民.新编教育社会学[M].上海：华东师范大学出版社，2002.

[61] 闵维方.高等教育运行机制研究[M].北京：人民教育出版社，2002.

[62] 潘懋元.潘懋元论高等教育[M].福州：福建教育出版社，2000.

[63] 潘懋元.新编高等教育学[M].北京：北京师范大学出版社，1996.

[64] 盘和林.从需求到供给侧改革[M].北京：中国社会出版社，2016.

[65] 曲恒昌，曾小东.西方教育经济学研究[M].北京：北京师范大学出版社，2000.

[66] 瞿葆奎.教育学文集.美国教育改革[M].北京：人民教育出版社，1990.

[67] 阮成武.主体性教师学[M].合肥：安徽大学出版社，2005.

[68] 邵光华.教师专业知识发展研究[M].杭州：浙江大学出版社，2011.

[69] 石中英.公共教育学[M].北京：北京师范大学出版社，2008.

[70] 石中英.知识转型与教育改革[M].北京：教育科学出版社，2001.

[71] 孙百才，李发军.西部地区高校毕业生就业问题研究——以甘肃省的实证调查为例[M].北京：高等教育出版社，2009.

[72] 孙百才.教育拓展与收入分配：中国的经验研究[M].北京：北京师范大学出版社，2009.

[73] 王处辉.高等教育社会学[M].北京：高等教育出版社，2009.

[74] 王嘉毅.多维视角中的农村教师[M].北京：北京师范大学出版社，2011.

[75] 王嘉毅.西北地区教育现状与发展研究[M].北京：教育科学出版社，2013.

[76] 王萍.美国中小学教师教育发展研究[M].武汉：武汉大学出版社，2014.

[77] 王秋绒.教师专业社会化理论在教育实习设计上的意义[M].台北：台湾师大书苑，1991.

[78] 王善迈.教育投入与产出研究[M].石家庄：河北教育出版社，1996.

[79] 吴金辉.教师专业发展的理论与实践[M].北京：中国传媒大学出版社，2006.

[80] 吴明隆.结构方程模型——AMOS 的操作与应用[M].重庆：重庆大学出版社，2010.

[81] 谢安邦.师范教育论[M].北京：中国建材工业出版社，1997.

[82] 熊华军.高校青年教师教学能力发展研究 [M].北京：科学出版社，2016.

[83] 熊华军.西部高校研究生培养机制改革研究[M].南昌：江西高校出版社，2012.

[84] 宣勇.大学变革的逻辑[M].北京：人民出版社，2009.

[85] 荀渊，唐玉光.教师专业发展制度[M].北京：教育科学出版社，2011.

[86] 荀渊.迈向专业的教师教育[M].上海：华东师范大学出版社，2018.

[87] 杨葆焜.教育经济学[M].武汉：华中师范大学出版社，1989.

[88] 杨菊华.数据管理与建模型分析：STATA 软件应用[M].北京：中国人民大学出版社，2012.

[89] 杨志坚.中国本科教育培养目标研究[M].北京：高等教育出版社，2005.

[90] 姚启和.90 年代中国教育改革大潮丛书.高等教育卷[M].北京：北京师范大学出版社，2002.

[91] 叶澜，白益民，王枬，等.教师角色与教师发展新探[M].北京：教育科学出版社，2001.

[92] 臧书起.教师专业化发展的理论与实践[M].长春：吉林大学出版社，2009.

[93] 张俊宗，罗云，王根顺.迈向大众化的甘肃高等教育：甘肃高等教育发展研究报告[M].兰州：甘肃人民出版社，2006.

[94] 张晓明，陈建文.高等教育心理学[M].北京：高等教育出版社，2009.

[95] 张屹，周平红.教育研究中定量数据的统计与分析[M].北京：北京大学出版社，2015.

[96] 甄德山.教师创造能力和创造性品格的培养——教育学文集（教师）[M].北京：人民教育出版社，1986.

[97] 郑肇桢.教师教育[M].香港：香港中文大学出版社，1987.

[98] 中华人民共和国教育部.中小学教师专业标准（试行）[M].北京：北京师范大学出版社，2012.

[99] 周谷平，张雁，孙秀玲，等.中国近代大学的现代转型：移植、调适与发展[M].杭州：浙江大学出版社，2012.

[100] 周浩波，王少媛.区域教育发展战略与政策研究丛书：区域高等教育的规模控制与结构优化[M].沈阳：辽宁人民出版社，2014.

[101] 周淑卿.课程发展与教师专业[M].台北：高等教育文化事业有限公司，2004.

[102] 朱旭东.教师专业发展理论研究[M].北京：北京师范大学出版社，2013.

二、中文学术期刊类

[1] 安涛，鲁长芬，胡海，罗小兵.英国、加拿大、新加坡体育教师培养模式对我国体育免费师范生培养模式的启示[J].北京体育大学学报，2015，38（10）：103—108.

[2] 曾碧，马骊.基于 UGS 视域下贫困地区卓越教师培养策略[J].教育理论与实践，2015，35（26）：34—36.

[3] 陈国钦，张璇，吴映萍.基于能力培养的地方高校卓越教师培养探究[J].中国教育学刊，2015，(S2)：1—2.

[4] 陈文娇.教师教育课程供求的不平衡分析——基于某地方综合性大学师范生的调查[J].教师教育研究，2018，30（06）：75—80.

[5] 陈向明.对教师实践性知识构成要素的探讨[J].教育研究，2009，30（10）：66—73.

［6］陈向明.教师实践性知识研究的知识论基础［J］.教育学报，2009，5（02）：47—55.

［7］陈向明.实践性知识：教师专业发展的知识基础［J］.北京大学教育评论，2003，（1）：104—112.

［8］程茹.美国教师教育协同创新模式及其中国化改造［J］.高等教育研究，2014，35（05）：97—106.

［9］程肇基.地方高校与区域经济共生发展的理论探索［J］.教师教育研究，2013，25（05）：6—10.

［10］楚江亭.学校发展规划：内涵、特征及模式转变［J］.教育研究，2008，（2）：81—87.

［11］崔玉平.教育对经济增长贡献率的估算方法综述［J］.清华大学教育研究，1999，（01）：71—78.

［12］丁钢，李梅.中国高等师范院校师范生培养状况调查与政策分析报告［J］.教育研究，2014，35（11）：58—60.

［13］丁志帆，孔存玉.大学毕业生"就业难"的成因剖析与破解之道——研究回顾与展望［J］.教育与经济，2018，（02）：54—61.

［14］范诗武.新世纪教师专业能力与教育行动研究［J］.外国教育研究，2003，（05）：28—31.

［15］范向前，刘彩霞.师资供给过剩背景下师范生从教能力的内涵与发展［J］.中国高教研究，2014，（01）：71—74.

［16］冯建民.豫鄂湘三省高等教育规模与经济增长相关性研究——基于高等教育弹性系数的视角［J］.中国高教研究，2010，（11）：19—24.

［17］傅怀梁.面向"卓越教师"培养的实践育人机制探索［J］.中国电力教育，2013，（4）：169—171.

［18］傅树京.构建与教师专业发展阶段相适应的培训模式［J］.教育理论与实践，2003，（06）：39—43.

［19］高闰青.卓越教师"三位一体"协同培养模式的实践探索［J］.课程·教材·教法.2015，35（7）：115—120.

［20］高政，常宝宁.免费师范生教育存在的问题及其对策研究［J］.国家教育行政学院学报，2014,（07）：31—35.

［21］龚放，吕林海.中美研究型大学本科生学习参与差异的研究——基于南京大学和加州大学伯克利分校的问卷调查［J］.高等教育研究，2012,（9）：90—100.

［22］管培俊.我国教师教育改革开放三十年的历程、成就与基本经验［J］.中国高教研究，2009,（2）：3—11.

［23］韩延伦，刘若谷.教育情怀：教师德性自觉与职业坚守［J］.教育研究，2018,39（05）：83—92.

［24］郝林晓，折延东.教师专业能力结构及其成长模式探析［J］.教育理论与实践，2004,（14）：30—33.

［25］黄慧，徐玲.英语师范生教研能力培养的教学实验研究［J］.江西师范大学学报（哲学社会科学版），2015,48（06）：147—152.

［26］黄磊，蒋玲，张春梅.师范生 TPACK 游戏教学的效果：教师信念的调节作用［J］.电化教育研究，2017,38（12）：99—105.

［27］黄晓，张飘洒.成绩、问题与省思：走向协同的浙江省教师发展学校建设［J］.教师教育研究，2019,31（05）：23—30.

［28］黄映玲.构建"三位一体"的师范生教育技术能力培养模式研究［J］.现代教育技术，2013,23（07）：49—53.

［29］蒋亦华.本科层次中小学教师培养模式的主体建构［J］.江苏高教，2008,（04）：63—66.

［30］金东海，蔺海沣.师范生免费教育制度建设：现实困境与实践路径［J］.教育理论与实践，2014,34（10）：20—24.

［31］金业文."卓越教师"培养：目标、课程与模式［J］.国家教育行政学院学报，2014,（06）：35—39.

［32］金忠明.教师教育的困境、挑战及机遇［J］.首都师范大学学报（社会科学版），2009,（5）：51—56.

［33］靳莹，王爱玲.新世纪教师能力体系探析［J］.教育理论与实践，2000,（04）：41—44.

[34] 柯勤飞，张益.基于 SCIL 核心能力素养的教师教育模式改革探索——以上海师范大学为例[J].教育发展研究，2017，37（20）：61—67.

[35] 赖德胜.教育要更多聆听劳动力市场的声音[J].教育经济评论，2017，（2）：3—6.

[36] 黎大志，彭琪珺.中国《中学教育专业认证标准》卓越与合格标准的差异研究——以"毕业要求"为例[J].现代大学教育，2019，（04）：16—23.

[37] 李方.新课程对教师专业能力结构的新要求[J].教育研究，2010，31（03）：68—71.

[38] 李钢，范丽娜，李金姝."互联网+"中学教师职前专业能力发展研究[J].湖南师范大学教育科学学报，2019，18（01）：102—107.

[39] 李剑萍.振兴地方高师院校，增强乡村优质师资供给[J].教育研究，2019，40（03）：22—25.

[40] 李进金，余益兵.实施"四项计划"做好"三项衔接"协同推进乡村教师人才培养模式创新[J].中国大学教学，2016，（11）：36—39.

[41] 李尚昊，郝琦.内容分析与文本挖掘在信息分析应用中的比较研究[J].图书馆学研究，2015，（23）：37—42.

[42] 李霞.英国卓越教师培养的经验及启示[J].外国中小学教育，2015，（12）：38—43.

[43] 李政云.论师范生教育实习能力标准构建——以宾夕法尼亚州为例[J].湖南师范大学教育科学学报，2019，18（06）：85—91.

[44] 林崇德，申继亮，辛涛.教师素质的构成及其培养途径[J].中国教育学刊，1996，（06）：16—22.

[45] 刘军伟.美国世界一流大学的发展历程及经验启示[J].中国高教研究，2019，（10）：47—52.

[46] 刘丽平，王强.师范生专业技能训练的提升策略——以 X 师范大学为例[J].教师教育研究，2019，31（03）：77—85.

[47] 刘清华.教师知识研究的问题与建构路向[J].教育理论与实践，2005，（11）：45—48.

[48] 刘新平，孟梅.新疆高校学科建设与产业结构调整的耦合关系分析[J].中国高教研究，2010,(08)：56—58.

[49] 刘旭东.教师实践性知识的反思与重建[J].教育科学研究，2008,(10)：18—20.

[50] 刘志林.高等教育层次结构与社会经济发展关系分析[J].高等工程教育研究，2019,(05)：120—126.

[51] 刘中黎.中学卓越教师培养与实践基地建设[J].教育评论，2013,(01)：51—53.

[52] 卢晓中.高等教育质量发展的五大趋势[J].大学教育科学，2019,(05)：6—9.

[53] 路书红，黎芳媛.专业认证视角下的师范专业发展探析[J].教育发展研究，2017,37（22）：65—69.

[54] 马川."00后"大学生心理健康水平的实证研究——基于近两万名2018级大一学生的数据分析[J].思想理论教育，2019,(03)：95—99.

[55] 马宁，余胜泉.信息时代教师专业素养的新发展[J].中国电化教育，2008,(5)：1—7.

[56] 马元方.西部新建地方师范院校办学定位探析[J].教育研究，2007,(09)：86—89.

[57] 裴云.实习支教对师范生教学能力的影响及提高策略——以忻州师范学院为例[J].教育理论与实践，2015,35（06）：41—42.

[58] 邱水平.中国特色现代大学治理的若干重要问题探析[J].北京大学教育评论，2020,18（01）：120—133.

[59] 曲铁华，姜涛.高等师范教育改革70年：演进、成就与展望[J].教育研究，2019,40（08）：24—32.

[60] 曲铁华，马艳芬.师范生免费教育政策实施的障碍分析[J].教育发展研究，2009,29（07）：22—26.

[61] 申继亮，王凯荣，李琼.教师职业及其发展[J].中小学教师培训，2000,(03)：4—7.

[62] 申继亮，王凯荣.论教师的教学能力[J].北京师范大学学报（人文社会科学版），2000，(01)：64—71.

[63] 申继亮，辛涛.论教师素质的构成[J].中小学管理，1996，(11)：4—7.

[64] 申继亮，赵景欣.中小学教师职业道德的现实思考[J].北京师范大学学报（社会科学版），2006，(01)：48—55.

[65] 石洛祥，赵彬，王文博.基于卓越教师培养的教育实习模式构建与实践[J].中国大学教学，2015，(05)：77—81.

[66] 宋志章，曲铁华.卓越教师培养计划 2.0 的现实挑战与应对策略[J].中国高等教育，2019，(07)：44—46.

[67] 苏丽锋，陈建伟.产业结构调整背景下高等教育人才供给与配置状况研究[J].中国人口科学，2016，(04)：2—15.

[68] 孙兴华，薛玥，武丽莎.未来教师专业发展图像：欧盟与美国教师核心素养的启示[J].教育科学研究，2019，(11)：87—92.

[69] 唐旭.中学语文卓越教师培养与卓越班管理——以重庆师范大学为例[J].教育理论与实践，2016，(29)：33—35.

[70] 唐玉光.基于教师专业发展的教师教育制度[J].高等师范教育研究，2002，(05)：35—40.

[71] 佟德志.计算机辅助大数据政治话语分析[J].国家行政学院学报，2017，(01)：31—33.

[72] 汪凌.法国中小学教师专业能力标准述评[J].全球教育展望，2006，35（02）：18—22.

[73] 王辞晓，吴峰.职前教师 TPACK 水平的绩效分析与改进路径[J].现代远距离教育，2018，(02)：62—71.

[74] 王顶明，李莞荷，戴一飞.程序性知识与过程性知识：专业学位教育中的实践性知识[J].北京大学教育评论，2018，16（04）：34—44.

[75] 王定华.关于深入实施卓越教师培养计划的若干思考[J].中国高教研究，2016，(11)：1—3.

[76] 王芳亮，杨必武.当代教育观视野下教师教育课程的价值取向[J].教育探索，2011，(9)：3—4.

[77] 王峰，黄忠东.澳大利亚不同类型高校办学定位及课程体系比较[J].现代教育管理，2013,(2)：125—128.

[78] 王光明，苏丹，贾国峰，等.教师教育本硕一体化培养模式的探索与成效——以天津师范大学"3+1+2"模式为例[J].学位与研究生教育，2017,(12)：12—16.

[79] 王惠来，赫慧.新课程背景下教师能力素质的探析[J].天津师范大学学报（基础教育版），2005,(1)：12—115.

[80] 王嘉毅，麦艳航.西部地区高等教育发展：机遇、挑战与对策[J].中国高教研究，2019,(12)：49—53.

[81] 王嘉毅，张晋，彭勇.论新时代中国特色世界一流大学建设——学习习近平总书记关于教育的重要论述[J].教育研究，2019,40（03）：4—11.

[82] 王嘉毅.发挥优势服务需求 统筹推进高水平大学和一流学科建设[J].学位与研究生教育，2017,(03)：1—6.

[83] 王米雪，张立国.我国智慧教育领域的研究热点与发展趋势分析——基于词频分析法、共词聚类法和多维尺度分析法［J].现代教育技术，2017,27（03）：41—48.

[84] 王素月.论学士后教师教育背景下学士后师范生专业发展的内涵及其路径[J].教育科学，2018,34（01）：70—74.

[85] 王秀红，乞佳.英国 U–S 职前教师教育课程开发的经验与启示——以牛津大学 PGCE 教师教育课程为例[J].现代教育管理，2014,(08)：119—123.

[86] 王智超，杨颖秀.地方免费师范生：政策分析及现状调查[J].教育研究，2018,39（05）：76—82.

[87] 王智超.师范生免费教育政策执行状况调研与思考[J].东北师大学报（哲学社会科学版），2015,(04)：192—196.

[88] 吴越，李健，冯明义.地方师范大学"卓越教师"的培养路径分析——以西华师范大学"园丁计划"为例[J].中国高教研究，2015,(08)：92—97.

[89] 夏侯富生.对中国师范教育供求问题的对策思考[J].教育理论与实践，2002,(06)：29—33.

［90］项国雄，何小忠，周其国.基于大学—中学合作的"三层五段七化"师范生教学实践能力培养模式探索［J］.中国大学教学，2013，(11)：65—68.

［91］肖丽萍.国内外教师专业发展研究述评［J］.中国教育学刊，2002，(05)：61—64.

［92］谢赛.教师教育课程范式研究的回顾与展望［J］.全球教育展望，2017，46（04)：88—97.

［93］徐秋艳，房胜飞.高等教育供给结构与产业结构升级的耦合协调性分析［J］.统计与决策，2019，35（08)：56—59.

［94］徐群.创新发展理念下高校卓越教师培养的价值追求［J］.江苏高教，2018，(09)：33—37.

［95］徐苏燕."三方协同"模式下卓越教师培养的实践研究［J］.课程·教材·教法，2017，37（08)：104—109.

［96］徐顽强，王文彬.合作治理视域下的高校治理现代化研究［J］.中国电化教育，2018，(09)：81—86.

［97］徐小洲，辛越优，倪好.论经济转型升级背景下我国高等教育结构改革［J］.教育研究，2017，(8)：64—71.

［98］许美德，陈艳霞，王洪才.文明对话与世界一流大学建设［J］.重庆高教研究，2018，6（05)：3—19.

［99］荀渊.高等教育全球化的愿景：从无边界教育到无边界学习［J］.电化教育研究，2019，40（05)：32—39.

［100］严文清，谭细龙.师范生专业实践能力培养的"3S"模式分析［J］.国家教育行政学院学报，2013，(03)：42—45.

［101］阎凤桥.思想引领：世界一流大学治理的核心特征［J］.探索与争鸣，2018（06)：39—41.

［102］杨立军，韩晓玲.基于 NSSE-CHINA 问卷的大学生学习投入结构研究［J］.复旦教育论坛，2014，(3)：83—90.

［103］杨林，陈书全，韩科技.新常态下高等教育学科专业结构与产业结构优化的协调性分析［J］.教育发展研究，2015，35（21)：45—51.

[104] 杨启光.美国教师教育改革的概念取向与问题框架[J].全球教育展望，2006，35（8）：64—67.

[105] 杨晓宏，杨方琦.基于教育技术学专业的卓越中学信息技术教师培养模式研究[J].中国电化教育，2016，(02)：94—101.

[106] 杨秀玉.教师发展阶段论综述 [J].外国教育研究，1999,(6)：36—41.

[107] 叶澜.未来教师的新形象[J].上海教育科研，2000,(02)：62.

[108] 叶澜.新世纪教师专业素养初探[J].教育研究与实验，1998,(01)：41—46.

[109] 尹小敏."问题情境"师范生实践能力培养模式的构建及其运行[J].中国高教研究，2014,(07)：88—91.

[110] 苑芳江，王选章.基于协同创新的教师教育改革模式探究[J].黑龙江高教研究，2016,(03)：1—4.

[111] 岳昌君，丁小浩.受高等教育者就业的经济学分析[J].高等教育研究，2003,(06)：21—27.

[112] 岳昌君.高等教育结构与产业结构的关系研究[J].中国高教研究，2017,(07)：31—36.

[113] 张定强.论教学公正及其实现策略[J].课程·教材·教法，2018，38（02）：51—55.

[114] 张贵新.对教师专业化的理念、现实与未来的探讨[J].外国教育研究，2002,(02)：50—55.

[115] 张威，孙永波.英语师范生教学能力的职前培养[J].现代教育管理，2012,(01)：83—86.

[116] 张伟坤，沈文淮，林天伦.顶岗实习：助推教师教育人才培养模式改革[J].中国大学教学，2012,(01)：81—83.

[117] 张翔.师范生免费教育政策的十年回顾与展望[J].国家教育行政学院学报，2017,(08)：21—27.

[118] 张应强.高等教育质量观与高等教育大众化进程 [J].江苏高教，2001,(5)：8—13.

[119] 赵康.专业、专业属性及判断成熟专业的六条标准——一个社会学角度的分析[J].社会学研究，2000，(5)：30—39.

[120] 赵明仁.新时代中国特色师范教育体系的内涵解读[J].华东师范大学学报（教育科学版），2018，36（04）：32—34.

[121] 赵映川.大学生慕课满意度及其影响因素的调查研究[J].高等教育研究，2018，39（02）：76—78.

[122] 赵勇.加强师范生计算机辅助教学能力的培养模式研究[J].四川师范大学学报（社会科学版），2009，36（06）：53—56.

[123] 周晓静，何菁菁.我国师范类专业认证：从理念到实践[J].江苏高教，2020，(2)：72—77.

[124] 朱小蔓，笪佐领.走综合发展之路：培养自主成长型教师[J].课程·教材·教法，2002，22（1）：59—63.

[125] 朱旭东.教师教育标准体系的建立：未来教师教育的方向[J].教育研究，2010，(6)：30—36.

[126] 朱旭东.论教师专业发展的理论模型建构[J].教育研究，2014，35（06）：81—90.

[127] 庄严.师范生培养模式新探索[J].黑龙江高教研究，2008，(07)：1—3.

三、中文博士学位论文

[1] 刘朝锋.综合化背景下美国小学教师职前培养模式研究[D].东北师范大学博士论文，2016.

[2] 刘江岳.专业化：中学教师职前教育研究[D].苏州大学博士论文，2014.

[3] 骆玎.中美教师教育实践课程比较研究[D].华东师范大学博士论文，2009.

[4] 马永双.理科师范生探究式教学设计能力及其培养研究[D].辽宁师范大学博士论文，2019.

[5] 王峰.基于供需耦合的大学生就业能力结构优化及实证研究[D].中国矿业大学博士论文，2018.

[6] 王延文.教师专业化的系统分析与对策研究[D].天津大学博士学位论文，2004.

[7] 杨纳名.整体提升教师师范生专业能力研究[D].西北师范大学博士论文，2016.

[8] 张琳.师范生信息化教学能力培养研究[D].华东师范大学博士论文，2019.

[9] 周春良.卓越教师的个性特征与成长机制研究——基于163位特级教师的调查[D].华东师范大学博士论文，2014.

四、英文参考文献

[1] Abott A.The System of Professions：An Essay on the Division of Expert Labor[M]. Chicago：University of Chicago Press，2014.

[2] Austin A.Achieving Education Excellence：A Critical Assessment of Priorities and Practices in Higher Education[M]. San Francisco：Josey-Bass Publishers，1985.

[3] Boyatzis R.E.The Competent Manager：A Model for Effective performance [M].New York：Wiley，1982.

[4] Carr D.Professionalism and Ethics in Teaching[M]. New York：Routledge，2000.

[5] Carr-Saunders A.M.The Profession[M]. Oxford：Clarendon Press，1933.

[6] Falkenberg T.，Smits H.（Eds.）.Field Experiences in the Context of Reform of Canadian Teacher Education Programs[M]. Winnipeg：Faculty of Education of the University of Manitoba，2010.

[7] Kafyulilo A.C.TPACK for Pre-Service Science and Mathematics Teachers [M]. Enschede：Enschede University of Twente，2010.

［8］ Korthagen F.A.J., Kessels J., Kosteret B., et al.Linking Practice and Theory: The Pedagogy of Realistic Teacher Education［M］. Mahwah N.J.: Lawrence Erlbaum Associates, Inc, 2001.

［9］ Mankiw N.G.Principles of Microeconomics (7th Edition)［M］. Stamford: Cengage Learning, 2014.

［10］ Reynolds M.C.Knowledge Base for the Beginning Teacher［M］. Oxford: Pergamon Press, 1989.

［11］ Smith A.An Inquiry into the Nature and Causes of the Wealth of Nations ［M］. China Social Sciences Pub.House, 1999.

［12］ Tom A.R.Redesigning Teacher Education［M］. Albany, NY: State University of New York Press, 1997.

［13］ Woods P., Jefrey B., Troman G., Boyle M.Restructuring Schools, Reconstructing Teachers［M］. Buckingham: Open University Press, 1997.

［14］ Aybek B.The Relationship between Prospective Teachers' Media and Television Literacy and Their Critical Thinking Dispositions［J］. Eurasian Journal of Educational Research, 2016, 63 (15): 261—278.

［15］ Ball S.J.The Teacher's Soul and the Terrors of Performativity［J］. Journal of Education Policy, 2003, 18 (2): 215—228.

［16］ Becker G.S.Investment in Human Capital: A Theoretical Analysis［J］. Journal of Political Economy, 1962,(5): 9—49.

［17］ Brown M.W. The Teacher-tool Relationship: Theorizing the Design and Use of Curriculum Materials［A］// Remillard J.T., Herbel-Eisenmann B.A., Lloyd G.M. (Eds.) . Mathematics Teachers At Work: Connecting Curriculum Materials and Classroom Instruction［M］. New York: Routledge, 2009: 17—36.

［18］ Chesbrough H.W.The Era of Open Innovation［J］. MIT Sloan Management Review, 2003, 44 (3): 35—41.

［19］ Chua B.L., Chye S.Nurturing Twenty-First Century Educators: an EPIIC Perspective［A］// Oon-Seng Tan, Woon-Chia Liu, Ee-Ling Law.Teacher Education in the 21st Century［M］. Singapore: Springer, 2017: 59—76.

［20］ Cochran-Smith M. "Re-Culturing" Teacher Education: Inquiry, Evidence, and Action［J］. Journal of Teacher Education, 2009, 60 (5): 458—468.

［21］ Cochran-Smith M., Lytle S.L.Relationships of Knowledge and Practice Teacher Learning in Communities［J］. Review of Research in Education, 1999, (24): 249—305.

［22］ Cochran-Smith M., Piazza P., Power C.The Politics of Accountability: Assessing Teacher Education in the United States［J］. Educational Forum, 2013, 77 (1): 6—27.

［23］ Cochran-Smith M., Villegas A.M., Abrams L., et al.Critiquing Teacher Preparation Research: An Overview of the Field, Part II［J］. Journal of Teacher Education, 2015, 66 (2): 109—121.

［24］ Cochran-Smith M., Villegas A.M., Abrams L., et al.Framing Teacher Preparation Research: An Overview of the Field, Part I［J］. Journal of Teacher Education, 2015, 66 (1): 7—20.

［25］ Cochran-Smith M., Villegas A.M.Studying Teacher Preparation: The Questions That Drive Research［J］. European Educational Research Journal, 2015, 14 (5): 379—394.

［26］ Cochran-Smith M.The New Teacher Education: For Better or for Worse? ［J］. Educational Researcher, 2005,(34): 3—17.

［27］ Crossman P.L.Teacher's Knowledge［A］ //Husen T., Postlethwaite T.N. (Eds.) . The International Encyclopedia［M］. New York: Pergamon, 1994: 6117—6122.

［28］ Darling-Hammond L.Constructing 21st-Century Teacher Education［J］. Journal of Teacher Education, 2006, 57 (3): 300—314.

［29］ Darling-Hammond L.Research on Teaching and Teacher Education and Its Influences on Policy and Practice［J］. Educational Researcher, 2016, 45 (2): 83—91.

［30］ Darling-Hammond L.Strengthening Clinical Preparation: The Holy Grail of Teacher Education［J］. Peabody Journal of Education, 2014, 89 (4): 547—561.

[31] Day C., Smethem L.The Effects of Reform: Have Teachers Really Lost Their Sense of Professionalism? [J]. Journal of Educational Change, 2009, (10): 14I—157.

[32] Divaharan S., Wong P., Tan A.NIE Learning Space: Physical and Virtual Learning Environment[A] //OonSeng Tan, Woon-Chia Liu, Ee-Ling Law. (Eds.). Teacher Education in the 21st Century[M]. Singapore: Springer, 2017: 253—266.

[33] Elliott J.Three Perspectives on Coherence and Continuity in Teacher Education[A] //Elliott J. (Ed.) .Reconstructing Teacher Education: Teacher Development[M]. Washington, D.C.: The Falmer Press, 1993: 15—19.

[34] Emans R.Analysis of Four Different Approaches to Teacher Education [J]. College Student Journal, 1981, 15 (3): 209—216.

[35] Evans L.Professionalism, Professionality and the Development of Education Professionals[J]. British Journal Educational Studies, 2008, 56 (1): 20—38.

[36] Ewell P.Twenty Years of Quality Assurance in Higher Education: What's Happened and What's Different? [J]. Quality in Higher Education, 2010, 16 (2): 173—175.

[37] Feiman-Nemser S.Teacher Preparation: Structural and Conceptual Alternatives [A] // Houston W.R., Haberman M., Sikula J. (Eds.). Handbook of Research on Teacher Education[C]. New York: Macmillan, 1990: 212—233.

[38] Fredricks J.A., Blumenfeld P.C., Paris A.H.School Engagement: Potential of the Concept, State of the Evidence[J]. Review of Educational Research, 2004, 74 (1): 59—109.

[39] Groundwater-Smith S.Foreword to A Practicum Turn in Teacher Education[A] // Mattsson M., Eilertsen T.V., Rorrison D.Practicum Turn in Teacher Education[M]. Rotterdam: Sense Publishers, 2011: ix—xi.

[40] Hachfeld A., Hahn A., Schroeder S., et al.Should Teachers be Colorblind? How Multicultural and Egalitarian Beliefs Differentially Relate to Aspects of Teachers' Professional Competence for Teaching in Diverse Classrooms[J]. Teaching and Teacher Education, 2015, 48 (5): 44—55.

［41］ Hartnett A., Naish M.Technicians or Social Bandits? Some Moral and Political Issues in the Education of Teachers［A］//Woods P. (Ed).Teacher Strategies: Explorations in the Sociology of the School［C］. London: Croom Helm, 1980: 254—273.

［42］ Helsby G.Teachers' Construction of Professionalism in England in the 1990s［J］. Journal of Education for Teaching, 1995, 21 (3): 317–332.

［43］ Hollins E R.Teacher Preparation for Quality Teaching［J］. Journal of Teacher Education, 2011, 62 (4): 395—407.

［44］ Holmes Group.Tomorrow's Schools: Principles for the Design of Professional Development Schools［R］. East Lansing, MI: Author, 1990: 56.

［45］ HuijunYang, Cheung C, HaiyanSong.Enhancing the Learning and Employability of Hospitality Graduates in China［J］. Journal of Hospitality Leisure Sport&Tourism Education, 2016, 19 (11): 85—96.

［46］ Ingersoll R.M.A Comparative Study of Teacher Preparation and Qualification in Six Nations［R］.Philadelphia: CPRE, University of Pennsylvania, 2007: 77.

［47］ Joyce B.R.Conceptions of Man and Their Implications for Teacher Education ［A］//Ryan K.Teacher Education (74th Yearbook of the National Society for the Study of Education)［C］. Chicago: University of Chicago Press, 1975: 111—145.

［48］ Kennedy M.M.Inexact Sciences Professional Education and the Development of Expertise［J］. Review of Research in Education, 1987, 14 (1): 133—167.

［49］ Kirk D.Beyond the Limits of Theoretical Discourse in Teacher Education: Towards a Critical Pedagogy［J］. Teaching and Teacher Education, 1986, 2 (2): 155—167.

［50］ Korthagen F.A.J., Vasalos A.From Reflection to Presence and Mindfulness: 30 Years of Developments Concerning the Concept of Reflection in Teacher Education［A］// Lyons, N. (Ed.). Handbook of Reflection and Reflective Inquiry ［M］. New York: Springer, 2010: 529—552.

［51］　Kuh G.D.Assessing What Really Matters to Student Learning Change In-side the National Survey of Student Engagement［J］.Change，2001，33（3）：10—17.

［52］　Lakey B.，Scoboria A. The Relative Contribution of Trait and Social In-fluences to the Links among Perceived Social Support，Affect，and Self-Esteem［J］.Journal of Personality，2005，73（2）：361—388.

［53］　Loughran J.Quality in Teacher Education：Challenging Assumptions，Building Understanding Through Foundation Principles［A］//Xudong Zhu，Good-win A.L.，Huajun Zhang（Eds.）.Quality of Teacher Education and Learning［M］.Singapore：Springer，2017：79.

［54］　Marisa B.L.，Horn L.，Campbell S.S，et al.Designs for Simultaneous Renewal in University-Public School Partnerships：Hitting the "Sweet Spot"［J］.Teacher Education Quarterly，2012，39（3）：127—141.

［55］　McClelland D.Test for Competency Rather for："Intelligence"［J］.American Psychologist，1973，28（1）：1—14.

［56］　Mishra P.，Koehler M.J.Technological Pedagogical Content Knowledge：A Framework for Teacher Knowledge［J］.Teachers College Record，2006，108（6）：1017—1054.

［57］　Oon Seng Tan.Fourth Way in Action：Teacher Education in Singapore［J］.Educational Research for Policy&Practice，2012，11（1）：35—41.

［58］　Popkewitz T.S.，Tabachnick B.R.，Zeichner K.M.Dulling the Senses：Research in Teacher Education［J］.Teaching and Teacher Education，1979，30（5）：52—60.

［59］　Proctor N.Towards a Partnership with School［J］.Journal of Education for Teaching，1984，10（3）：219—231.

［60］　Robinson D.B.，Melnychuk N.E.Students' Experiences Within Physical Education Teacher Education［J］.Physical Health Education Journal，2009，74（4）：8—16.

［61］ Sapp D.A，Zhang Qin.Trends in Industry Supervisors' Feedback on Business Communication Internships［J］. Business Communication Quarterly，2009，72（3）：274—288.

［62］ Schubert W.H.Reconceptualizing and the Matter of Paradigms［J］. Teaching and Teacher Education，1989，40（1）：27—32.

［63］ Shulman L.Knowledge and Teaching：Foundations of the New Reform ［J］. Harvard Educational Review，1987，57（1）：355—356.

［64］ Steinhardt I.，Schneijderberg C.，G? tze N.，et al.Mapping the Quality Assurance of Teaching and Learning in Higher Education：The Emergence of a Specialty? ［J］. Higher Education，2017，74（2）：221—237.

［65］ Tuinamuana K.Reconstructing Dominant Paradigms of Teacher Education Possibilities for Pedagogical Transformation in Fiji［J］. Asia-Pacific Journal of Teacher Education，2007，35（2）：111—127.

［66］ Vickerman P.，Coates J.Trainee and Recently Qualified Physical Education Teachers' Perspectives on Including Children with Special Educational Needs ［J］. Physical Education on and Sport Pedagogy，2009，14（2）：137—153.

［67］ Vogt F.，Rogalla M.Developing Adaptive Teaching Competency Through Coaching［J］. Teaching and Teacher Education，2009，25（8）：1051—1060.

［68］ Webb R.，Vuliamy G.，Hamalaninen S.，et al.A Comparative Analysis of Primary Teacher Professionalism in England and Finland［J］. Comparative Education，2004，40（1）：83—107.

［69］ Whity G.Teacher Professionalism in New Times［J］. Journal of In-Service Education，2000，26（2）：281—295.

［70］ Wilkins C.Professionalism and the Post -Performative Teacher：New Teachers Reflect on Autonomy and Accountability in the English School System［J］. Professional Development in Education，2011，37（3）：389—409.

［71］ Woolfolk A.E.，Hoy W.K.Prospective Teacher' Sense of Efficacy and Beliefs about Control［J］. Journal of Education Psychology，1990，82（1）：81—91.

[72] Zeichner K.M.Alternative Paradigms of Teacher Education[J]. Journal of Teacher Education, 1983, 34 (3): 3—9.

[73] Zeichner K.M.The Adequacies and Inadequacies of Three Current Strategies to Recruit, Prepare, and Retain the Best Teachers for All Students[J]. Teachers College Record, 2005, 105 (3): 490—519.

[74] Zimpher N.L., Howey K.R.Adapting Supervisory Practices to Different Orientations of Teaching Competence[J]. Journal of Curriculum and Supervision, 1987, 2 (2): 101—127.

[75] Zopiatis A., Theocharous A.L.Revisiting Hospitality Internship Practices: A Holistic Investigation[J]. Journal of Hospitality Leisure Sport&Tourism Education, 2013, 13 (3): 33—46.

五、政策文件和报纸类

[1] CAEP-Council for the Accreditation of Educator Preparation.2013 CAEP Standards. [EB/OL]. (2013 -06 -17). http: //www.ncate.org/~/media/Files/caep/ standards/caep-standards-one-pager-061716.pdf?la=en.

[2] CAEP-Council for the Accreditation of Educator Preparation.CAEP 2018 K-6 Elementary Teacher Preparation Standards.[EB/OL]. (2018-08-10). http: // caepnet.org/~/media/Files/caep/ standards/2018 -caep -k -6 -elementary -teacher - prepara.pdf?la=en.

[3] Department for Education -GOV.UK.Professional Standards for Teachers: Qualified Teacher Status [EB/OL]. (2011-12-18). https: //assets.publishing.service.gov.uk/government/uploads/system/uploads/attachment_data/file/665520/Teachers__Standards.pdf.

[4] Department for Education—GOV.UK.School Workforce in England: November 2012 [EB/OL]. (2013 -04 -30). https: //dera.ioe.ac.uk//18527/1/ SFR15_2013_Text_withPTR.pdf.

　　[5] Education Council.Strategic Options for Developing Future Orientated Initial Teacher Education ［EB/OL］.（2017-03-07）. https：//educationcouncil.org.nz/sites/default/files/Strategic%20options%20REVISED%2029%20JUNE.pdf.

　　[6] United Nations Educational， Scientific and Cultural Organization.UN-ESCO ICT Competency Framework for Teachers［DB/OL］.（2011-12-7）. http：//www.unesco.org/new/en/communication-and-information/resources/publications-and-communication-materials/publications/full-list/unesco-ict-competency-framework-for-teachers/.

　　[7] 教育部.教育部关于印发《普通高等学校师范类专业认证实施办法（暂行）》的通知［EB/OL］.（2017-11-06）. http：//www.moe.gov.cn/srcsite/A10/s7011/201711/t20171106_318535.html.

　　[8] 中央人民政府.习近平出席全国教育大会并发表重要讲话［EB/OL］.（2018-09-10）. http：//www.gov.cn/xinwen/2018-09/10/content_5320835.htm.

　　[9] 中央人民政府.中共中央、国务院关于全面深化新时代教师队伍建设改革的意见［EB/OL］.（2018-01-31）. http：//www.gov.cn/zhengce/2018-01/31/content_5262659.htm.

　　[10] 中央人民政府.中共中央、国务院关于深化教育教学改革全面提高义务教育质量的意见 ［EB/OL］.（2010-08-18）. http：//www.gov.cn/zhengce/2019-07/08/content_5407361.htm.

　　[11] 教育部.教育部关于全面提高高等教育质量的若干意见［N］.中国教育报,2012,04(21):3.

　　[12] 胡琳玉.营造全社会尊师重教的良好风尚［N］.丽水日报,2019,09(10):04.

　　[13] 徐键.教师教育惩戒的权源、界限及其规范路径［N］.中国社会科学报，2019,12(27):011.

致　谢

　　论文行将完成之际，心情难以平静。时光荏苒，匆匆逝去的不仅是三年的时光，还有充满迷茫、彷徨、无助、放弃与坚持、泪水与欢笑的人生经历。所幸的是，恩师的激励与教诲，益友的鼓舞与帮助，以及亲人的理解与支持，都给了我坚持走下来的信心，使我能克服自己内心的种种障碍最终战胜自我，渡过求学期间的一个个难关。因此，过往岁月的历练留给我的不仅仅是一份成熟与阅历，更多的是一份感动与欣慰！那浓浓师生情谊在我失落之时燃起希望的篝火，而亲情的暖暖关怀在我困惑之际为我提供避风的港湾。从初到西北师范大学的懵懂无知到学位论文的顺利完成，许多可敬的师长、同学、朋友都给予了我无私的帮助。在论文完成之际，借此方寸之地，对所有关心、爱护和帮助我的人致以我最诚挚的谢意！

　　我要深深感谢我的导师王嘉毅教授，我的每一点进步，无不包含着他的谆谆教诲、深深信任和殷殷期望。读博期间王老师在学习和生活上给予了我诸多的指导和关怀，在我遭遇低谷，情绪低落之时，他主动找我谈心，帮助我渡过难关。王老师生活上平易近人、简朴实在，工作上严谨细致、一丝不苟，他永远是我工作和学习的榜样。他循循善诱的教导及开放包容的学术思想又给予我无限的启迪。王老师在学习和科研方面给了我细致深入的指导，从论文选题、构思、数据解释到修改定稿等每个环节都倾注了他大量的心血。他平时那些严厉却充满善意的批评，渗透着的是对我的希望与关爱，这些汇集成的恩师情谊，学生将永存心底！衷心地祝愿王老师和家人永远幸福安康！

在论文的选题和写作上，感谢刘旭东老师、孙百才老师、赵明仁老师在开题阶段给予的启发和建议。感谢骆四铭老师、张俊宗老师、熊华军老师，以及其他外审专家和答辩专家对论文的审阅，你们的评审意见使我意识到在逻辑思维、研究方法、行文结构等方面还有很多不足，指导了我文章后期的修改与完善。由于篇幅所限，本书未收录附录，特此说明。

衷心感谢荀渊老师、莫恒全叔叔的耐心指导，每逢遗错、迷茫、徘徊之际，他们总是不遗余力地讲授、指导。感谢高承海老师、张发旺师兄、常正霞师姐、程跟锁师兄、陈建海师兄、高辉师兄、高建波师兄、王飞师兄、张晋师姐、莫蓉师姐、封清云同学、张海燕同学、刘霞同学、汪海燕姐姐、游明姐姐、曹红丽姐姐、鲁子箫师弟以及师门内外各位师兄师姐师弟师妹在问卷调研、信息采集、数据解释、文章写作等诸多方面的帮助，也感谢你们在生活中的包容和关心，读博路上有你们的陪伴，是我的幸运，祝你们再创佳绩，学业有成，前程似锦。

衷心感谢西北师范大学浓厚的学术氛围和优美的生活环境，让我可以心无旁骛，全身心投入学习与研究中去。感谢教育学院提供的各类学术交流活动，让我在与其他学校同行的交流中得以发现自己的不足和改进方向，并通过交流了解与掌握学科专业领域发展前沿动态。感谢甘肃各师范院校师生、各地教育局领导和中小学师生对我论文调查研究的支持与帮助，使我论文的实证调查得以顺利开展与实施。

衷心感谢我的工作单位——南宁师范大学三年来给予我的大力支持，让我毫无后顾之忧，可以全身心地投入学业中去。感谢南师大经济与管理学院的领导与同事们，感谢你们在我工作、生活中的帮助、支持和鼓励，帮助我一次次走出低谷翻越难关。

最后，感谢我的家人这么多年辛勤的付出，给予我无私的关爱，提供给我最好的学习环境，他们殷切的期盼是我不断前进的动力，我谨以此文献给我的家人。

麦艳航

2024 年 9 月